AF451835

LES HUMANITÉS ARTISTIQUES

NOTRE MUSÉE

L'Art expliqué par les œuvres

à l'usage des classes de 3ᵉ, 2ᵉ et 1ʳᵉ des Lycées et Collèges

CONFORMÉMENT AUX PROGRAMMES DU 3 JUIN 1925

PAR

LÉON ROSENTHAL

Chargé du Cours d'histoire de l'art moderne à la Faculté des Lettres
Directeur des Musées de la Ville de Lyon

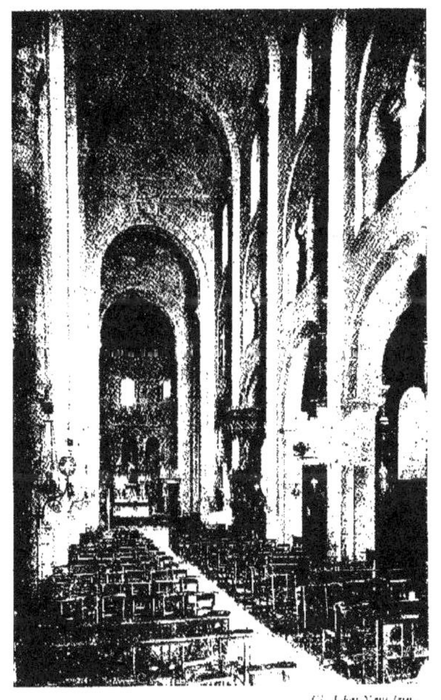

Cl. Lévy-Neurdein.

Vue intérieure de l'église Saint-Étienne, à Nevers.

Librairie DELAGRAVE, 15, rue Soufflot, Paris. — 1928.

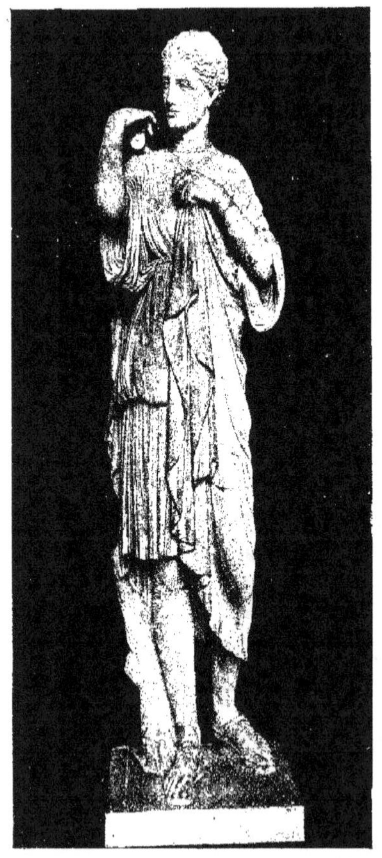

Cl. Bulloz.

Diane de Gabies. — Musée du Louvre.

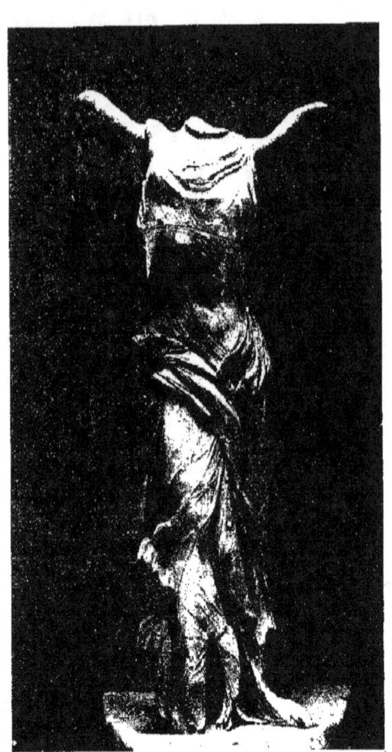

Cl. Bulloz.

La *Victoire de Samothrace*. — Musée du Louvre.

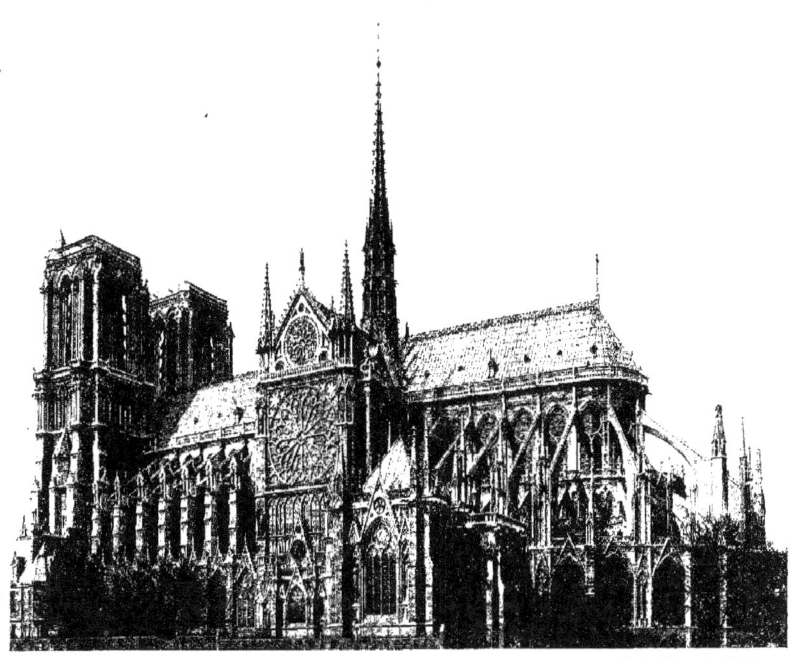

Notre-Dame de Paris. — Façade latérale sud.

AVANT-PROPOS

Depuis la Renaissance, les grands écrivains ont été appelés à former l'intelligence et le cœur de la jeunesse. Il ne peut être question de leur retirer ce rôle généreux, mais le temps est venu de leur en contester le monopole. Au même titre que les écrivains, les grands artistes honorent l'humanité; comme eux, ils sont représentatifs et méritent d'être exemplaires. Par d'autres moyens ils ont exprimé les ressorts intimes des âmes, les idées, les passions, les espoirs, les croyances. Par d'autres voies ils trouvent à nous toucher et, s'ils parlent moins directement à l'esprit, ils nous pénètrent peut-être plus profondément et s'adressent à notre être tout entier. Leur langage est universel; ils réclament des commentateurs, mais ils n'ont pas besoin d'être traduits. Phidias est plus accessible que Sophocle; Michel-Ange, Velasquez, Rembrandt nous appellent à eux tout aussi bien que Poussin ou Corneille.

L'enseignement a pu ignorer les artistes lorsque la civilisation était avant tout ou presque exclusivement livresque. On ne peut se priver de leur concours à l'heure où règne l'image, en un temps de civilisation visuelle. C'est pourquoi il faut saluer avec joie les programmes qui viennent d'introduire dans les établissements secondaires l'enseignement de la beauté. Ils instituent de véritables humanités artistiques. Les programmes d'histoire comportaient déjà des notions d'histoire de l'art; il n'est pas question de les compliquer, d'accumuler des noms et des faits, de demander de nouveaux efforts aux mémoires surchargées. Il s'agit de provoquer un contact direct avec les œuvres, d'instaurer, pour les images, la même gymnastique spirituelle que pour les textes, en vue d'un semblable profit.

Voilà l'objet auquel cet album essaye de concourir. Il propose un recueil de pages choisies, illustres ou caractéristiques. Elles sont accompagnées d'explications brèves, destinées uniquement à en faciliter l'intelligence, et de commentaires succincts. Ces commentaires ne demandent pas à être littéralement acceptes : suggestions incompletes, discutables, ils guideront l'attention, apprendront à regarder, à comparer, à comprendre, à sentir; ils susciteront des réactions personnelles, amorceront la curiosité, serviront de prétextes aux interventions des professeurs.

Les programmes actuels commencent au 15e siècle. Avant de les aborder, il semble nécessaire de rappeler, au moins par quelques traits, les grandes époques qui ont précédé l'ère moderne et dont le rayonnement s'est exercé et s'exerce encore sur les artistes. L'Égypte éveille, dans nos souvenirs, quelques images familières, sphynx *scribe accroupi*, pylones, obélisques où se reflètent un instinct de grandeur, de pérennité et un esprit très vif d'observation.

La Grèce a instauré le culte du Beau; elle a révélé au monde le sens du rytme, de la mesure, la délectation spirituelle; elle a visé à la perfection. Athènes, au 5e siècle, a dressé, sur l'acropole, le **Parthénon** où la puissance dorienne et le sourire de l'Ionie s'unissent en une grandiose sérénité : mutilé, dépouillé, il garde encore, par l'équilibre de ses lignes tranquilles, de ses volumes amples et simples, par le jeu raffiné des proportions, par l'ordre, l'autorité d'une conception lucide; la matière y apparaît soumise aux lois de l'esprit. Le **Dionysos**, sculpté, par PHIDIAS, pour

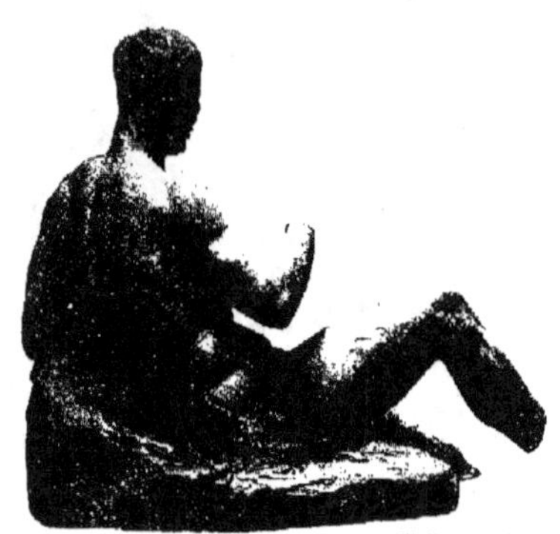

Cl. Braun et Cie

PHIDIAS. — *Dionysos.*

plénitude physiologique; la tête intelligente et calme est digne d'un Dieu.

L'art grec a été vivant et multiple, il a constamment évolué. Au 4e siècle, la **Diane de Gabies**, peut-être d'après PRAXITÈLE (p. 2), témoigne une recherche exquise de grâce, la déesse austère devient une jeune fille gracieuse occupée à sa toilette. La **Victoire de Samothrace**, au début du 3e siècle (p. 2), montre, après la conquête d'Alexandre, à la période hellénistique, un art grandiloquent, emphatique, dramatique.

Les siècles passent. Rome conquiert le monde occidental, elle emprunte les formes helléniques pour ordonner la vie publique et ériger temples, forums, basiliques, cirques, thermes, dont les ruines nous imposent encore le respect.

Le Christianisme paraît; il méprise la beauté plastique célébrée par les Grecs, mais il invite l'art à concourir à l'exaltation des âmes et lui ouvre des champs infinis. Cependant l'Empire romain s'épuise; il survit à Constantinople où, sous la triple action du génie antique, du Christianisme et de l'Orient se constitue un art original : l'art byzantin, puissant, solennel et somptueux. Mais l'Occident s'écroule et les Barbares germaniques, installés sur le sol romain, commencent la lente gestation d'un ordre nouveau.

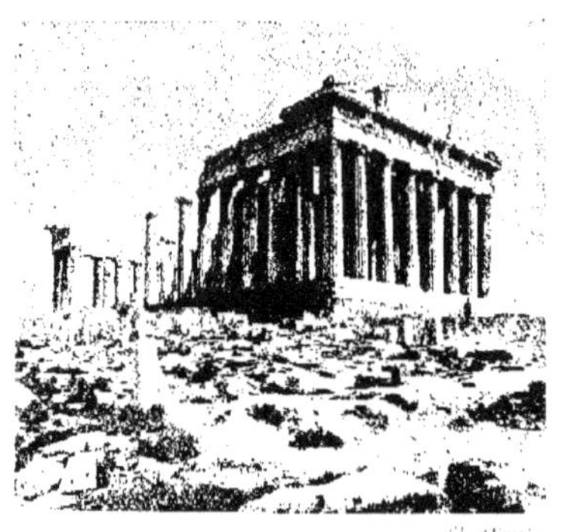

Cl. Alinari.

Le Parthénon.

[...] de ses [...], rappelle que les Grecs, par une [...] attentive, façonnaient des hommes libres [...] harmonieux. Le corps humain, considéré [...] l'expression suprême de la beauté sensible, [...] sort [...] tranquille équilibre, dans sa

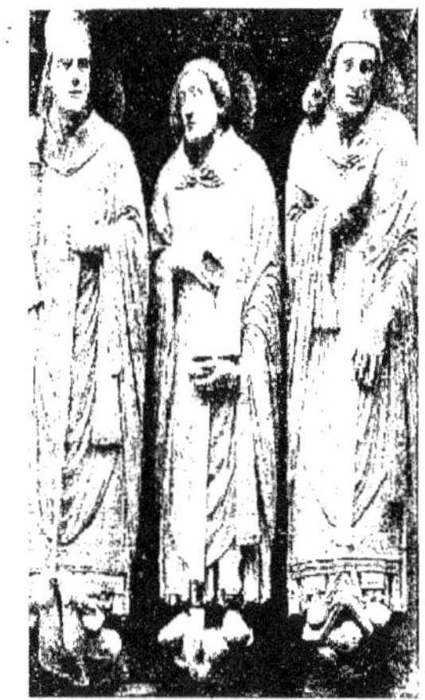

CL. Lévy-Neurdein.

St Martin, St Grégoire et St Jérôme. — Chartres.

Au 11e siècle, en France, se manifeste le grand élan qui, désormais, ne s'arrêtera plus. Les artistes romans instaurent, avec ferveur, une architecture conçue sur des principes nouveaux. La nef de **Saint-Étienne de Nevers**, 12e siècle (p. 1), est une construction romane typique : voûtes en pierres appareillées (en plein cintre) dont le poids oblige à piliers massifs, baies étroites, et dont la poussée est, à l'extérieur, neutralisée par des contreforts; austérité nue, sévérité, lourdeur, mais aussi prédominance des verticales, force ascensionnelle obscure.

Dès le premier quart du 12e siècle, les architectes de la France royale inventent un moyen ingénieux pour suspendre des voûtes légères sur une armature d'arcs solides (croisée d'ogives). Les églises gothiques s'agrandissent, s'élèvent vers le ciel. La poussée, reportée sur les retombées des voûtes, permet d'élargir les fenêtres que garnissent d'étincelantes verrières. Pour combattre la poussée des nefs centrales, des arcs-boutants, à l'extérieur, enjambent l'espace. L'arc brisé se généralise; une décoration, sculptée librement d'après les fleurs du pays, égaye chapiteaux et moulures. La vue latérale de **Notre-Dame de Paris**, 12e au 14e siècle (p. 3), avec le jeu des contreforts à pinacles et des arcs-boutants, le riche transept et sa rose, les deux tours majestueuses de la façade, respire une grandeur tranquille, expression d'une foi sûre.

Les sculpteurs couvrent la cathédrale de statues et de bas-reliefs; ils y résument, en une encyclopédie figurée, la science et la théologie. Au 13e siècle, la sculpture de pierre, aux portails de Chartres, manifeste une maîtrise sobre, un sens plastique, une intensité par quoi elle s'égale à l'art grec. **Saint Martin, Saint Jérome et Saint Grégoire**, avec une égale noblesse, affirment leurs tempéraments différents : l'un a évangélisé les peuples, le second a défendu la foi par le livre et le troisième a reçu directement l'inspiration divine : modelé synthétique, accord de lignes verticales, convenance monumentale.

L'œuvre de France rayonne alors sur toute l'Europe. Mais l'Italie, dès le 13e siècle, prélude à sa glorieuse ascension. Saint-François d'Assise fait du Christianisme une religion d'amour et le réconcilie avec les splendeurs terrestres. Au 14e siècle, Giotto et ses disciples couvrent les églises de vastes fresques rapides, décoratives, expressives.

Enfin, au seuil du 15e siècle, CLAUS SLUTER élève, aux portes de Dijon, le Calvaire des Prophètes, ou **Puits de Moïse** : puissance imposante de conception, vigueur d'exécution exubérante; les formes et l'inspiration religieuse du moyen âge s'allient à un goût d'observation réaliste, une vigueur charnelle, un besoin de réalisation plastique nouveau. Les temps modernes sont, désormais, ouverts.

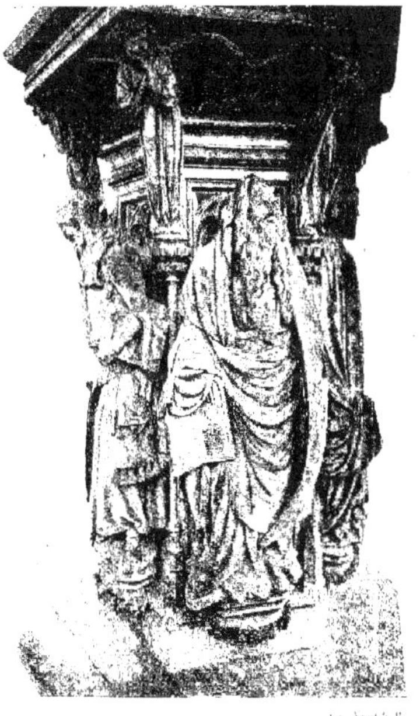

CLAUS SLUTER. — Le Puits de Moïse. — Dijon.

I. — LA SOCIÉTÉ FRANÇAISE A LA FIN DU MOYEN AGE

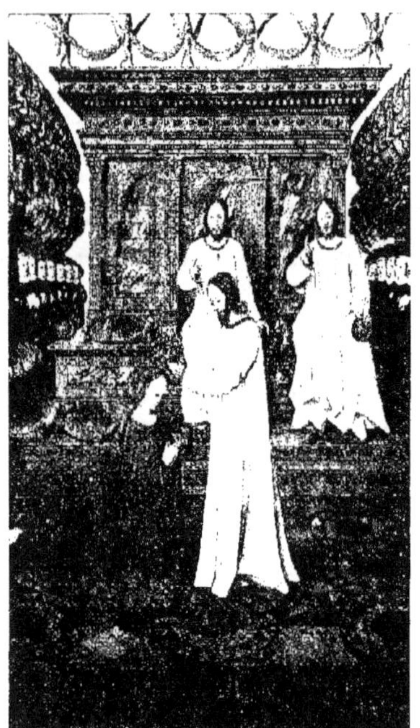

Fouquet. — *Le Couronnement de la Vierge.* — Chantilly.

Au 14° et au 15° siècle, l'art n'est plus soutenu par la foi populaire. Il est protégé, non par les rois, après Charles V, mais par les princes : le duc de Berry, le duc d'Orléans, surtout les ducs de Bourgogne, et aussi par de grands bourgeois, Jacques Cœur, le chancelier Rolin, Étienne Chevalier. On bâtit peu d'églises (gothique flamboyant), mais de nombreux châteaux. Un luxe raffiné réclame tapisseries, orfèvrerie, manuscrits à miniatures. Avec un esprit nouveau de réalisme, les miniaturistes, sur lesquels agissent la Flandre et l'Italie, ressemblent aux chroniqueurs, observateurs scrupuleux, curieux des détails exacts, ils sont dénués de sens historique : même quand ils évoquent l'évangile ou l'antiquité, ils portent témoignage sur leur temps. La miniature prépare la peinture sur panneau ou sur muraille qui se développe au 15° siècle.

Les Très Riches Heures ont été faites, vers 1415, pour le duc de Berry, par des Flamands, LES FRÈRES DE LIMBOURG. Les mois y sont caractérisés par des scènes de la vie noble ou populaire. Janvier, le duc de Berry, le dos au feu, près de sa table, donne audience avec familiarité et dignité. Tous les personnages sont des portraits. Sur la table, des pièces d'orfèvrerie d'apparat, copies certainement exactes. Au mur une tapisserie toute couverte de guerriers, très « meublante ». Costumes brillants : fourrures, velours, brocards. Groupement vivant, ordonné naïvement ; style descriptif : rien n'est supprimé parce que tout est intéressant. Le « primitif » ne sait pas choisir.

Octobre. *Les semailles.* Habile mise en scène, perspective vraisemblable. Des bourgeois, aux costumes étriqués, à la mode, se promènent près des remparts. Le vilain sème, d'un geste vrai dont l'artiste ne devine pas la grandeur. Un épouvantail capable de faire fuir l'archer de Bagnolet. Spectacle paisible sous la protection de l'ancien Louvre construit pour Charles V, résidence et forteresse.

Plusieurs foyers d'art en France, au 15° siècle, écoles de Loire, d'Avignon, de Moulins, de Bourgogne, de Provence. Fouquet, miniaturiste et peintre, chef de l'école de la Loire, a décoré, vers 1450, les **Heures d'Étienne Chevalier**, secrétaire de Charles VII. Même sincérité avec plus d'aisance, une grâce paisible un peu molle. Les architectures sont inspirées de l'Italie. Aucun mysticisme, pas d'élan : la Vierge est une princesse que le Christ couronne avec dignité : préciosité minutieuse du décor.

Dans cette **Pietà**, peinte dans la région d'Avignon, il y a, au contraire, grande ardeur, exaltation : caractère tragique de ce cadavre rigide, tête dou-

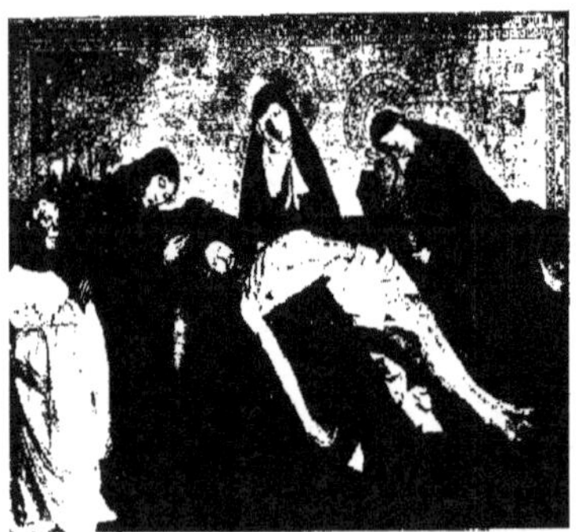

La Pietà d'Avignon. — Musée du Louvre.

loureuse et auréolée. Superbe et triviale figure du donateur. Le fond d'or : suivant une tradition qui va disparaître. Dessin anguleux, coloration brutale, sous lesquels on devine une grande sensibilité.

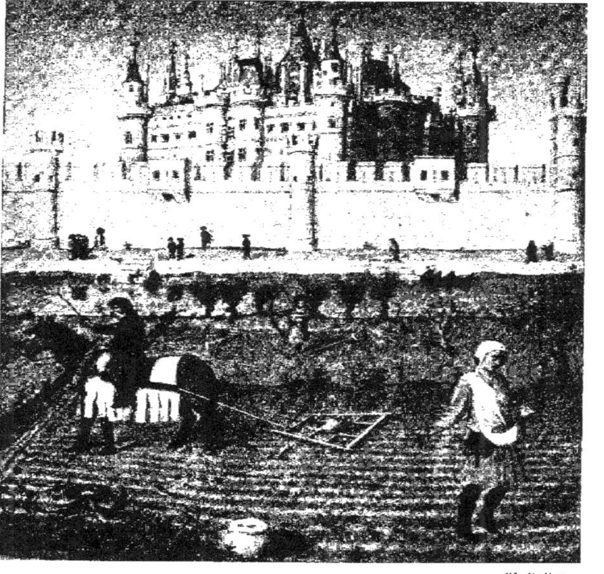

Cl. Bulloz.

Octobre. — Les Semailles.

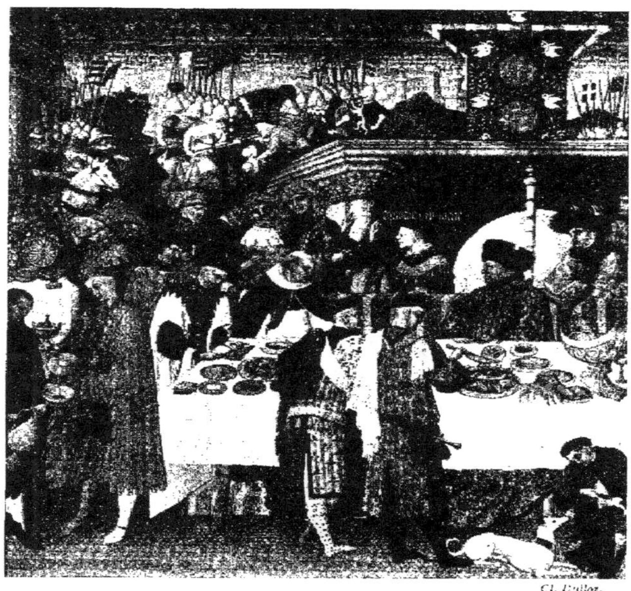

Cl. Bulloz.

Janvier. — Le Dîner du duc de Berry.

FRÈRES DE LIMBOURG.   *Très riches heures du duc de Berry.* — Chantilly.

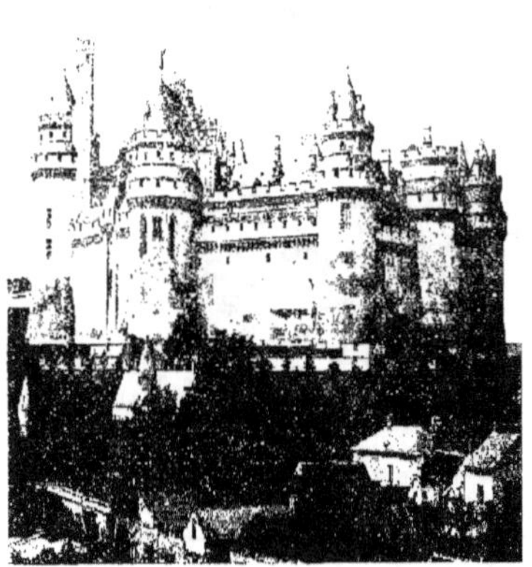

Le Château de Pierrefonds.

À défaut du Louvre de Charles V, le **Château de Pierrefonds**, construit pour Louis d'Orléans, 1390-1420, ruiné par Richelieu, restauré totalement par Viollet-Le Duc à partir de 1858, nous donne idée d'une grande résidence princière aux 14e et 15e siècles. C'est encore une forteresse, perchée sur une colline, protégée par des pentes abruptes, des fossés; l'accès défendu par des ouvrages avancés (barbacane), pont-levis, porte savamment fortifiée. De hautes et épaisses murailles percées de rares meurtrières, dominées par des mâchicoulis, flanquées de grosses tours d'angle, enveloppent une enceinte quadrangulaire. Tout l'appareil défensif du Moyen Age, perfectionné encore contre la menace nouvelle du canon. Mais, à l'intérieur de cette masse hautaine, où s'affirme la puissance et dont s'impose le prestige, le donjon,

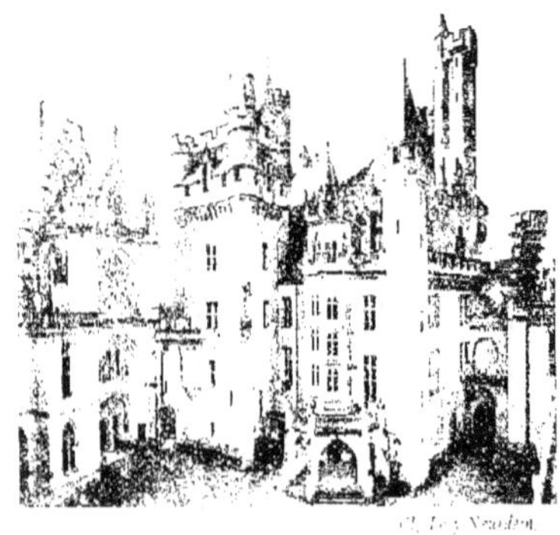

Cour de Pierrefonds.

les appartements, l'escalier d'honneur révèlent un besoin nouveau, sinon de confort, au moins de vie large et fastueuse : dégagements commodes, grandes salles, largement éclairées par de vastes baies, où se donneront des réceptions analogues à celles du duc de Berry, après les grandes chasses auxquelles invite la forêt prochaine.

Ce besoin de bien-être trouvera à se satisfaire après les guerres d'Italie. L'unification de la France, l'absolutisme royal rendent inutiles ou interdisent les châteaux forts, incapables, d'ailleurs, de résister aux progrès de l'artillerie. Les anciens châteaux sont aménagés : percement des fenêtres, transformation des mâchicoulis en galeries, comblement des fossés, addition de bâtiments de plaisance. Les nouveaux châteaux s'établissent, pour la commodité, dans les plaines, près des fleuves, surtout dans la région de la Loire, aimée alors pour sa douceur.

Chambord, construit pour François Ier à partir de 1519, sans doute sur les plans et modèles de Dominique de Cortone, le Boccador, achevé au 17e siècle, garde encore, avec une ampleur particulière, les plans et les dispositions des châteaux forts. Comme à Pierrefonds, grande enceinte quadrangulaire flanquée de grosses tours. Le château proprement dit, en forme de donjon carré, flanqué aussi de tours, tangent en son milieu à la façade nord (celle que montre la planche); entouré de fossés, comblés seulement au 18e siècle. Mais il est en plaine près du Cosson, paisible miroir où il se reflète. Tours et courtines sont largement percées de baies nombreuses. Le mur central est tout ajouré. Les mâchicoulis ont disparu et sont devenus des balustrades. Une terrasse couvre le château: d'autres régnaient, avant l'intervention de Mansart, sur les courtines. De là, on pouvait suivre de loin les grandes chasses royales. Les murailles sont presque nues, à peine décorées d'entablements et de pilastres. Cette sobriété fait valoir la richesse prodiguée sur les toits. Un décor, dont les éléments sont tous empruntés à l'Italie, surtout à la Lombardie, mais manié avec une exubérante et originale fantaisie, — monogramme royal, salamandre emblématique, plaques d'ardoise fine, adaptation ingénieuse de la polychromie italienne, — s'applique à des éléments constructifs mis en valeur : lucarnes, cheminées, lanterne au-dessus du célèbre escalier central à double révolution. Cette décoration, de style nouveau, s'associe à des parties de construction ancienne : lucarnes de type gothique (comme celles du palais de Jacques Cœur, p. 11, cf. celles de la tour dr. plus récentes et à fronton classique), fenêtres à meneaux, symétrie imparfaite. Partout, dans le programme, dans l'exécution, deux esprits se juxtaposent ou se pénètrent.

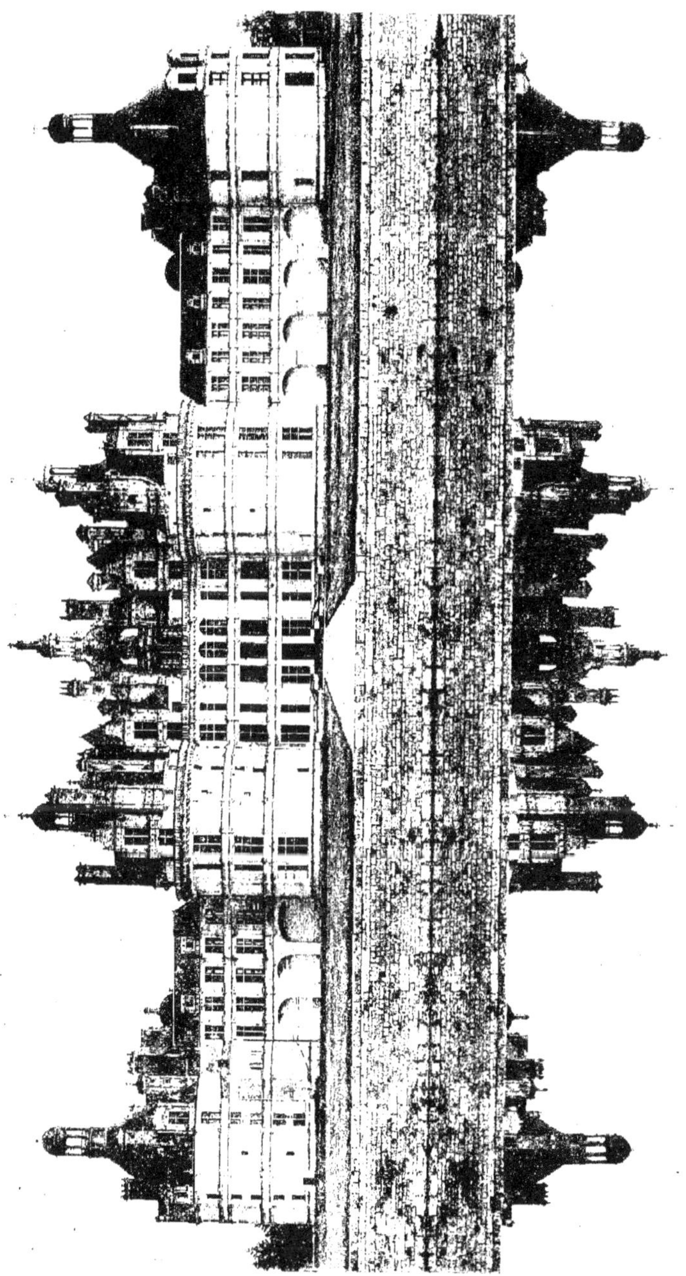

Le Château de Chambord.

III. — HÔTELS ET PALAIS, 15e et 16e SIÈCLES

Les hôtels, construits, au 15e siècle, dans les villes, pour les seigneurs ou de riches bourgeois, sur des emplacements restreints, mais sans contrainte stratégique, se sont adaptés, avant les châteaux, aux exigences nouvelles de vie large. La **Maison de Jacques Cœur**, élevée à Bourges, 1443-1453, avant toute influence étrangère, est conçue avec un sens remar-

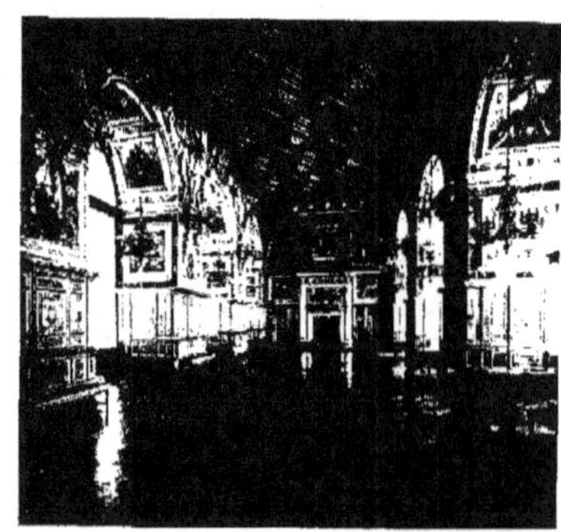

Cl. Lévy-Neurdein.

Hôtel d'Escoville. — Caen.

quable de la commodité : distribution habile des locaux, appartements, indépendants, des salles de réception, salle à manger en liaison avec la cuisine et l'office, dégagements assurés par huit escaliers à vis. Les façades selon l'esprit gothique, ne sont pas ordonnées par un souci extérieur de symétrie. Elles sont l'expression franche des dispositions intérieures : répartition et dimensions variées des baies, complexité des toitures. Relié à la porte d'entrée par un portique surmonté d'une galerie, le corps principal du logis offre au premier étage, à droite, des appartements, puis à gauche, de l'escalier central, une grande salle de réception, au-dessous de laquelle est, au rez-de-chaussée, la salle à manger. La décoration,

plus riche à gauche, souligne l'importance relative des diverses parties. Elle est constituée par des arcatures aveugles aux moulurations à biseau, avec devises, emblèmes (cœur, plume, coquille). La cage de l'escalier central, les lucarnes, le jeu des toitures contribuent à l'aspect d'élégance.

Un siècle plus tard l'esprit est transformé : caractère monumental de l'**Hôtel d'Escoville** à Caen. Construction sévère d'esprit classique, influence non plus, comme à Chambord, de la Lombardie (Renaissance fleurie, dite de François Ier) mais de Rome (Renaissance dite de Henri II). Les ordres antiques : colonnes, entablement, porte triomphale, suppression de tout décor sculpté, en dehors des grandes statues pseudo-antiques. Les meneaux des fenêtres, les toits élevés, les grandes lucarnes préservent le caractère français.

La **Galerie Henri II**, ou Salle de Bal, manifeste, à Fontainebleau, la puissance royale et le faste de la vie de cour. Commencée, sous François Ier, par Le Breton, elle mesure trente mètres sur dix. Les murs sont tout couverts d'élégantes et faciles compositions mythologiques exécutées par PRIMATICE avec le concours de Niccolo del Abbate : sujets indifférents à l'esprit, spectacles de joie exécutés par des Italiens dans l'atmosphère française (école de Fontaine-

Cl. Bulloz.

Galerie Henri II. — Fontainebleau.

bleau). Au lieu d'une voûte, PHILIBERT DELORME a fait adopter le riche plafond de bois à caissons qui donne un aspect moderne. Il a dessiné la cheminée qu'ornaient jadis deux satyres de bronze fondus d'après l'antique. Dans les murs, d'épaisseur féodale, les arcades des fenêtres forment comme autant de petits salons.

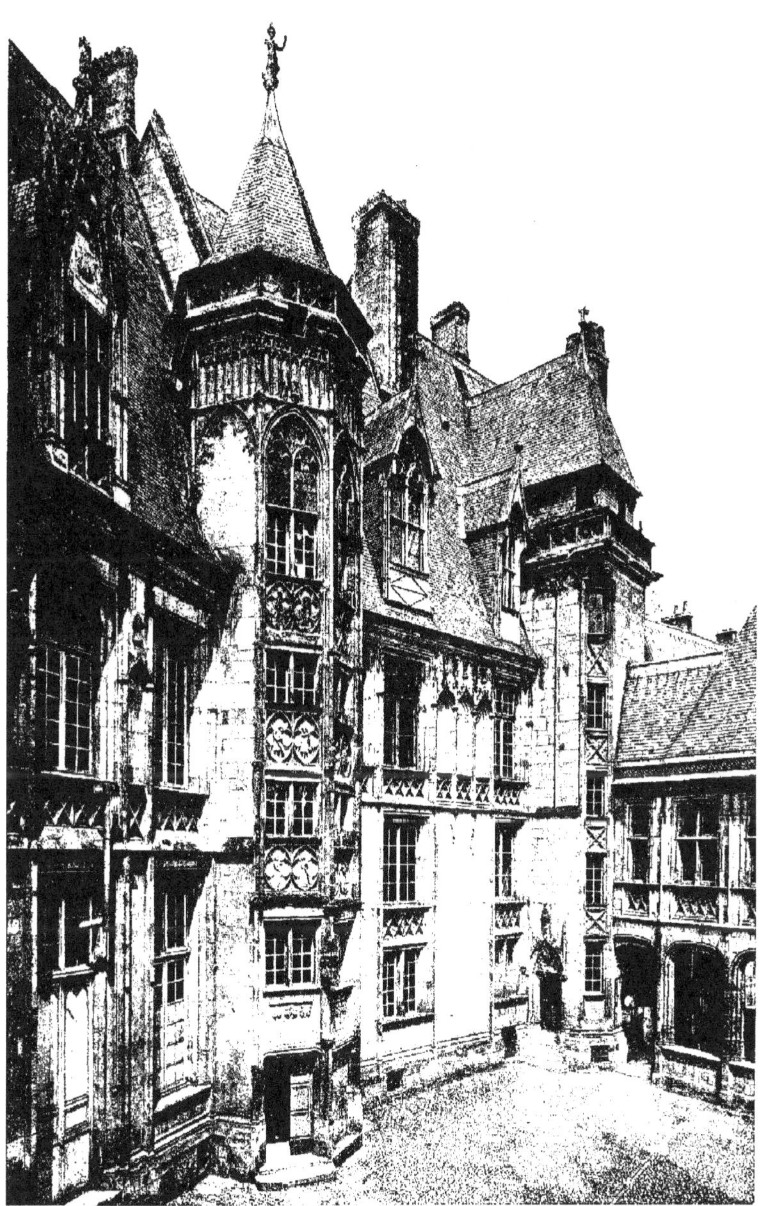

Cour de l'Hôtel Jacques Cœur. — Bourges.

IV. — JEAN GOUJON — LES TOMBEAUX DE SAINT-DENIS

À la sculpture dramatique de la sculpture bourguignonne avaient succédé au 15e siècle un établissement progressif et au goût grandissant du rythme. Le tombeau des ducs de Bretagne, à Nantes, par Michel Colombe, au début du 16e siècle, associe aux traditions réalistes françaises une sculpture calme nouvelle. Cette alliance s'est encore marquée dans la première moitié du 16e siècle. Mais peu à peu l'influence italienne et l'humanisme ont fait éliminer le costume contemporain, la recherche du caractère, pour y substituer le culte plastique du corps certain ou couvert de draperies; l'inspiration païenne l'a disputé aux thèmes religieux; à la pierre délaissée se sont substitués le marbre blanc ou le bronze. Deux maîtres, ce génie très différent, détaillent cette évolution : Jean Goujon et Germain Pilon.

Étranger au pathétique, tout païen par son amour épuré pour la forme, JEAN GOUJON (1510-1567) s'est pleinement exprimé dans les **Nymphes de la Fontaine des Innocents**. Sujet antique traité avec originalité : les dieux et déesses des sources sont, dans les exemples antiques, couchés. Sens admirable de la décoration : ces figures s'inscrivent avec aisance dans le rectangle étroit qu'elles occupent. Abondance de l'inspiration : variété d'attitude de ces figures;

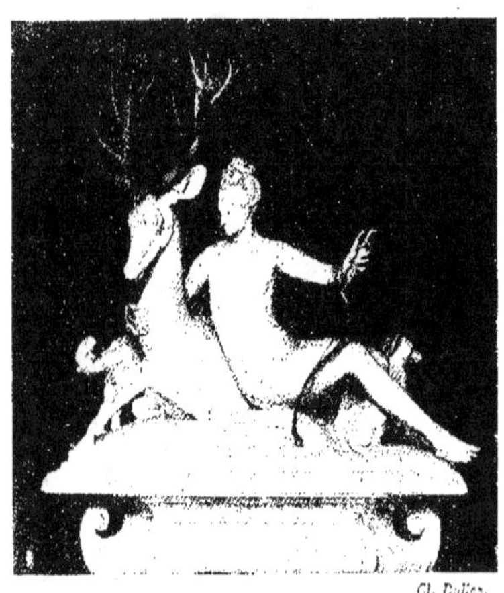

La Diane d'Anet. — Musée du Louvre.

unité gardée dans les types, les draperies, l'interprétation. Indifférence de la pensée, mais hymne à la jeunesse, à la beauté féminine et à la grâce. Pas d'imitation directe, toutefois, d'exemples italiens. gres, Choix des proportions longues, aimées par l'École de Fontainebleau, formes amples et souples, c'est réalisé de draperies légères, à plis minces, adhérentes. Exécution d'une science parfaite : relief très peu sensible aux passages délicats, peu de méplats; sens qui convient les beautés et les coiffures à la mode, imposé à cette décoration un unique charme, celui d'un accord souverain avec la signification.

La **Diane** appuyée sur un cerf, attribuée sans preuve à Jean Goujon, décorait une fontaine dans une cour du château d'Anet. Œuvre caractéristique de l'esprit du temps. Beau et original parti décoratif. Formes élancées, élégantes, d'un modelé un peu âpre, réalisme de la figure, du cerf, des chiens.

Le tombeau du moyen âge montre le ou les gisants sur le sarcophage. C'est le thème repris, magnifié, avec le cortège des pleurants, pour les ducs de Bourgogne, puis, avec les Vertus, pour les ducs de Bretagne. La Renaissance trouve des développements nouveaux. Jean Juste, Italien établi à Tours, crée, pour Louis XII, le tombeau triomphal dont la parfaite expression est

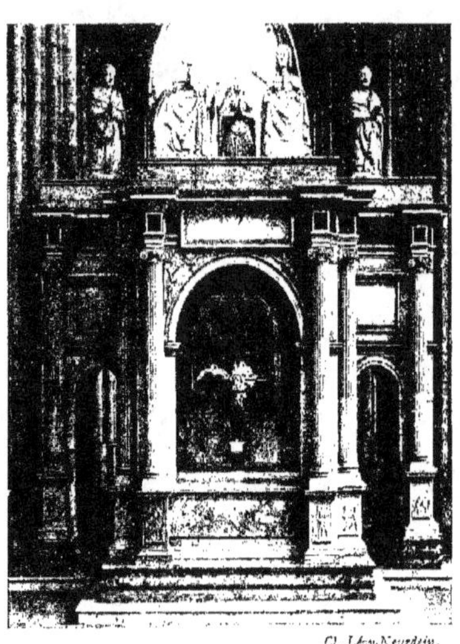

PHILIBERT DELORME. — Tombeau de François Ier. — Saint-Denis.

Le **Tombeau de François Ier**, construit par PHILIBERT DELORME. Un arc de triomphe de style ionique imaginé avec un instinct sûr de la simplicité, du rythme et de la grandeur ; choix raffiné de profils et de proportions : la beauté désirée uniquement par le jeu des volumes. Science de l'antique, mais grande liberté : disposition des corps latéraux, dessin de l'entablement, diversifié par des rectangles de marbre noir. Sur les plinthes de ce monument original, Pierre Bontemps, en de beaux et réalistes bas reliefs, a célébré les victoires du prince. Mais François Ier, en prière avec la reine et ceux de ses fils morts avant lui, s'humilie devant Dieu et, sous l'arc triomphal, les cadavres dénudés du roi et de la reine rappellent la vanité des grandeurs terrestres.

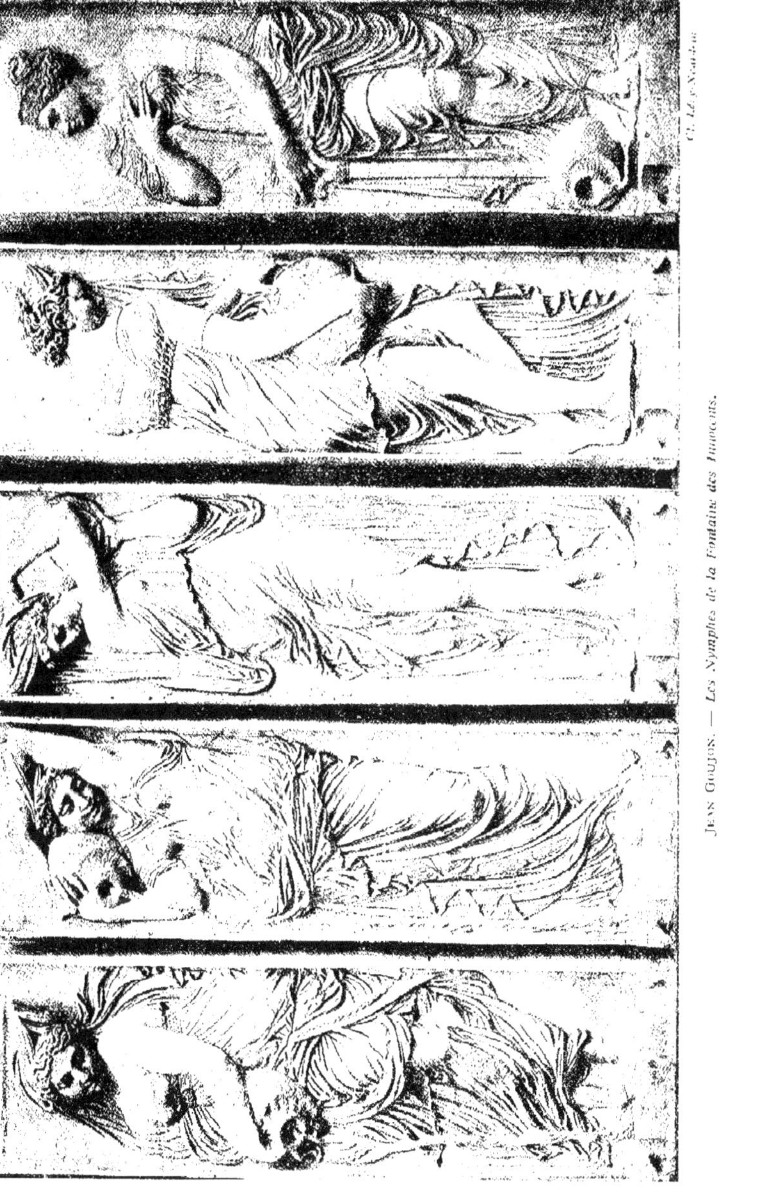

JEAN GOUJON. — *Les Nymphes de la Fontaine des Innocents.*

V. — LIGIER RICHIER — GERMAIN PILON

Le sens plastique de la Renaissance revêt une force singulière dans la **statue tombale** de **René de Châlons**, exécutée, vers 1547, par le grand sculpteur lorrain LIGIER RICHIER. Thème médiéval, presque répugnant et dont l'horreur n'est pas dissimulée, magnifié par la pensée et le style. Tendant son cœur vers le ciel, ce cadavre, plus qu'à demi décomposé, proclame le triomphe de la foi sur la mort. En un geste grandiose qui l'anime tout entier il dessine, d'un seul jet, une arabesque harmonieuse où le pathétique se discipline en un accord d'une imprévue et paradoxale beauté.

Les trois Vertus théologales qui portent l'urne funéraire du cœur de Henri II, sculptées de 1561 à 1563, n'ont rien de chrétien. A moitié dévêtues, unies en un groupe léger presque dansant, indifférentes : on les appelle, d'ordinaire, les trois Grâces. GERMAIN PILON (1535-1590) y développe la même esthétique que J. Goujon avec un autre tempérament : sens plastique moins large, moins ample, visages jolis, draperies cassantes, élégance raffinée non sans afféterie; sous la généralisation du costume, saveur contemporaine, écho de la vie de cour.

Les désordres et les ruines des guerres de religion font, comme au temps de la Guerre de Cent ans, renaître le sens dramatique. La Contre-Réforme oppose au protestantisme raisonneur l'évocation sensible et presque sensuelle des mystères sacrés, de la Passion et des tourments, des damnés, des joies ineffables des élus.

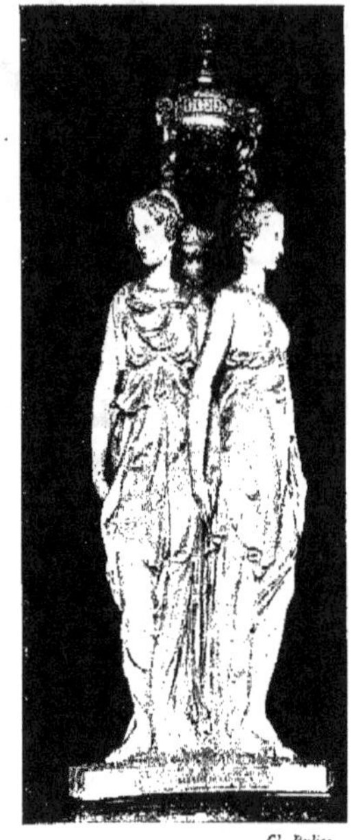

LIGIER RICHIER. — *Monument de René de Châlons*
Église Saint-Étienne, Bar-le-Duc.

Dans cet **Ensevelissement du Christ**, Germain Pilon met au service de cette conception religieuse sa science plastique et son instinct du rythme. Ce bas-relief de bronze conçu, selon l'exemple de Ghiberti, comme un tableau, est modelé avec une parfaite sûreté : autour du corps du Christ, dont le relief est déjà atténué, le modelé s'amortit jusqu'à se réduire, à l'arrière-plan, à des suggestions à peine exprimées. Composition balancée en surface, (la Madeleine répond à Saint-Jean) et en profondeur comme si le Christ et ceux qui le pleurent étaient les éléments d'un anneau idéal. La ligne droite est quasi éliminée, les volumes, les lignes flexueuses, s'accordent pour former un tout onduleux.

Cl. Bulloz.

GERMAIN PILON. — *Les Vertus théologales*, Musée du Louvre.

C'est le système de composition baroque (voir p. 48). Le corps du Christ est modelé avec *morbidezza* : atténuation des contours, expression des muscles palpitants. Exécution à la fois très près et très loin des Nymphes de Jean Goujon; pensée diamétralement opposée. J. Goujon n'aspire qu'à satisfaire les yeux et le rêve de beauté. Germain Pilon, par la beauté plastique et par ce rythme fluide, nous convie à la plus dramatique déploration.

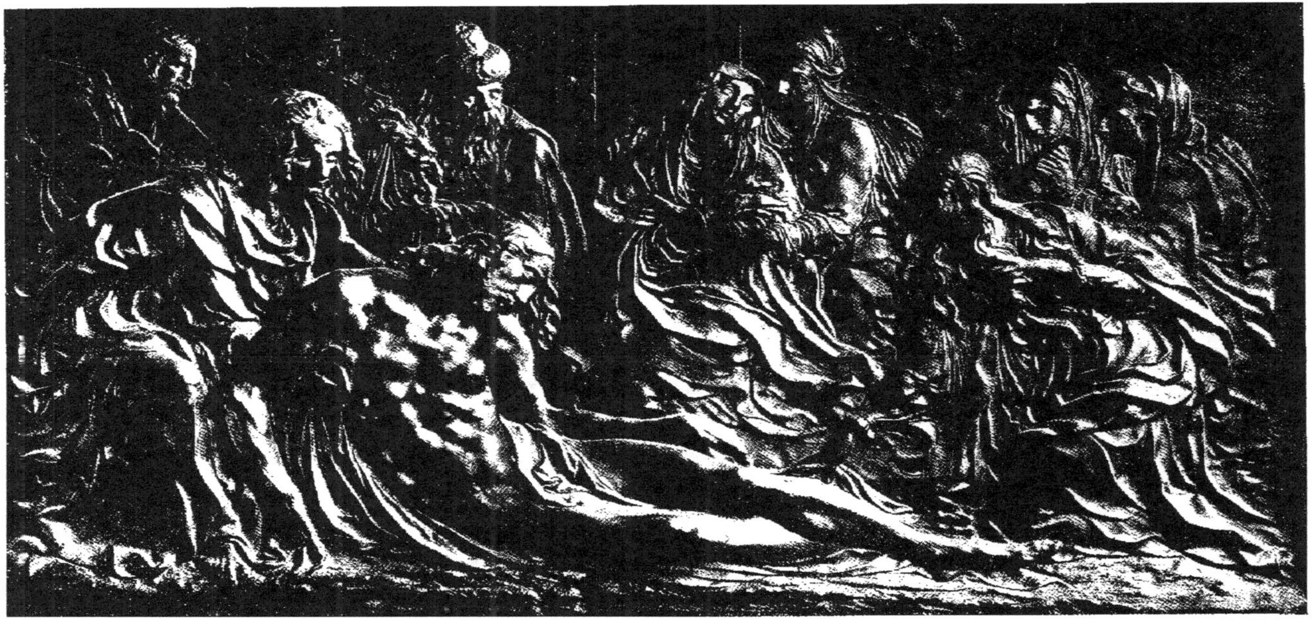

GERMAIN PILON. — *Déposition de Croix.* — Musée du Louvre.

Les peintres de l'école de Fontainebleau participent au goût italianisant des sculpteurs. Des artistes venus des Pays-Bas, les Clouet, Corneill. de la Haye (dit Corneille de Lyon) secondent, par leur instinct réaliste, la mode des portraits. Le sens moderne de l'individualisme, apparu au 15ᵉ siècle, s'épanouit avec la Renaissance.

Fidélité, sincérité, respect du caractère, sans intervention d'esthétique théorique, exécution minutieuse alliée à un sentiment aigu et large. La figure surtout intéresse ; le peintre la dessine directement d'après son modèle ; il la reprend ensuite, dans l'atelier, en un tableau à l'huile, de dimensions modestes, d'une facture précise et sèche. Ou bien l'on fait des copies du crayon original et on les groupe en albums comme aujourd'hui les photographies.

Voici, peut-être, par Clouet, le masque d'**Antoine de Bourbon**, roi de Navarre, le père d'Henri IV, affiné et médiocre. Le portrait de **Marguerite de Valois**, future reine de France, montre l'aptitude à dire la grâce d'une fillette, type spirituel, yeux qui pétillent, goût d'un luxe effréné, bijoux, perles et pierres à profusion.

Les arts appliqués ou somptuaires ont été pros-

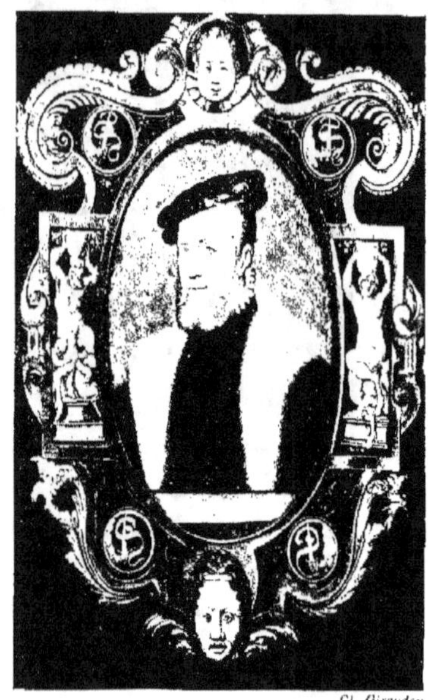

LÉONARD LIMOUSIN. — *Le Connétable de Montmorency.*
Musée du Louvre.

pères et originaux. Les « rustiques figulines » de Bernard Palissy sont célèbres. Le meuble fait en bois de pays, chêne ou noyer, devient un monument d'architecture : pilastres ou colonnes, entablements, frontons. La sculpture décorative, des cariatides, des bas-reliefs viennent le parachever. L'esprit varie selon les régions : mesure dans l'Ile de France, rigueur constructive en Lyonnais, exubérance vivante en Bourgogne, où a été construite la magnifique **Armoire de Clairvaux.**

A l'émail cloisonné qui fit, au Moyen Age, sa gloire, Limoges substitue, à la fin du 15ᵉ siècle, l'émail peint, qui revêt complètement, d'une couche vitrifiée, un support de cuivre, plaque, coupe, vase. Les émailleurs réalisent leurs propres compositions ou empruntent à des gravures italiennes ou flamandes. Le plus illustre d'entre eux, **Léonard Limousin**, peintre et émailleur, a signé, en 1556, le fin **Portrait du Connétable de Montmorency.** Les figures décoratives, le style des rinceaux marquent l'influence italienne. L'art de l'émail tombe en décadence dès la fin du 16ᵉ siècle.

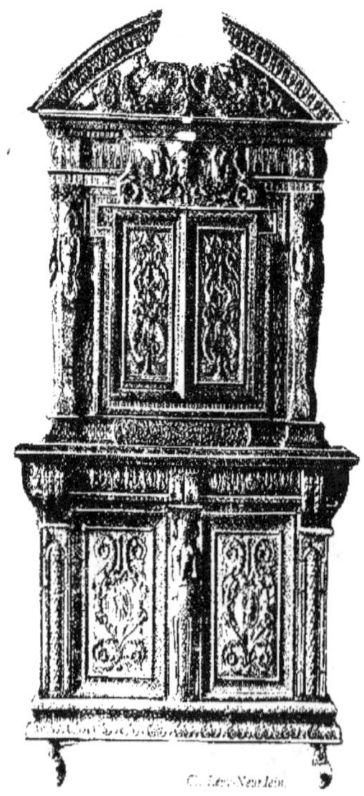

Armoire d'Compiègne. — Musée de Cluny.

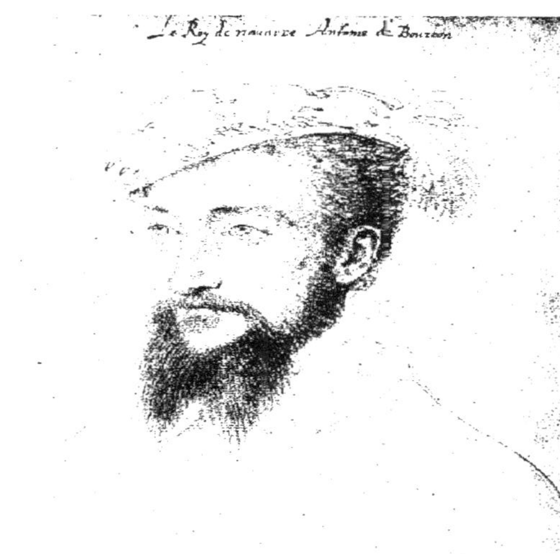
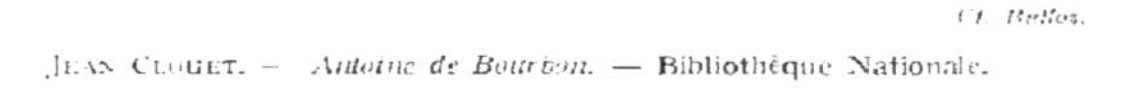

JEAN CLOUET. — *Antoine de Bourbon.* — Bibliothèque Nationale.

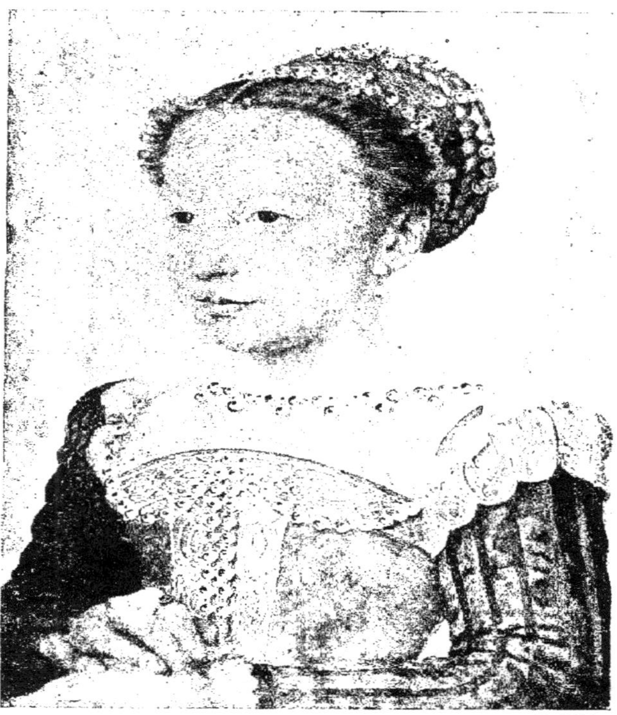

FRANÇOIS CLOUET. — *Marguerite de Valois.*

VII. — LA PEINTURE FLAMANDE : VAN EYCK, MEMLINC

Dans les premières années du 15e siècle, à Gand, les frères Van Eyck, Hubert (1366-1426), et Jean (1390?-1441) trouvèrent une méthode pratique pour peindre à l'huile. Le retable de l'Agneau mystique, achevé en 1432, fut la première et géniale manifestation de cette découverte. La peinture en reçut un éclat, une profondeur, une puissance que lui refusaient miniature, fresque. Variétés de peinture à l'eau. L'art flamand, déjà prospère, sous les ducs de Bourgogne, en prit un magnifique et immédiat développement.

La **Vierge d'Autun** a été peinte par Jean Van Eyck pour Nicolas Rolin, chancelier de Bourgogne. Foi absolue, recueillement calme, sans mysticisme, ni élan. Pas de recherche de beauté, la Vierge aux traits réguliers sans plus; jésus, un bébé dru au ventre gros; la figure du donateur, fouillée avec acuité.

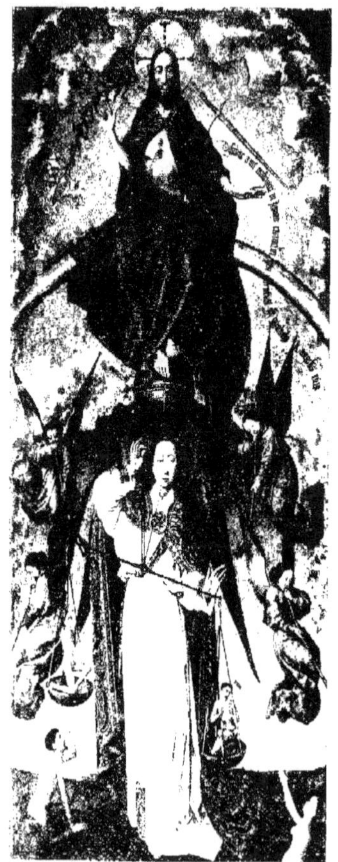

JEAN VAN EYCK. — La Vierge au donateur.
Musée du Louvre. — Paris.

Fidélité réaliste, prosaïque. Désir de tout dire sans curiosité mesquine : tout paraît intéressant et l'artiste ne sait ni résumer, ni choisir. Précision de miniaturiste et d'orfèvre. Précieux document sur le costume, brocards, broderies; l'orfèvrerie, la couronne, l'architecture, mélange de formes gothiques et renaissantes. Le jardin aux fleurs et aux oiseaux rares; la ville active, le pont fortifié... couleur riche, sourde, exécution appliquée, serrée, tendue.

Roger van der Weyden (ou de la Pasture) (1399?-1464) a peint, pour le même chancelier Rolin, entre 1443 et 1450, le célèbre polyptique du **Jugement dernier** de Beaune. Ce fragment témoigne une conscience analogue, l'esprit réaliste, un dessin un peu anguleux, un sens nouveau de mouvement, d'expression, de dramatique. Le premier des grands Flamands, Roger, est allé en Italie en 1450.

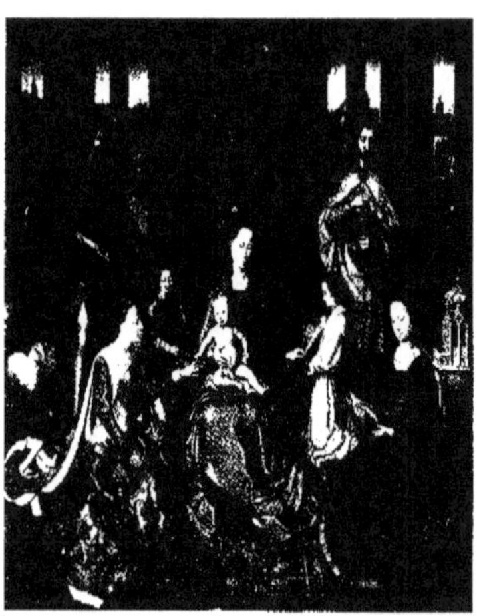

Cl. Bulloz.

MEMLINC. — Le Mariage mystique de sainte Catherine.
Hôpital Saint-Jean. — Bruges.

MEMLINC, né, près de Mayence, vers 1430-†1494, sans rien changer aux données antérieures, en modifie l'esprit. **Mariage mystique de sainte Catherine;** suavité, tendance mystique, sens du charme féminin, adoucissement du type réel. Détente de la facture, dessin moins ferme et moins accusé, couleur plus légère. Impression de silence et de rêverie près de ces saintes élégantes et aristocratiques, de cette Vierge pensive, des deux saints Jean recueillis. De l'ampleur et du charme, malgré l'analyse minutieuse et la profusion des détails.

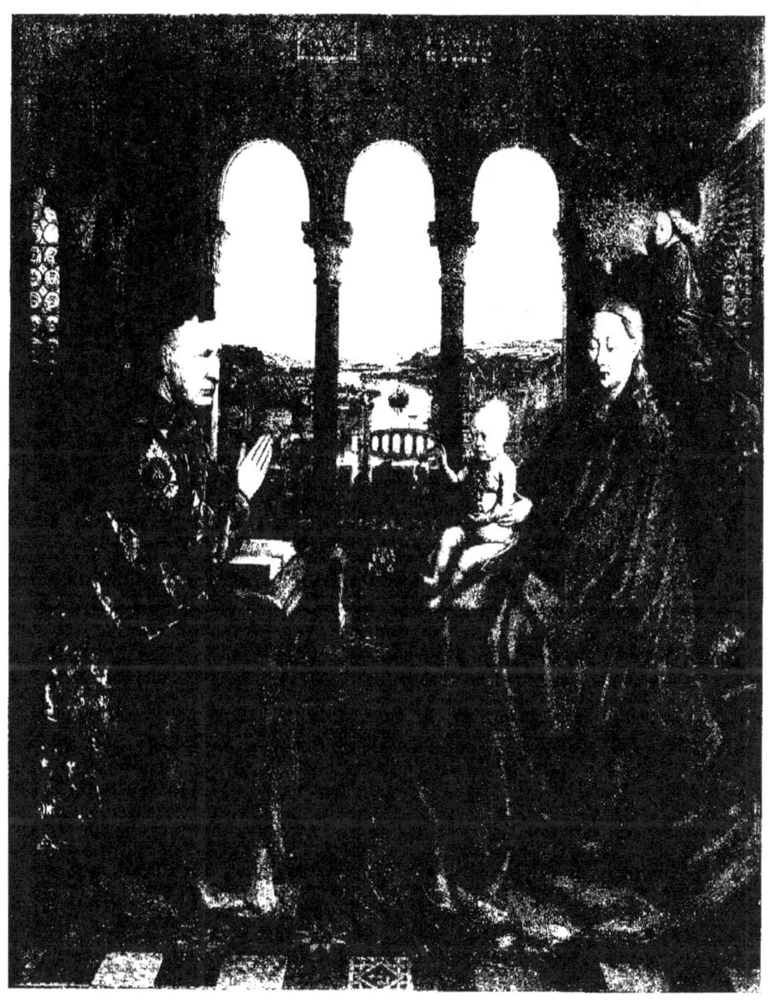

JEAN VAN EYCK. — *La Vierge d'Autun.* · Musée du Louvre.

VIII. — LA PEINTURE FLAMANDE : QUENTIN MATSYS

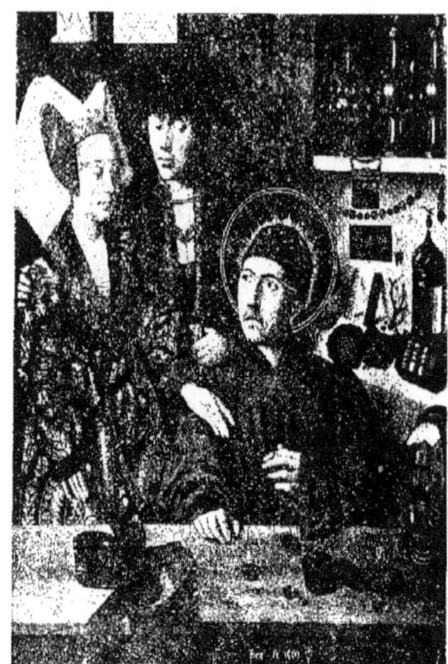

PETRUS CHRISTUS. — Les Fiançailles de sainte Godeberte.

PETRUS CHRISTUS (1410?-1472), maître par ailleurs
secondaire, quand il peint, en 1449, **Saint Éloi**, ou
les Fiançailles de sainte Godeberte, ne songe qu'à
rappeler une légende édifiante, mais l'aisance de la
mise en scène, le naturel des attitudes, le goût ingénieux des détails précis, le miroir sphérique où se
reflètent des passants et une place, confèrent à cette
œuvre, le caractère et l'intérêt d'une scène de genre.
L'intérieur d'une boutique d'orfèvre ou de changeur
deviendra bientôt, sans prétexte religieux, un thème
souvent répété. Ainsi s'annonce vers le milieu du
15e siècle, une source d'inspiration singulièrement
favorable au génie néerlandais.

Le 16e siècle marque, pour les Pays-Bas, une période
critique. La gloire de Léonard de Vinci, de Michel-
Ange, de Raphaël domine l'Europe. L'Italie exerce
une puissance fascinatrice, devant elle les arts
nationaux tendent, de toute part, à abdiquer. A la
veille de cette crise, QUENTIN MATSYS (1466-1530) fait
servir les enseignements ultramontains à l'expression des tendances ataviques. **L'Ensevelissement du
Christ** (1509-1511) est composé avec une ampleur,
une liberté, un sens élargi du rythme; traitement
large des costumes, surtout pour saint Jean et la
Vierge mère (?) ... une draperie sans plastique,

beauté de saint Jean, suavité des types féminins
traduction mesurée de la douleur, visages et gestes;
science anatomique; exécution assouplie, couleur
qui tend à se dissoudre dans une ambiance sympathique, subordination des détails. Mais sérieux et
sincérité de la pensée, émotion qui domine la plastique, intensité rayonnante de la figure du Christ,
types et costumes d'observation directe. Minutie
traditionnelle dans le paysage et la vue du Calvaire.

Cf., pour le Christ, *la Pietà* d'Avignon, pour le
parti général, *la Déposition* de Germain Pilon.

Bientôt les Flamands renient leur patrie, se pro-
clament, avec orgueil, romanistes. Auteurs de compositions ambitieuses et artificielles, où la saveur de
terroir ne reparaît que rarement et malgré eux, ils ne
gardent d'intérêt qu'en tant que portraitistes. Au
milieu de cet entraînement universel, PIERRE
BRUEGEL LE VIEUX (vers 1525-1569) reste, en apparence, étranger à la science et aux engouements de
son temps. Sous prétexte d'illustrer des proverbes ou
les évangiles, il exprime toute la saveur, la « drôlerie »
des mœurs populaires, ainsi dans **le Massacre des
Innocents** transporté dans un village flamand couvert de neige. Au premier coup d'œil, page sommaire
et brutale d'un barbare. En réalité, ce primitif est
très averti : l'effet de neige est très exact; les
contrastes violents sont des rapports très fins et
très justes; les silhouettes ont été dessinées par un
observateur pénétrant, capable de choisir le geste
typique et le trait qui caractérise. Sens nouveau
et très moderne de l'abréviation synthétique, du
mouvement, de l'espace, de la perspective aérienne;
sympathie pour les humbles.

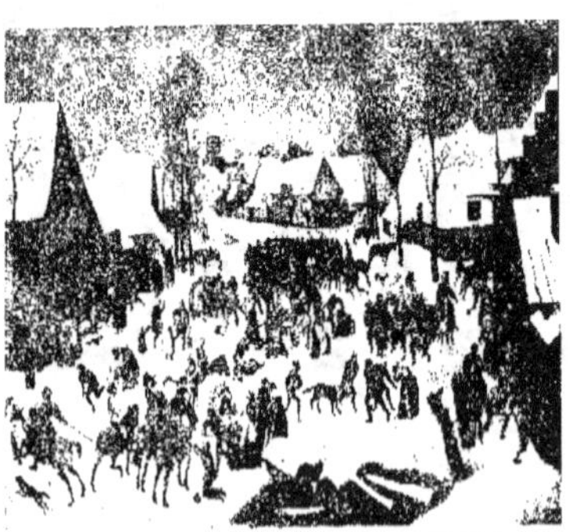

BRUEGEL LE VIEUX. — Le Massacre des Innocents.
Vienne (?)

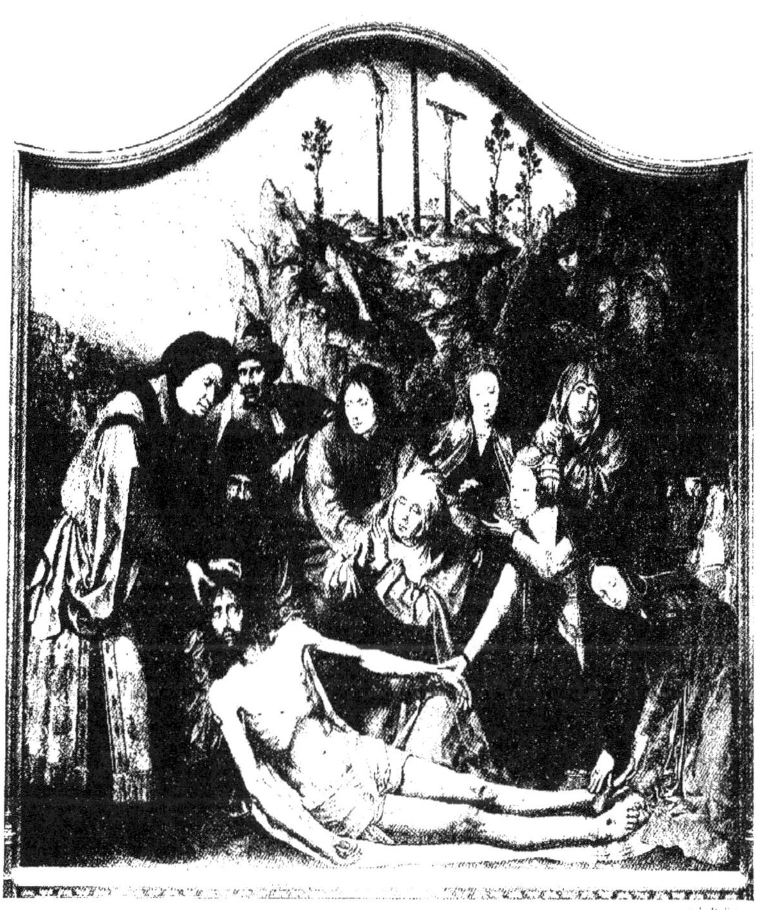

QUENTIN MATSYS. — *L'Ensevelissement du Christ.* — Musée d'Anvers.

IX. — LA SCULPTURE FLORENTINE AU 15e SIÈCLE

Grâce à la prospérité politique, au désir de la gloire, aux rivalités entre cités et aussi à la forte éducation des artistes, l'art italien, au 15e siècle, poursuit sa glorieuse évolution. Il va cesser d'être uniquement religieux; essaye de rendre la réalité avec exactitude (découverte de la perspective); retrouve, avec les humanistes, le sens païen de la beauté plastique et s'éprend, d'abord, de beauté juvénile et de grâce. Riche et apaisée, sous la tutelle des Médicis, Florence continue son œuvre initiatrice. La sculpture y reçoit ses décisifs développements.

De 1425 à 1438, GHIBERTI (1378-1455) a modelé les **portes** de bronze **du Baptistère de Florence,** « portes du Paradis » a dit Michel-Ange. Formule nouvelle et parfaite du bas-relief pittoresque qui par une gamme ingénieuse de reliefs, suggère l'espace, des plans multiples et rivalise avec les prestiges de la peinture. C'est ainsi qu'il raconte *La Prise de Jéricho* et la *Rencontre de Salomon et de la Reine de Saba.* Curiosité pittoresque subordonnée au rythme. Composition claire et, dans la *Rencontre*, ordonnée par une orchestration savante des architectures et des foules; souplesse, calme, proportions élancées, élégance, distinction, avec une aspiration à la grandeur. Génie d'instinct classique.

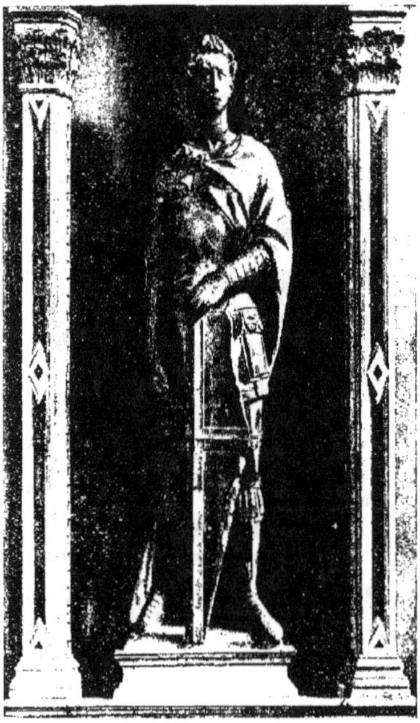

Cl. Alinari.

DONATELLO. — *Saint Georges.* — Or San Michel, Florence

Moins sensible au rythme, DONATELLO est épris du caractère, vivant, spontané, parfois dramatique. **Saint Georges** est plus voisin de nos statues gothiques que des antiques. Image fraîche du courage tranquille soutenu par la foi : regard droit et limpide, attitude résolue et réservée. Hymne à la jeunesse. Campé avec sûreté, le bouclier donne de l'assise et crée un grand parti.

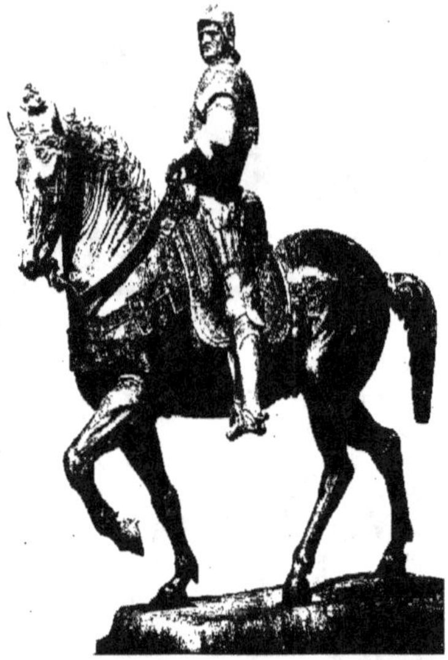

Cl. Anderson.

VERROCCHIO. — *Le Colleone.* — Venise.

A la fin du siècle, VERROCCHIO, hanté, après Donatello, par le *Marc-Aurèle* du Capitole, donne, de la statue équestre, une formule impérissable. Au service de Venise, **Le Colleone** fut un condottière loyal, d'une énergie entière, intelligent et d'ailleurs très cultivé. Tout nous dit, ici, l'autorité du chef. Sans sacrifier la ressemblance, les particularités de l'armure et du harnachement, l'artiste a créé un type universel. Cela par une science impeccable, par le sens aigu de l'équilibre concilié avec le mouvement, l'adaptation parfaite aux exigences et ressources du bronze. Cette œuvre impérieuse, par une rencontre unique, nerveuse, dépouillée et ample, précise dans les détails et large, unit l'esprit d'une période qui s'achève au goût de généralisation de l'âge classique prochain.

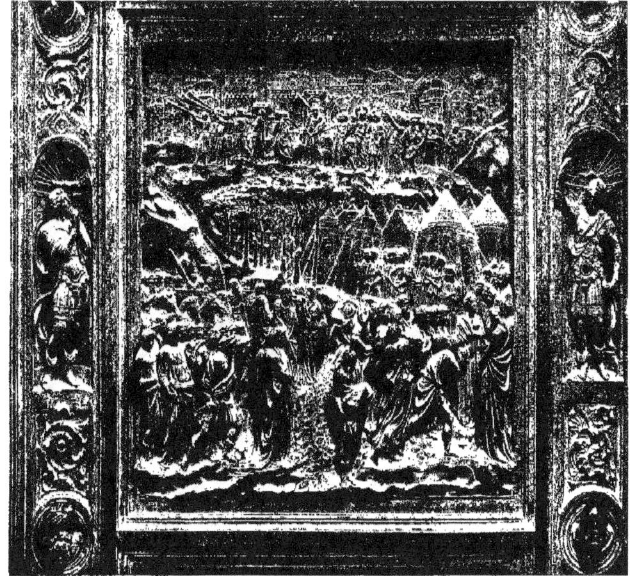

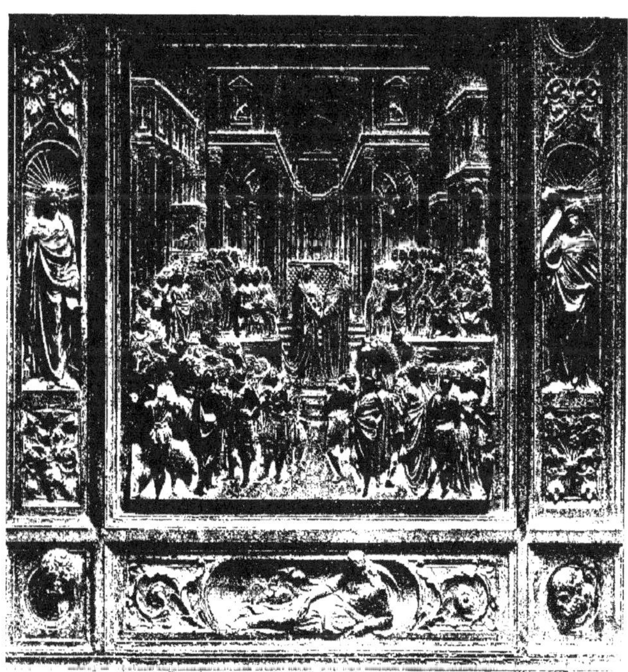

GHIBERTI. — *La Prise de Jéricho; Salomon et la Reine de Saba.* — Portes du Baptistère, Florence.

L'évolution de la peinture florentine suit de près celle de la sculpture. Dans une période de gestation qui dure jusque vers le milieu du 15e siècle, les peintres, armés de la perspective, passionnés par leur science nouvelle, se livrent à une discipline rigoureuse et oublient le charme de la couleur pour accentuer les contours, définir, avec précision, les formes dans l'espace vrai. Au seuil de cette période, Masaccio (1401-1429), dans sa carrière trop brève, devance de loin ses contemporains : ses fresques de la chapelle des Brancacci dans l'église de Carmine, à Florence, pressentent l'avenir. Fra Angelico (vers 1387-1455) conserve l'ingénuité du passé. Après les dures leçons de Paolo Ucello, Fra Filippo Lippi (1400?-1469) ouvre une période plus libre.

Le Christ ordonnant à saint Pierre de payer **Le Denier de César**, par Masaccio, offre encore des perspectives incertaines, trois scènes juxtaposées, mais la suppression de tout accident, un langage réduit à l'essentiel, l'autorité d'une composition grandiose avec simplicité où les personnages s'accordent avec l'austérité d'un paysage aux ondulations rythmiques et de fabriques nues, la solidité de ces corps qui posent réellement sur le sol, la construction par larges plans de ces têtes nobles, le style des draperies à tuyaux épais, l'attitude réservée et discrète du Christ majestueux et bienveillant, les gestes mesurés, expressifs et amples de Saint Pierre, la majesté du personnage de droite du groupe central où l'on croit reconnaître Masaccio lui-même, tout confère à la page une grandeur romaine. Quatre-vingts ans plus tard Raphaël viendra l'étudier et il en dégagera toute la portée.

Fra Angelico, avec l'imagination fraîche d'un saint, conserve une curiosité naïve et le goût des

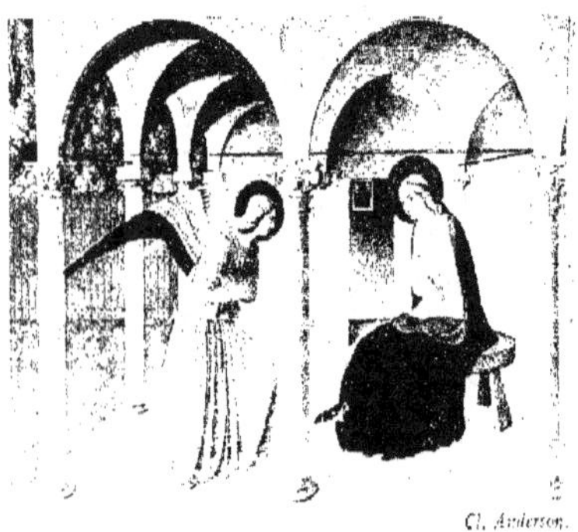

Cl. Anderson.

Fra Angelico. — L'Annonciation. — Couvent San Marco, Florence

couleurs vives; il projette sa propre candeur sur des visages enfantins. Mais, s'il dit avec une pudeur exquise le mystère silencieux de L'Annonciation, la science des attitudes, une

composition sûre, le rythme séduisant, la vérité des architectures, montrent qu'il participe, tout de même, aux progrès techniques de son temps.

Fra Filippo Lippi, qui n'eut aucune des vertus

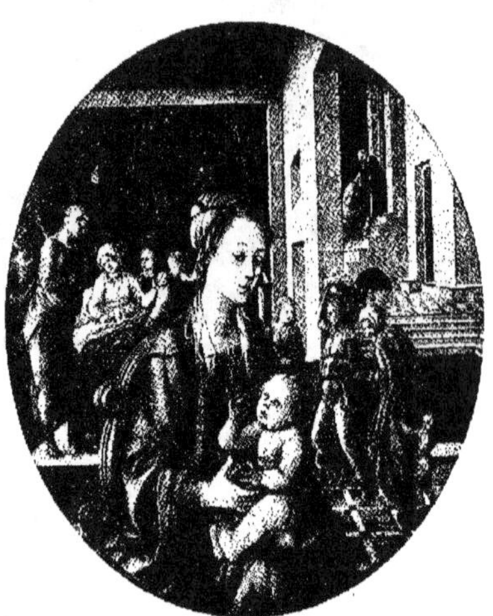

Cl. Bulloz.

Filippo Lippi. — *La Vierge et l'Enfant.* — Galerie Pitti, Florence.

de l'Angelico, maîtrise la science intempérante de ses prédécesseurs et la plie à exprimer la jeunesse et la grâce. Ce tondo (tableau rond, forme qu'il a mise en honneur) développe, derrière **La Vierge et l'Enfant**, une composition double où se juxtaposent, d'une façon arbitraire, une scène de la rue : la rencontre de sainte Anne et de Joachim, et la naissance de la Vierge. Celle-ci est racontée avec simplicité sans vulgarité, avec une élégance native; fantaisie aimable dans les personnages épisodiques des visiteuses. Étude d'attitudes, de mouvement, types élancés, costumes aux plis sinueux, tendance à l'arabesque; quelque chose de spontané et d'imprévu; architectures sommaires et solides; perspective compliquée et savante. L'enfant Jésus, potelé, un peu bouffi, n'est qu'un bébé, un bambino, le propre fils de l'artiste, Filippino, futur peintre lui-même. La Vierge, la femme du peintre, très jeune, très parée, gracieuse, a, dans le regard, une sorte d'inquiétude vague qui tient lieu d'expression. Œuvre d'un artiste curieux des réalités, sans au-delà. Quelque chose d'arrêté et de limité, dans la facture comme dans l'inspiration.

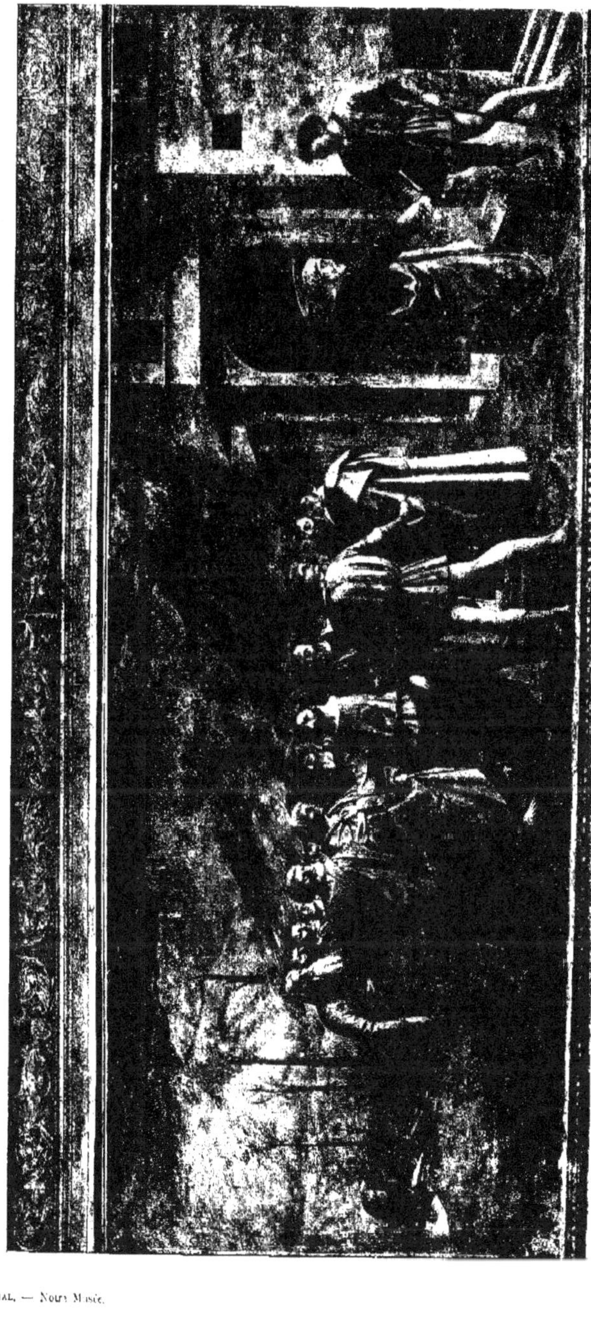

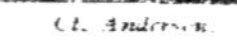

Cl. Anderson.

MASACCIO. — *Le Denier de saint Pierre.* — Église du Carmine, Florence.

XI. — LES PEINTRES FLORENTINS : BOTTICELLI

seconde moitié du 15e siècle. Les peintres florentins bénéficient des efforts de leurs prédécesseurs. Dans une langue précise, aiguë, non sans sécheresse, ils célèbrent la jeunesse, l'enfance, le printemps, la richesse des costumes et des parures. Prédilection pour les types élancés et les lignes sinueuses. La vie contemporaine et le portrait pénètrent l'art religieux. Les sujets antiques, les mythes païens apparaissent sous l'influence des humanistes et des poètes. Benozzo Gozzoli, Filippino Lippi se complaisent dans cet art aimable. Botticelli en dégage tout le charme, mais son âme, tourmentée, tour à tour, par des rêves antiques, et, au temps de Savonavole, par l'exaltation religieuse, ne parvient pas complètement à s'exprimer. Ghirlandajo, moins complexe par nature, évolue vers un art plus détendu et plus ample.

Inspiré par les poètes contemporains nourris d'antiquité et par la cour des Médicis, BOTTICELLI (1447-1510), pour célébrer **Le Printemps**, 1484, évoque les divinités classiques : il les imagine sans le secours des statues antiques. Dans un bois d'orangers, sous le regard de Vénus chaste et drapée, le Printemps, déesse souriante, vêtue d'une robe légère brodée de bouquets, s'avance, d'un pas dansant, semant les fleurs. Près d'elle accourt Flore caressée par Zéphyr ; les Grâces, enlacées en gestes d'une élégance subtile, mènent un chœur lent ; Mercure, de son caducée, fait tomber des fruits, et l'Amour plane sur ce printemps de la vie et de l'année. Arabesques des lignes sinueuses, souplesse des formes, cadence, volupté spiritualisée, vision raffinée et rare. Mais manque d'unité picturale ; l'application de la facture, le détail puéril des fleurs et des broderies contrarient la spiritualité ; la rigueur des contours arrête le mouvement ; les visages souriants et inquiets laissent deviner des intentions mal exprimées.

Point de ces contradictions dans la page sereine, où GHIRLANDAJO (1449-1494) magnifie **La Naissance de la Vierge**. Le thème de Lippi (p. 24), repris avec une ampleur noble. Décor, où se déploie le goût décoratif de la Renaissance. L'emprise païenne marquée par cette frise d'amours inattendue en une

scène religieuse. Ni mysticisme ni recueillement ; l'intérêt reporté sur les visiteurs, portraits de la fille du donateur et de son escorte, profils purs, belles ou savantes attitudes. Accord, ici, entre technique et intentions. Sens spontané de la grandeur, composition cadencée où s'annoncent, malgré le goût de l'individuel et du détail, les grands partis classiques.

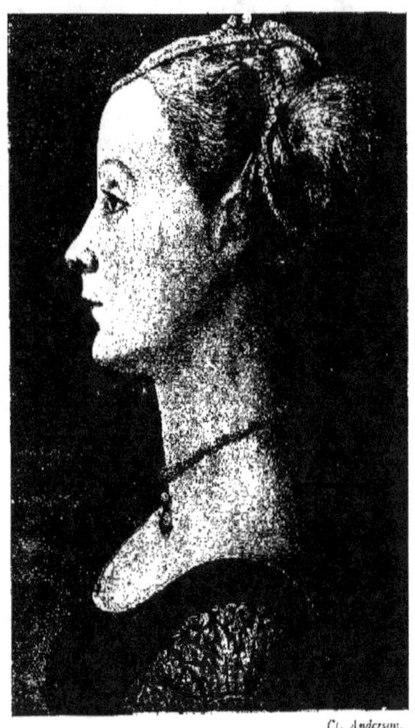

Cl. *Anderson.*

POLLAJUOLO (?). — *Inconnue.* — Musée Poldi-Pezzoli, Milan.

Ce Charmant **portrait**, attribué à POLLAJUOLO : contour conduit d'un seul trait, distinction, finesse, luxe élégant, limpidité du regard ; art incisif d'une précision métallique.

———

A travers l'Italie, fleurissent, dans les cités grandes ou petites, des écoles de peintres. Parfois, dans les recoins de l'Ombrie, des artistes s'attardent à des formules périmées. Presque partout, s'insinue la science florentine. En Ombrie Pérugin développe, non sans mollesse, l'art suave qu'il enseignera à Raphaël. A Orvieto, Signorelli orchestre des corps athlétiques qui impressionneront Michel-Ange. Dans les Marches, Piero della Francesca définit, avec une volonté géométrique, les corps dans l'espace. Au nord de l'Italie, Vittore Pisano a été un coloriste charmant et un dessinateur aigu. Mantegna (1431-1506) est la plus puissante figure de son temps. Il unit le sens architectural, sculptural, l'intelligence de l'antique à l'observation naturaliste et à l'instinct dramatique. Sa supériorité s'affirme, peintre religieux, païen, portraitiste, témoin de la vie contemporaine. Il apparaît comme un homme parmi des adolescents.

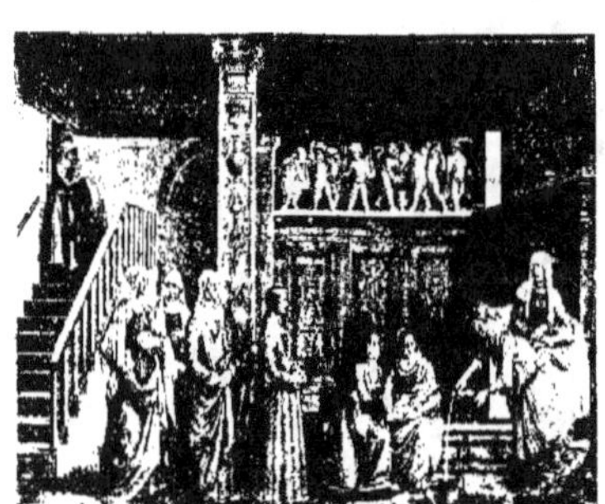

Cl. *Anderson.*

GHIRLANDAJO. — *La Naissance de la Vierge.*
Santa Maria Novella, Florence.

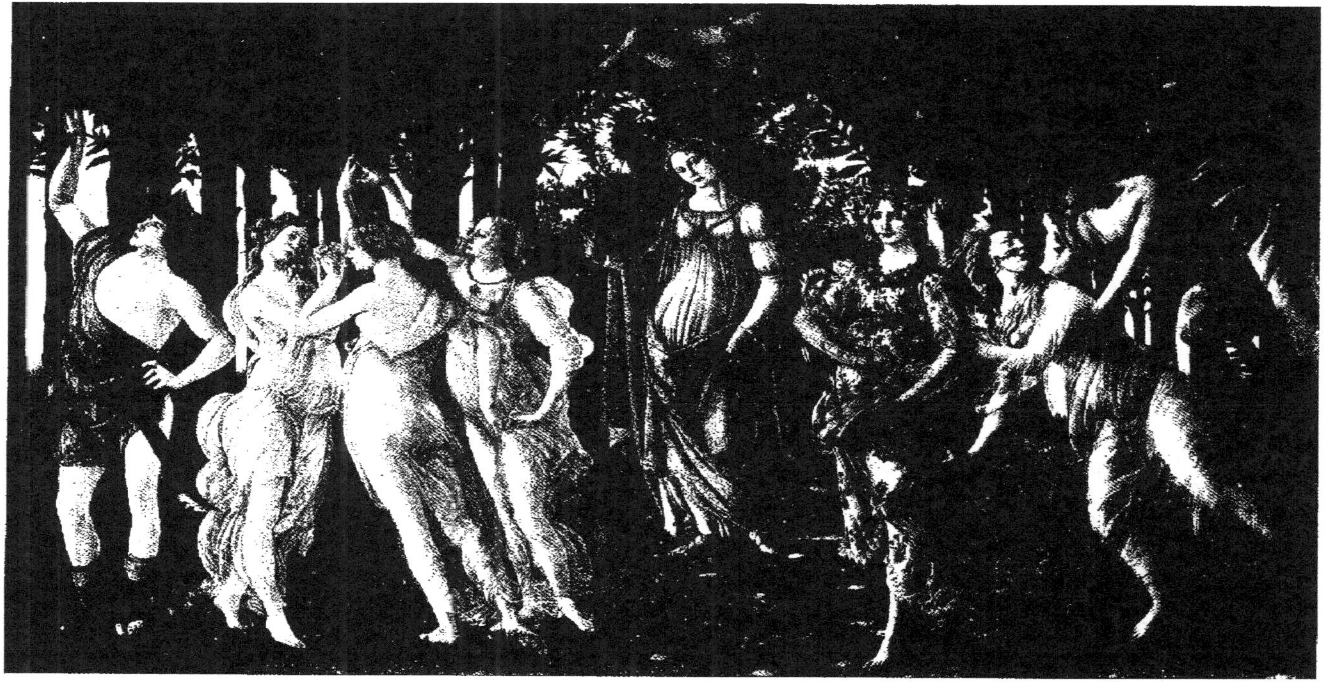

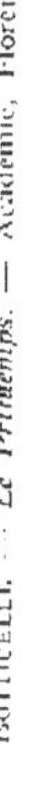

BOTTICELLI. — *Le Printemps.* — Académie, Florence.

Cl. Braun.

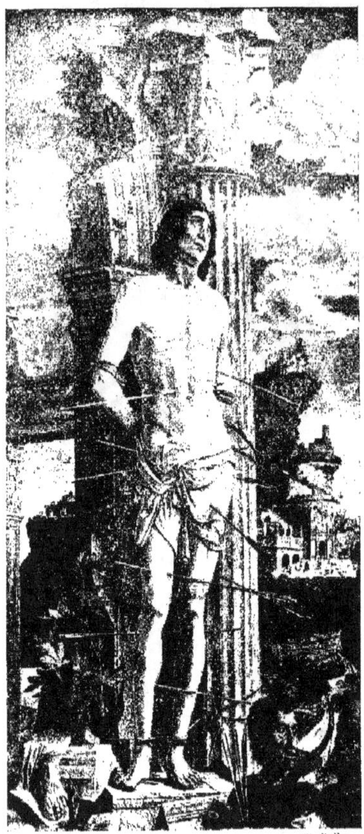

MANTEGNA. — *Saint Sébastien.* — Musée du Louvre.

Le Calvaire, 1508, de dimensions médiocres (0,67 × 0,98) est d'une impressionnante grandeur. MANTEGNA l'a composé, dans l'espace, selon une savante symétrie. Personnages, terrains, Jérusalem, tout est défini avec une rigueur implacable. On dirait d'un univers de pierres colorées. Des draperies, des costumes militaires, des armures, des types empruntés à l'antiquité, une science très apparente, accentuent ce caractère dur. Mais, sous cette contrainte rigide, et malgré cette archéologie, s'affirme la vie : observation des attitudes, groupes si naturels des soldats; sens du pathétique : la Vierge, saint Jean, l'expression du Christ, le corps crispé des suppliciés; unité profonde qui répond au rythme linéaire : effet sublime

de la croix qui envahit le ciel tragique strié de nuages. Sérieux de cet art cérébral, qui subordonne la sensation à la satisfaction de l'esprit.

La tête tournée vers le ciel, **Saint Sébastien** offre à notre piété son supplice et sa constance. Mais la leçon religieuse s'accompagne d'un hymne à la beauté antique. Le Saint est un colosse au corps sculptural, largement modelé, campé avec un hanchement harmonieux. L'admirable colonne corinthienne associée à un départ d'arcade, les fragments sur lesquels le martyr pose, disent le génie des maîtres romains. Devant cette splendeur jumelle, du corps humain et des marbres magnifiés, tout se subordonne, et les bourreaux, dont la tête émerge au bas de la page, et le panorama pittoresque.

PIERO DELLA FRANCESCA n'a pas dissimulé la laideur de **Federigo de Montefeltre, duc d'Urbin,** mais, en soulignant le caractère, il lui confère de la noblesse, fait deviner l'intelligence et l'énergie, vertus essentielles de ce temps. Derrière cette figure solidement construite il évoque en un raccourci minutieux les grands horizons.

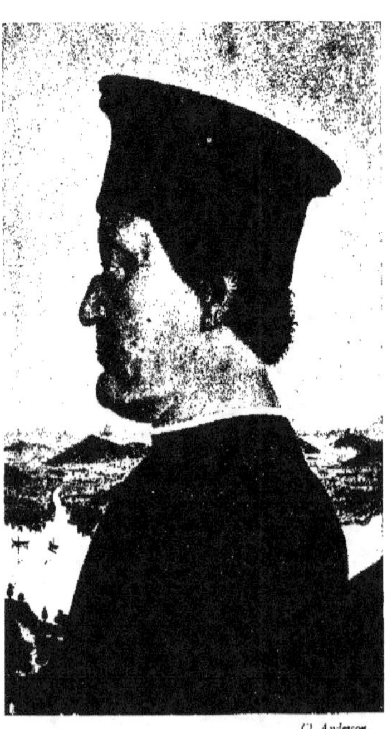

PIERO DELLA FRANCESCA. — *Federigo de Montefeltre.* Uffizi, Florence.

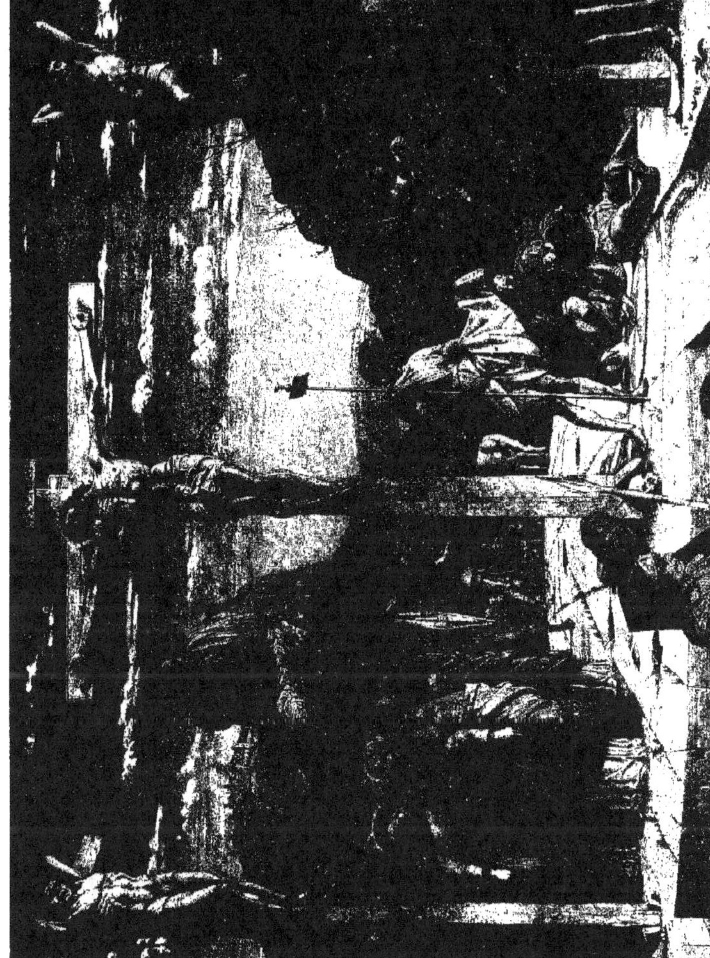

MANTEGNA. — *Le Calvaire.* — Musée du Louvre.

Cl. *Hachette.*

reliés ensemble par des gestes. Pour ne pas rompre cette ordonnance, Judas, rejeté, d'ordinaire, de l'autre côté de la table, figure parmi eux.

La Vierge, l'enfant Jésus et sainte Anne, sous une apparence familière, ont été certainement réunis par Léonard avec une intention mystique. Pour les yeux : groupement original et harmonieux; formes amples et palpitantes enveloppées par l'air, modelées avec suavité; accords souples et larges, lien étroit entre le groupe et le paysage. Mystère surtout dans la figure attirante et énigmatique de sainte Anne.

La célébrité unique du portrait de Mona Lisa, femme du seigneur Joconde, **La Joconde**, ne vient ni de la beauté du modèle qui peut être discutée, ni de la facture irréprochable des mains, ni du paysage vrai et irréel. Mais, dans sa nouveauté, elle opposa, aux effigies scrutées dans tous leurs accidents, la conception supérieure d'un portrait d'âme. Elle continue à exercer sa fascination : malgré d'ingénieuses hypothèses, son expression indéfinissable ne sera jamais déchiffrée, elle restera un objet d'infinies méditations et d'interrogations passionnées.

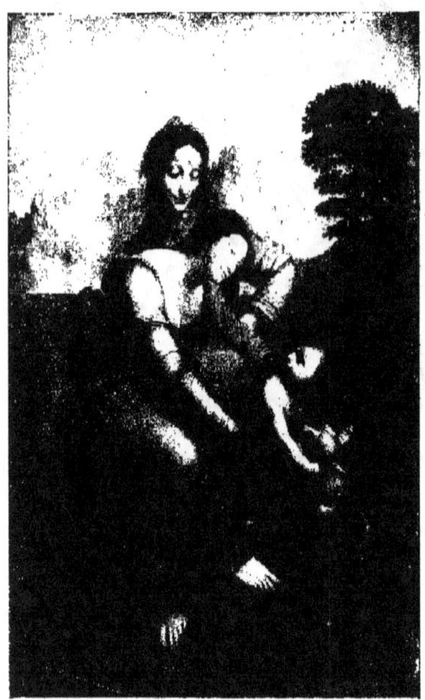

Cl. Bulloz.

LÉONARD DE VINCI. — *La Vierge et sainte Anne.*
Musée du Louvre.

LÉONARD DE VINCI (1452-1519) né en Toscane, élève de Verrocchio, ouvre, pour la peinture moderne, italienne, puis européenne, une période nouvelle. Tous les maîtres italiens, avant lui et près de lui, ont pratiqué plusieurs techniques. Il a été artiste universel : savant aux intuitions merveilleuses, penseur hardi et profond. Peintre, il s'est dégagé de la précision formelle, du goût ou de la nécessité de l'analyse minutieuse qui entravaient ses prédécesseurs. Il a réalisé l'unité d'effet, substitué à la lumière égale qui mettait dans la même évidence toute chose, une lumière ménagée, non d'après les lois physiques, mais d'après les volontés de l'esprit. Elle s'attache à l'essentiel, laisse dans la pénombre le secondaire, dans l'ombre l'inutile détail. C'est l'art du clair-obscur. Léonard a peu produit parce qu'il se posait, pour chaque œuvre, des problèmes nouveaux, mais ses œuvres touchent à la perfection.

Dans **La Cène**, vers 1500, Léonard a représenté, non la communion, mais un drame psychologique : le Christ vient d'annoncer qu'il a été trahi et, tandis que Judas se contraint à l'impassibilité, les apôtres, chacun selon son tempérament, réagissent devant l'atroce révélation. La figure du Christ, fort abimée, a longtemps préoccupé l'artiste : il a voulu y mettre la résignation, le pardon infini, sans doute aussi le sentiment de son isolement divin. Il est seul en effet : saint Jean, malgré la tradition, est séparé de lui : ordonnés selon un rythme raffiné, les apôtres forment, à droite et à gauche, deux groupes de trois,

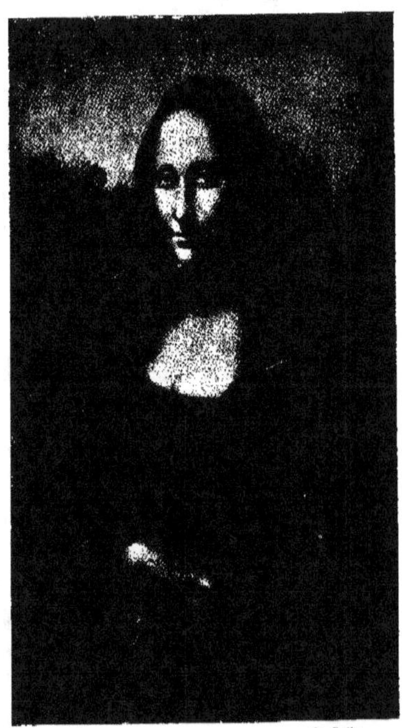

Cl. Bulloz.

LÉONARD DE VINCI. — *La Joconde.* — Musée du Louvre.

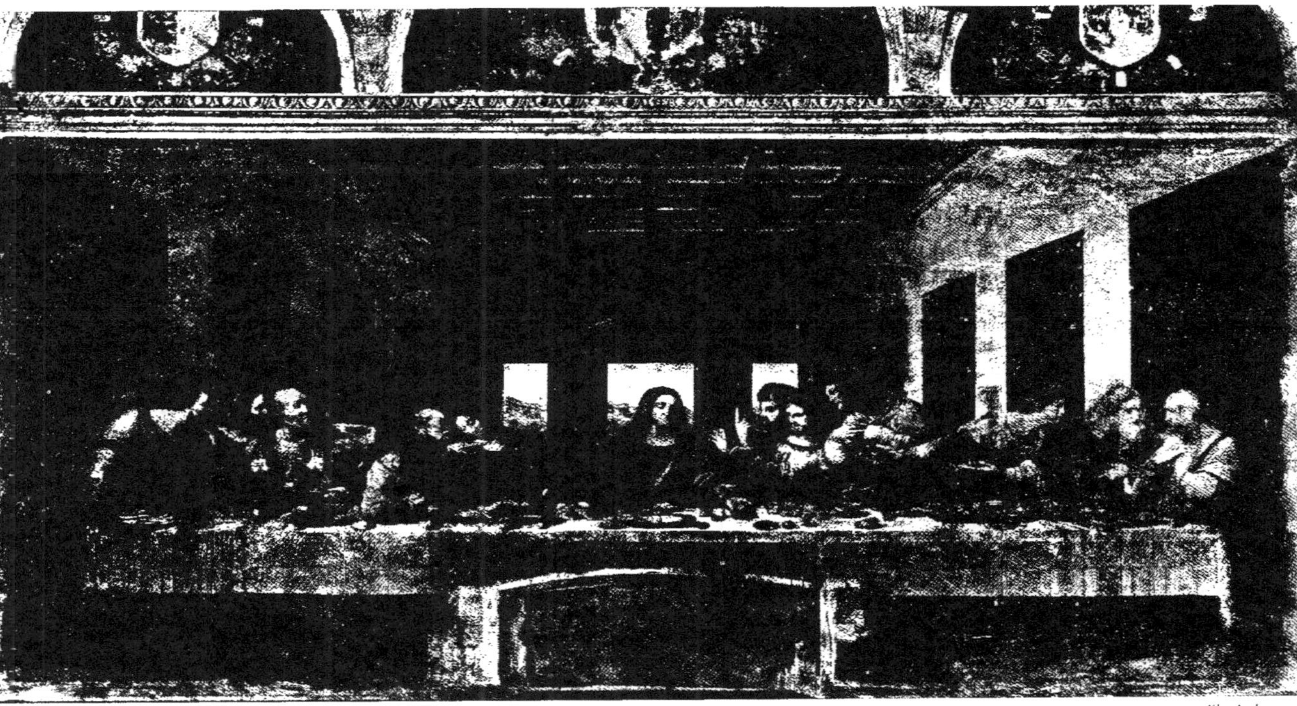

Cl. Anderson.

LÉONARD DE VINCI. — *La Cène.* — Couvent de Sainte-Marie-des-Grâces, Milan.

Au merveilleux équilibre d'un Léonard, Michel-Ange (1475-1564) oppose un génie d'une puissance surhumaine, un cœur ardent et tourmenté. Architecte, ingénieur, peintre, avant tout sculpteur, il est encore un très grand poète. La passion pour la liberté, le patriotisme florentin, un amour idéal et un tempérament inquiet lui ont fait une vie dramatique et, souvent, douloureuse. Son art exprime ses plus intimes sentiments. Il s'impose comme une confession émouvante, nous élève au sublime; en même temps, il offre des conceptions techniques neuves dont s'est nourri l'art moderne.

Michel-Ange, dans les premières années de sa carrière, a une imagination sereine, toute plastique. Aux formes élégantes, nerveuses, au souci de grâce, au besoin de fini minutieux en honneur avant lui, il substitue un idéal de grandeur simple et de force. Il crée de beaux corps, aux poitrines larges, aux muscles puissants, animés par une force interne, conçus du dedans au dehors comme de magnifiques et parfaites machines. Ces colosses ont des têtes nobles et fortes, d'une beauté sévère : leurs regards traduisent une vie spirituelle intense.

La Vierge et l'Enfant, inscrits dans un bas-relief rond. Enveloppée de larges et rythmiques draperies, la Vierge a l'ampleur d'une déesse antique, mais son visage a une expression grave et profonde. L'Enfant est un jeune géant aux formes hypertrophiées.

Michel-Ange, au lieu de faire un modèle en terre

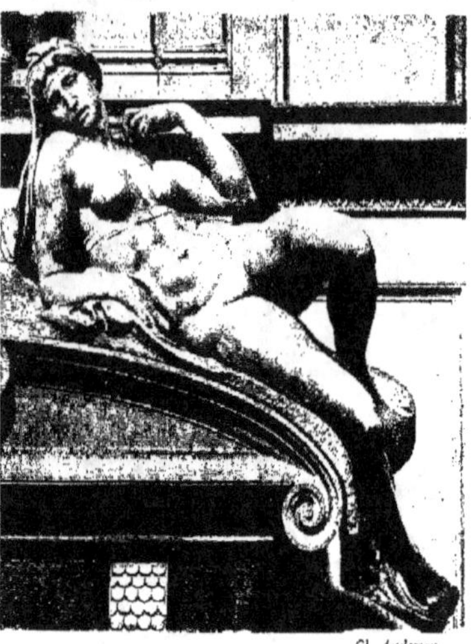

Cl. Anderson.

Michel-Ange, — L'Aurore. — Eglise Saint-Laurent, Florence.

glaise ou en cire et d'en confier l'exécution à un praticien, a taillé directement ce bas-relief dans le marbre, méthode audacieuse, reprise de nos jours (taille directe), qui donne des hasards dangereux et des réussites imprévues. Il a, volontairement, laissé inachevé le champ zébré par le ciseau comme de hachures rudes, pour mettre en valeur le modelé et a, du même coup, donné, par l'indétermination, une ampleur indéfinie à son groupe.

Plus tard, quand il crée, de 1513 à 1516, le **Moïse**, Michel-Ange a nourri, à Rome, près du *Laocoon*, ses instincts dramatiques. Moïse, malgré sa taille gigantesque, ses muscles gonflés, n'éveille pas l'idée d'une énorme puissance physique; sa charpente athlétique extériorise son génie. Investi d'une mission divine, isolé des hommes qui ne lui ont pas obéi, il les regarde de loin et de haut, dédaigneux, menaçant, juge redoutable.

Enfin, quand, dans Florence asservie, Michel-Ange, sur les tombeaux des Médicis, place les allégories des quatre parties du jour, il y exhale une philosophie désespérée. **L'Aurore** accablée s'arrache, avec une infinie tristesse, à l'oubli bienfaisant de la nuit. Ses formes magnifiées et palpitantes, le rythme hardi de son attitude proposent aux sculpteurs des exemples souverains et fort dangereux.

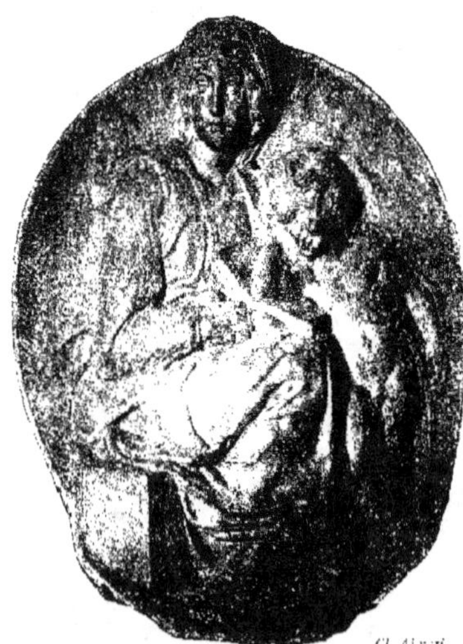

Cl. Alinari.

Michel-Ange. — La Vierge et l'Enfant. — Bargello, Florence.

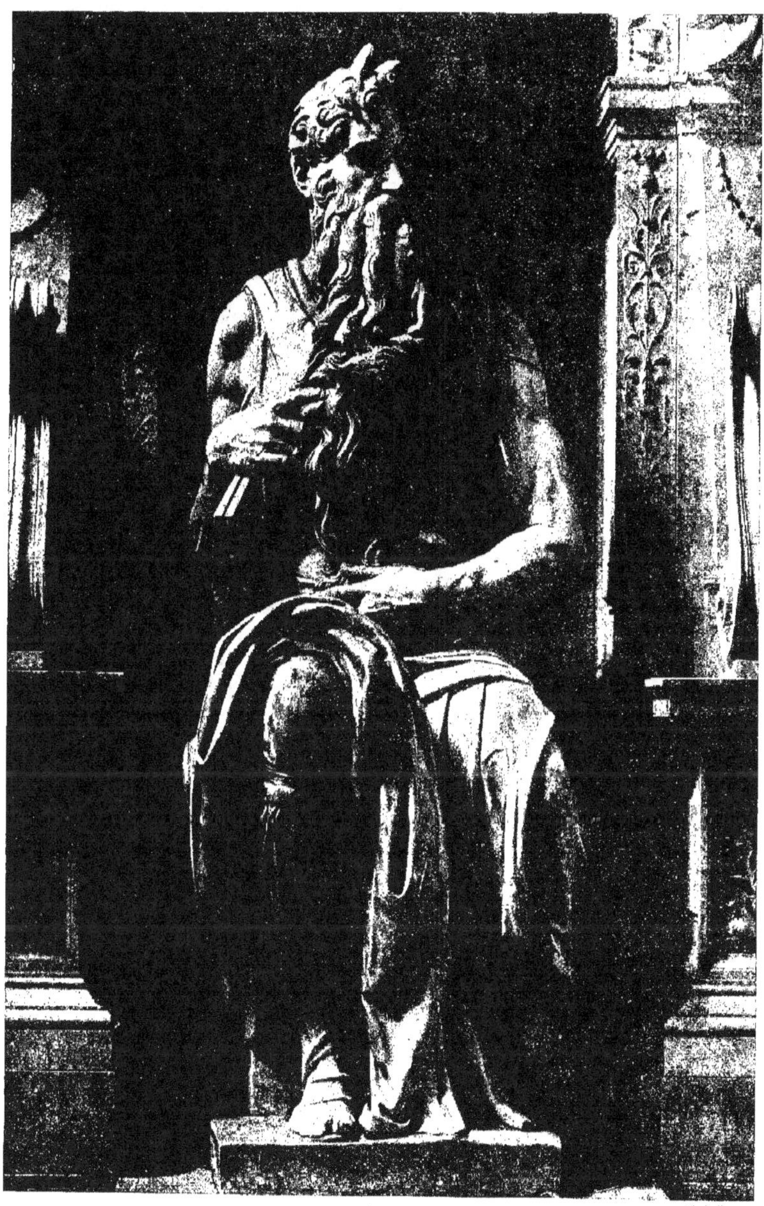

MICHEL-ANGE. — *Moïse; Tombeau du pape Jules II.* — Saint-Pierre-aux-Liens, Rome.

L'œuvre de Michel-Ange peintre se résume presque dans la décoration de la Chapelle Sixtine, mais il y a déployé une puissance, il s'y est élevé à une hauteur telles qu'il nous subjugue encore aujourd'hui : c'est par là que son art a exercé une influence universelle.

La **Sainte Famille**, un des rares tableaux qu'il ait exécutés, respire une sérénité exceptionnelle. Malgré l'expression d'amour rayonnant de la Vierge pour l'enfant divin, la page est surtout riche de signification technique. Impression générale de plénitude et d'ampleur (cf. le tondo de F. Lippi). La forme humaine envahit tout, car Michel-Ange méprise la nature inerte : il ne voit la beauté que dans le corps humain dont le rythme manifeste l'économie des forces intérieures. Épanouissement physiologique, humanité supérieure, d'une vitalité décuplée. Joie de célébrer les formes nues ou enveloppées de draperies qui ajoutent encore à leur noblesse. Science sûre qui note toutes les attitudes des figures dans l'espace; plaisir à varier les aspects, à surprendre par l'imprévu. Composition rythmique par ondulations, larges courbes, les lignes droites presque éliminées. Les êtres sollicités pour participer à des ensembles plastiques où ils semblent perdre une partie de leur individualité et se fondre en une unité supérieure : ainsi le groupe enchevêtré de la Sainte Famille et les adolescents mis ordonnés au fond.

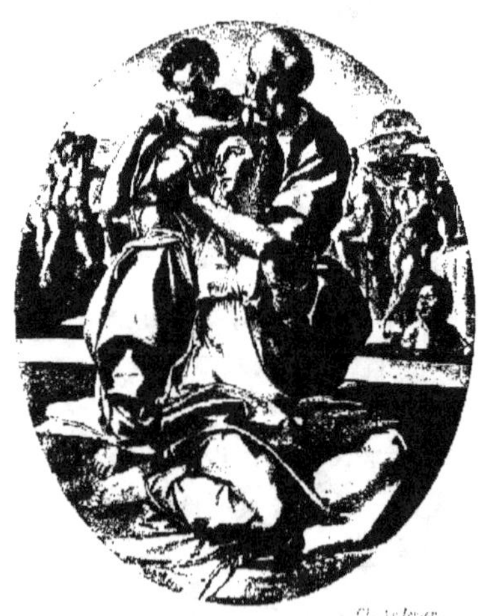

Michel-Ange. — *La Sainte Famille.*

Traduisant la fresque dont il aimait la mâle et impérieuse simplicité, Michel-Ange a, par des architectures figurées que complètent des figures décoratives, divisé le plafond de la Sixtine. 1508-1512. en une suite de cadres où il a évoqué l'Ancien Testament, synthèses saisissantes qui, sur des surfaces restreintes, évoquent l'infini.

La Naissance de l'Homme. Majesté de l'idée : Dieu passe et l'homme est né; échange sublime de regards entre Celui qui donna la vie et celui qui la reçoit. Majesté de l'exécution : deux figures dans un cadre

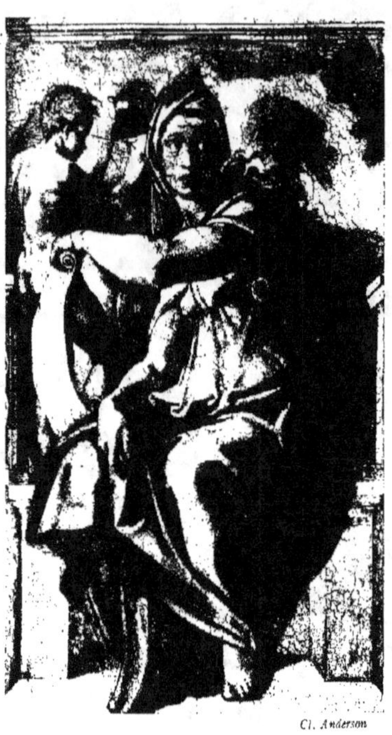

Cl. *Anderson*

Michel-Ange. — *La Sibylle Delphique.*
Chapelle Sixtine, Rome.

étroit : pourtant immensité; suggestion de repos et de mouvement. Corps parfait, allure saisissante d'Adam qui respire à plein poumons comme le *Dionysos* de Phidias et, de plus, s'ouvre à la vie infinie de l'esprit.

Dans des surfaces triangulaires, entre les arcades des fenêtres, Michel-Ange a représenté les Prophètes et les Sibylles qui annoncèrent le Christ.

La **Sibylle Delphique** écoute l'appel invisible, tout attentive à la solennelle révélation. Accord parfait du style de l'image et de la gravité de la pensée, rythme de ce corps ployé, amplifié par les draperies, courbes cycliques, beauté du bras tendu, de la main qui repose; rôle complémentaire de l'enfant nu.

De 1538 à 1541, avec une intensité dramatique terrible, Michel-Ange, sur le mur de la Chapelle Sixtine, a dit le Jugement dernier. Scène immense où des centaines de corps se tordent en grappes ascendantes ou descendantes; répertoire de formes, d'attitudes, de raccourcis, de rythmes où le monde moderne a désormais puisé.

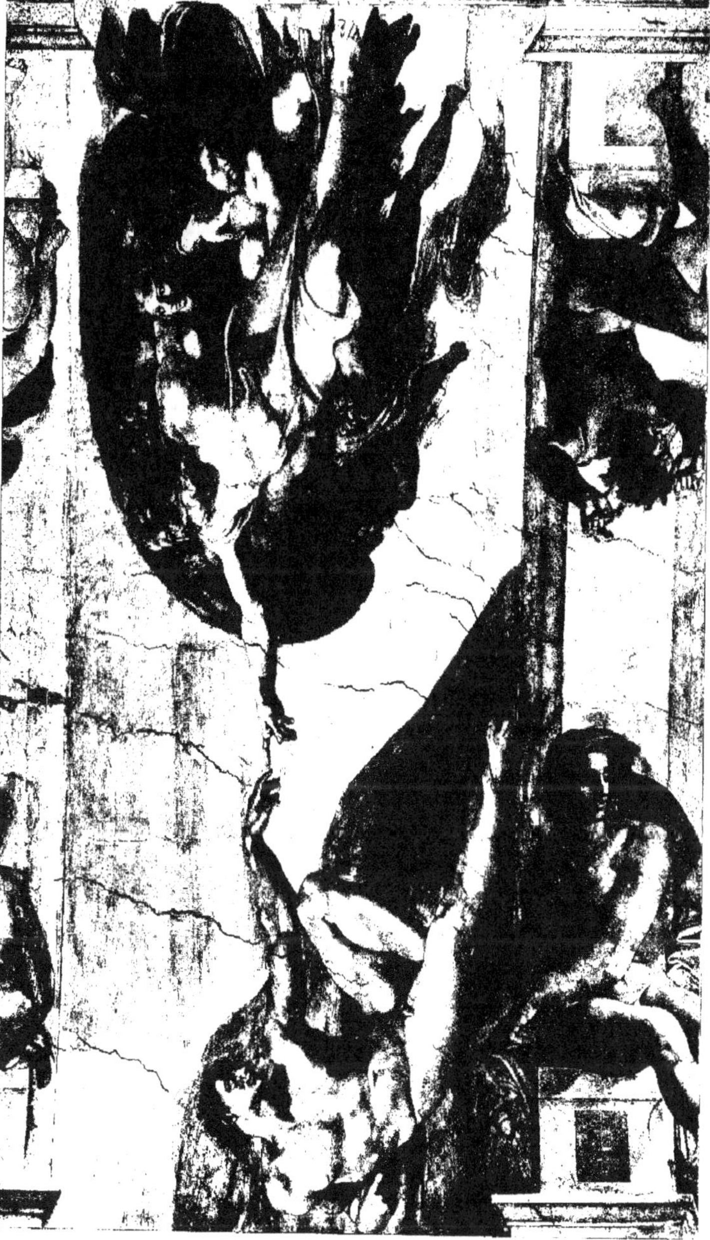

MICHEL-ANGE. — *La Création de l'Homme.* — Chapelle Sixtine, Rome.

Dans sa brève et lumineuse existence, Raphaël, 1483-1520, résume l'évolution d'un siècle; né à Urbin, petit centre d'Ombrie, il est parti de l'ingénuité des primitifs; à Pérouse, élève d'un Pérugin, il s'est pénétré, à Florence, des exemples de Masaccio et de Léonard. A Rome il s'est, à leur apparition, assimilé les leçons de Michel-Ange, Sebastien del Piombo lui a révélé la splendeur vénitienne. Il a ainsi hérité des trésors réunis par toute l'Italie, et échappé, le premier, au particularisme des écoles locales. Il n'a pas été seulement capable de faire de ces éléments une admirable synthèse; il n'a pas été uniquement un élève prodigieux. Son génie facile et flexible, étranger à l'inquiétude de Léonard et aux fièvres de Michel-Ange, a enfanté des images limpides où, sans effort, dans un rythme calme, il s'élève, avec aisance, aux plus hautes régions. Ses dessins attestent qu'en dehors de tout système, il chercha à surprendre la vie. Malgré le culte dont il a été le constant objet, son influence réelle a été médiocre; il a servi de prétexte à conventions académiques et la qualité intime de son art s'est rarement communiquée.

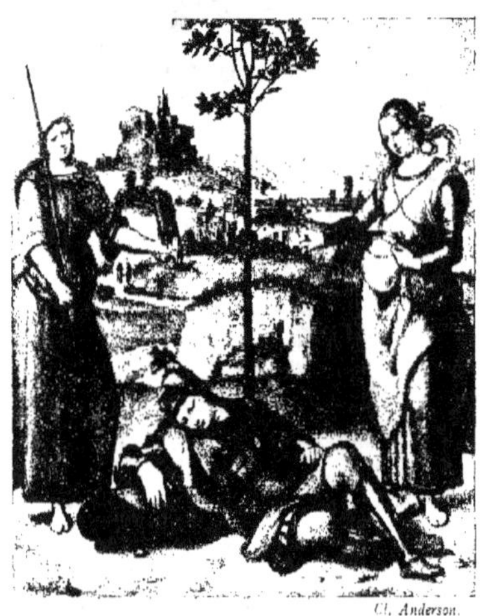

RAPHAËL.— *Le Songe du Chevalier.*
National Gallery, Londres.

Le **Songe du Chevalier**, sollicité par le Vice qui lui offre des fleurs et la Vertu qui lui présente le livre et l'épée, est une de ses premières œuvres, période pérugine, avant 1504. Disposition d'une symétrie naïve, exécution minutieuse, inspiration candide : le Vice aussi chaste que la Vertu. Sous cet aspect de miniature, un charme infini, une spontanéité aimable, un sens inné du rythme.

Raphaël a constamment repris le thème de la Vierge et l'enfant, selon sa sensibilité, et il y a marqué les phases de son évolution.

La **Vierge à la Chaise**, peinte vers 1515, montre la métamorphose technique opérée en quelques années : formes hypertrophiées, composition ondulante, expression même du bambino qui dérivent de Michel-Ange. Fluidité personnelle dans la mise en

œuvre de ces éléments; vision et sensibilité directe dans le costume, la coiffure de contadine de la Vierge qui est un portrait de la Fornarina.

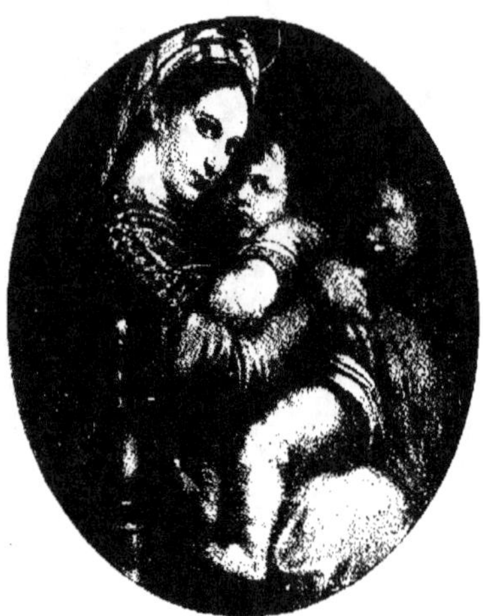

Cl. *Balloz.*
RAPHAËL. — *La Vierge à la Chaise.* Galerie Pitti, Florence.

L'**École d'Athènes**, peinte à fresque sur le mur d'une des Chambres du Vatican, 1511, par une intention caractéristique de la Renaissance, glorifie, dans le propre palais des Papes, à l'égal des mystères sacrés (*Dispute du Saint Sacrement*, *Miracle de Bolsena*), la Grèce antique exaltée dans sa sagesse et son esprit scientifique. Sous les auspices d'Apollon et de Minerve, dans une architecture grandiose inspirée par les projets de Bramante pour St-Pierre de Rome et dont le caractère s'associe avec cette apothéose, les plus nobles esprits sont rassemblés. Au centre, Platon, qui montre le ciel, et Aristote, qui désigne, de la main, la réalité, sont entourés par un groupe de philosophes. Socrate à leur droite discute avec Alcibiade; isolé sur les gradins, Diogène médite; au premier plan, on reconnaît Démocrite couronné de lierre, Pythagore écrivant, Héraclite qui réfléchit et, à droite, Archimède qui trace un cercle. Ptolémée avec un globe et, près de lui, Raphaël lui-même. Tous sont occupés par la vie de la pensée. Ils s'ordonnent en plan et en profondeur par groupes animés et harmonieux. Science des corps, des gestes, des draperies : ampleur, beauté, variété des attitudes, des gestes, style des draperies; sérénité en germe chez Masaccio ou Ghiberti, majesté classique.

RAPHAËL. — *L'École d'Athènes.* — Vatican, Rome.

XVII. — VENISE AU XVᵉ SIÈCLE : LES BELLINI ET CARPACCIO

Reine de la Méditerranée, forte d'une marine puissante, dernier champion de l'Europe contre le Turc, riche par ses industries de luxe, draps d'or, dentelles, verreries, par son commerce universel, en relations étroites avec l'Orient byzantin et musulman, avec le monde germanique, Venise est restée longtemps byzantine et gothique, étrangère à l'antiquité, à l'humanisme, à l'idéal plastique florentin. Elle n'a pas eu d'école propre avant le 15ᵉ siècle. Ses premiers peintres ont reçu surtout les leçons de Mantegna; ils les ont transformées sous l'influence de leur ville dont le caractère et la splendeur les imprégnaient et qu'ils ont célébrée sans lassitude, épris de richesse et de vérité, réalistes et coloristes. En 1475, Antonello de Messine leur a livré le secret de la peinture à l'huile chaude, séduisante, nuancée, faite pour servir leurs goûts que secondait mal la fresque austère, froide, propre aux synthèses savantes, altérée d'ailleurs très vite par l'air salé de la lagune. Les premiers grands Vénitiens, Gentile Bellini ou Carpaccio, aux confins du 16ᵉ siècle, sont encore de brillants et naïfs chroniqueurs; près d'eux, Giovanni Bellini a le sentiment d'un art moins extérieur, plus profond.

Avec une science un peu limitée, non sans gaucherie et contrainte, GENTILE BELLINI, vers 1429-1507, déroule sur la place Saint-Marc, **La Procession de la Sainte Croix**, composition symétrique. Cortège fidèlement décrit, sans variété ni émotion, petits groupes qui jalonnent la place. Même précision pour le cadre où, encore à cette date, aucun élément de la Renaissance ne s'est introduit : Saint-Marc, ses coupoles et ses mosaïques byzantines, le Palais Ducal gothique, le massif Campanile (les autres monuments ont été, depuis, modifiés). Peu de modelé : des silhouettes colorées dans le plein air.

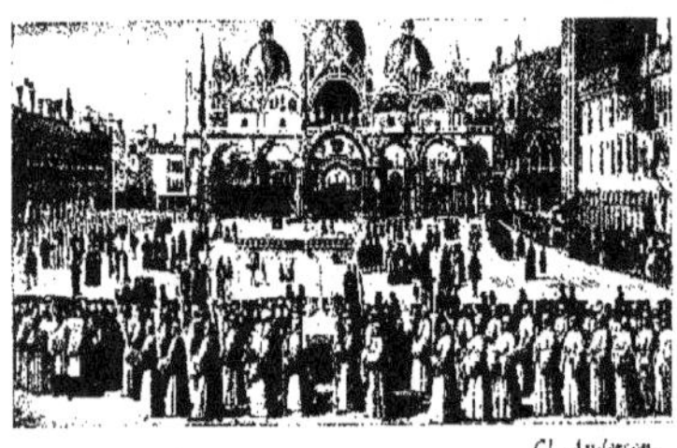

Cl. Anderson.

GENTILE BELLINI. — *La Procession de la Sainte Croix.*
Musée de Venise.

Chez CARPACCIO, 1455? — avant 1527, moins de grandeur, mais une observation riche et savoureuse, de la sensibilité, une composition, une exécution plus libres, pinceau spontané. Avec une prolixité facile, il a, pour une confrérie religieuse, raconté, en multiples épisodes, l'histoire de sainte Ursule qui épousa un prince païen, le convertit, l'entraîna en pèlerinage à Rome et fut, à Cologne, massacrée par les Huns, avec lui, le Pape et ses onze mille compagnes. Les *Ambassadeurs* du roi d'Angleterre viennent demander au roi de Bretagne la main de sa fille Ursule. C'est une transposition de la vie vénitienne, ses jeunes gens élégants, les graves sénateurs, l'architecture de la Renaissance, toute nouvelle, le panorama des quais animés et de la lagune. Un instantané dans la lumière : pompe officielle avec quoi contraste la charmante scène de la délibération : sainte Ursule, dans sa chambre, auprès de son lit, énumère à son père, en les comptant sur ses doigts,

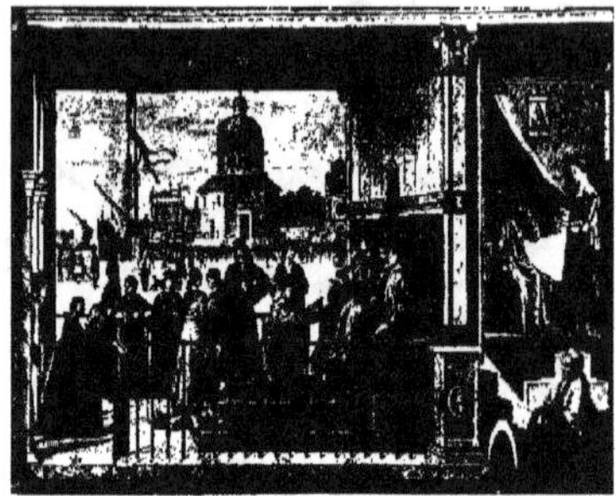

Cl. Anderson.

VITTORE CARPACCIO. — *Épisodes de la vie de sainte Ursule.*
Académie, Venise.

toutes les raisons qu'elle a d'épouser le prince d'Angleterre. A leur pied, une vieille servante est assise, grave, vigilante, d'admirable notation.

A cette curiosité amusée, à cette richesse bigarrée GIOVANNI BELLINI, dans **La Pala dei Frari** (tableau d'autel de l'église des Frari), oppose le recueillement d'un art qui convie à la méditation. Silence et repos comme dans les icônes byzantines. Drapée dans un manteau aux plis chatoyants, la Vierge est grave, immobile, sans expression religieuse; l'enfant Jésus est simplement un robuste bébé. Les Saints, avec une majesté de sénateurs, sont plus attentifs que recueillis. Les architectures avec lesquelles s'accorde le cadre sculpté, sont encore somptueuses, mais leur richesse se subordonne et l'harmonie se fait de rapports subtils de tons et de valeurs. Le modelé mantegnesque s'est assoupi dans l'atmosphère ambrée de la lagune. Tout caresse le regard, en une symphonie qu'accompagnent les délicieux anges musiciens. Art plein de sève, au moment unique où il va s'épanouir.

Être coloriste, comme le furent les Vénitiens, ce n'est pas prodiguer des couleurs vives, mais être plus touché par les taches que par les contours ou les volumes, avoir le sens subtil des harmonies colorées, accorder, selon un esprit d'ensemble, des couleurs choisies en rapports justes, colorer jusqu'aux ombres les plus profondes, composer par les tons et les valeurs, varier l'esprit de la coloration, éclatante ou mesurée, avec le caractère de chaque œuvre. Même à travers une reproduction en noir ce prestige demeure sensible

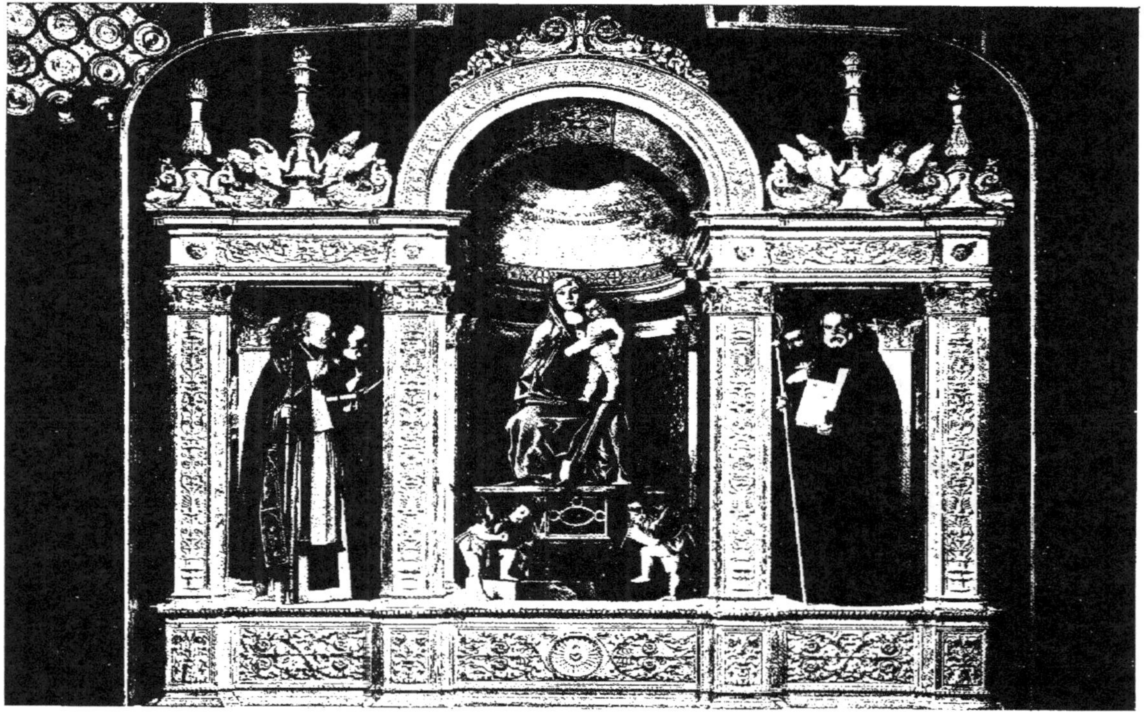

GIOVANNI BELLINI. — *La Vierge entre des Saints.* — Église des Frari, Venise.

Maître mystérieux dont on connaît peu d'œuvres certaines, GIORGIONE, 1478? — 1510, a eu, sur Venise, une action profonde, analogue à celle de Léonard à Florence. Il a élargi la vision, enseigné à baigner les figures dans l'atmosphère, à dégager le général. **Vénus endormie**, c'est le poème du corps féminin, aux formes pures, à la grâce souple; la vie y circule en un rythme paisible. Le modelé, très peu ressenti, n'en rompt pas l'unité. Blondeur dont un riche tissu souligne l'éclat mat et qui s'enlève sur la base profonde d'un paysage véridique et large où l'on devine aussi une vie apaisée. Début du sentiment moderne du paysage.

Mêmes intentions, plus libres encore et plus complexes, dans l'**Amour sacré et l'Amour profane** œuvre de jeunesse, 1510 de TITIEN (entre 1476 et 1489-1570). Titre traditionnel, sujet mystérieux, sans doute : Vénus invite une jeune fille à l'amour. Magnifique symphonie, chaude, limpide, sereine. Ampleur des formes, costume opulent sur un corps épanoui; éclatant corps dénudé que soutient une étoffe de soie cramoisie. Évocation de bas-relief antique sur la cuve de marbre qui

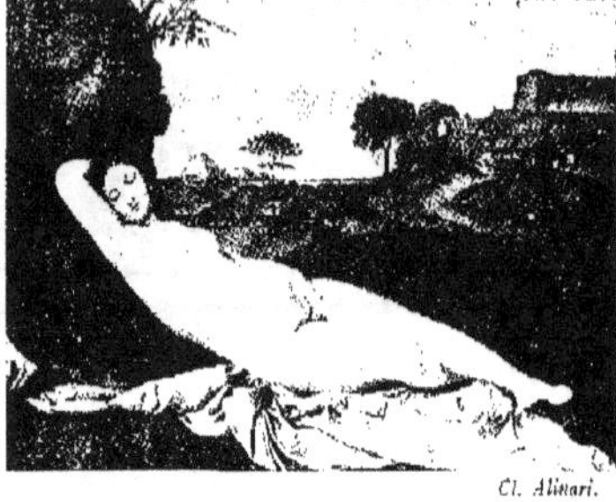

GIORGIONE. — *Vénus endormie.* — Musée de Dresde.

relie les deux dominantes claires. Frondaison profonde qui les accompagne; paysage familier et noble sur lequel tout s'appuie. Impression une et pleine, joie grave, sensualité spiritualisée.

La **Pala de' Pesaro**, 1526 (tableau d'autel de la famille des Pesaro), œuvre de maturité, est une page à grand orchestre, architecture emphatique, ordonnance fastueuse et libre; drapeau aux armoiries somptueuses qui compense le groupe de la Vierge, belles draperies, robes magnifiques, composition par volumes, lumières, couleurs. Cette allégresse triomphale, Titien la soutient par la profondeur du sentiment. Piété sincère, élan patriotique, portraits intenses.

La Vierge accueille avec bienveillance l'hommage des Pesaro, champions de l'Église et de Venise, qu'encouragent les Saints intercesseurs : saint Pierre, docteur, avec le livre, saint Antoine en extase, auquel sourit l'Enfant, saint Georges armé qui entraîne un Turc enchaîné. Admirable série de portraits différenciés par l'âge ou par le tempérament malgré un air de famille; tête juvénile au regard droit. Page intense de parfaite délectation.

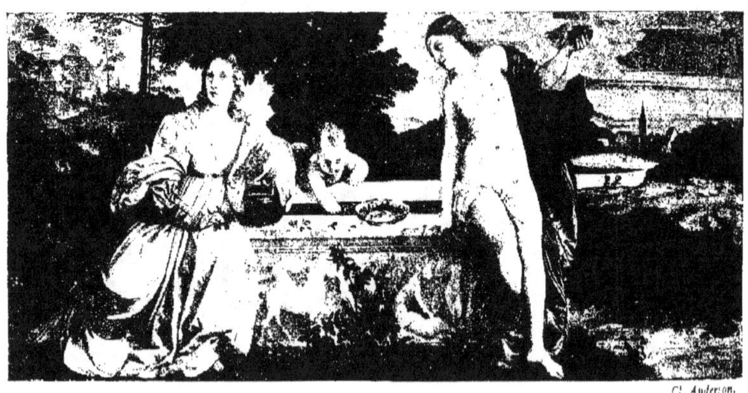

TITIEN. — *L'Amour sacré et l'Amour profane.* — Villa Borghèse, Rome.

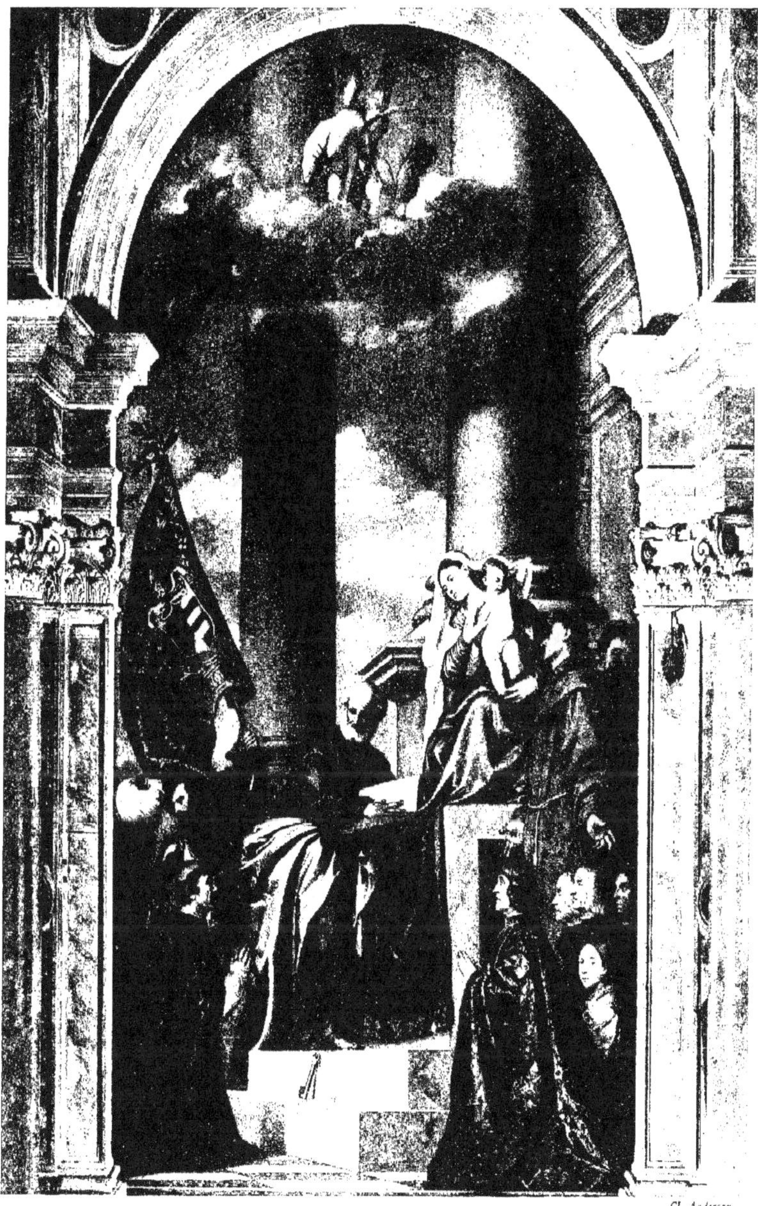

TITIEN. — *La Pala de' Pesaro.* — Église des Frari, Venise.

XIX. — CORRÈGE, VÉRONÈSE ET TINTORET

VÉRONÈSE (1528-1588) n'a ni la profondeur, ni la richesse grave du Titien, mais c'est un magnifique décorateur, capable d'ordonner, sur des surfaces immenses, ciels, perspectives, architectures, foules bigarrées, pour la joie du regard. **La Glorification de Venise** occupe le centre du plafond de la Salle du Grand Conseil au Palais des Doges, salle d'apparat où, en des circonstances solennelles, se déployait un luxe sans limite. La toile de Véronèse, enchâssée dans l'or de sculptures décoratives fastueuses, tient sa place éminente dans une manifestation d'orgueil, de puissance et de richesse. Scène en dehors, à grand orchestre; architectures chimériques et vraisemblables, tentures splendides, personnages majestueux, patriciennes opulentes, étrangers aux types et costumes pittoresques, gens du peuple dont le travail est la force de la République. La vie contemporaine magnifiée, sans transposition, par le prestige de la lumière et de la couleur, unie spontanément à l'allégorie. Venise personnifiée, vêtue comme une dogaresse. Unité de sujet, de composition, surtout d'harmonie exquise, blonde et nacrée.

Plus âgé que Véronèse auquel il survécut, TINTORET, 1519-1594, lui oppose une âme complexe

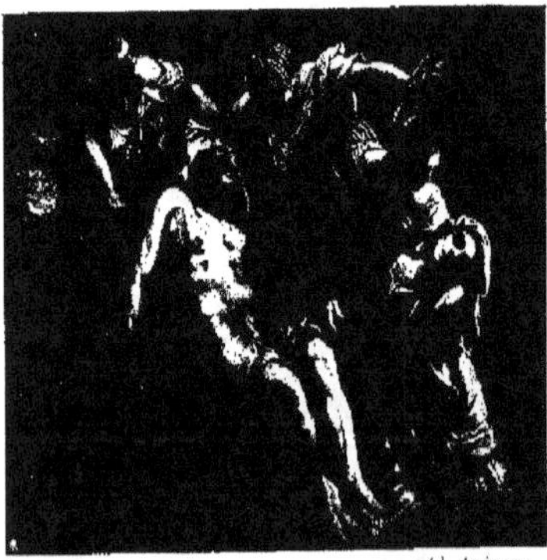

TINTORET. — *Déposition de Croix.* — Académie, Venise.

où se découvre l'inquiétude moderne. Aux traditions coloristes vénitiennes, il associe les leçons de Michel-Ange; il lui emprunte l'esprit du modelé grandiose et tourmenté, la science des attitudes dans l'espace, des raccourcis, le groupement par ondulation de lignes et de volumes. Il se rapproche de lui par la puissance de sa vision et par le sens dramatique. La couleur seconde ces intentions nouvelles. Elle cesse d'être aisée, librement dispensée, avec une limpide allégresse.

Comme chez Titien vieilli, le clair-obscur accentue son jeu : la couleur semble surgir des pénombres parfois troubles, elle éclate en accents fulgurants d'une intensité inattendue. Art de visionnaire dont l'âme trop riche et tumultueuse ne peut s'exprimer complètement, art romantique. **La Déposition de Croix**, dans son lamento pathétique d'attitudes, d'expressions, de taches, de lumière, est une page typique de Tintoret.

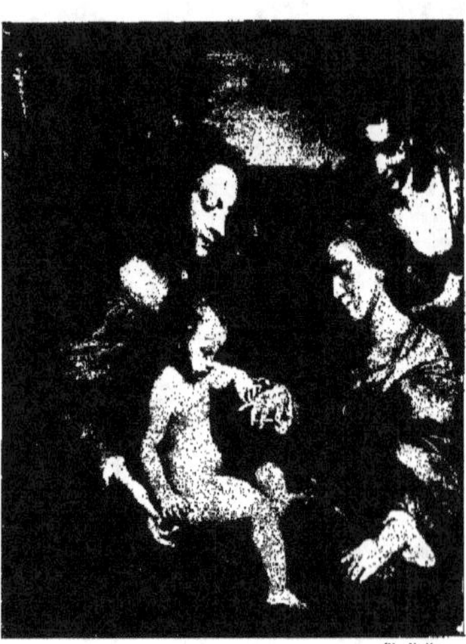

Cl. Bullot.

CORRÈGE. — *Le Mariage mystique de sainte Catherine.*
Musée du Louvre.

CORRÈGE, 1494?-1534, qui a précédé ces deux maîtres, vécut à Parme dans le rayonnement de Venise à laquelle il dut le sens exquis des harmonies colorées; virtuose de la forme humaine il la fit « plafonner » par une audace inédite. Son art est imprégné d'une grâce, d'un charme sensuel dont il a, le premier, donné l'exemple : art de séduction dont l'écueil est la manière et le joli. **Le Mariage mystique de sainte Catherine d'Alexandrie** avec l'Enfant Jésus, peint vers 1522, respire une volupté païenne. Il est composé à la vénitienne : carnations que font valoir de riches étoffes et qui s'enlèvent sur un paysage profond. Les chairs baignées de lumière sont enveloppées, avec morbidezza, de contours flous. Les visages, selon le type corrégien, ont des fronts bombés, des paupières lourdes, des lèvres gourmandes. Rien n'évoque des idées de construction, de vigueur; tout est abandonné, avec une aristocratique élégance; tout concourt à bercer le regard; tout sourit.

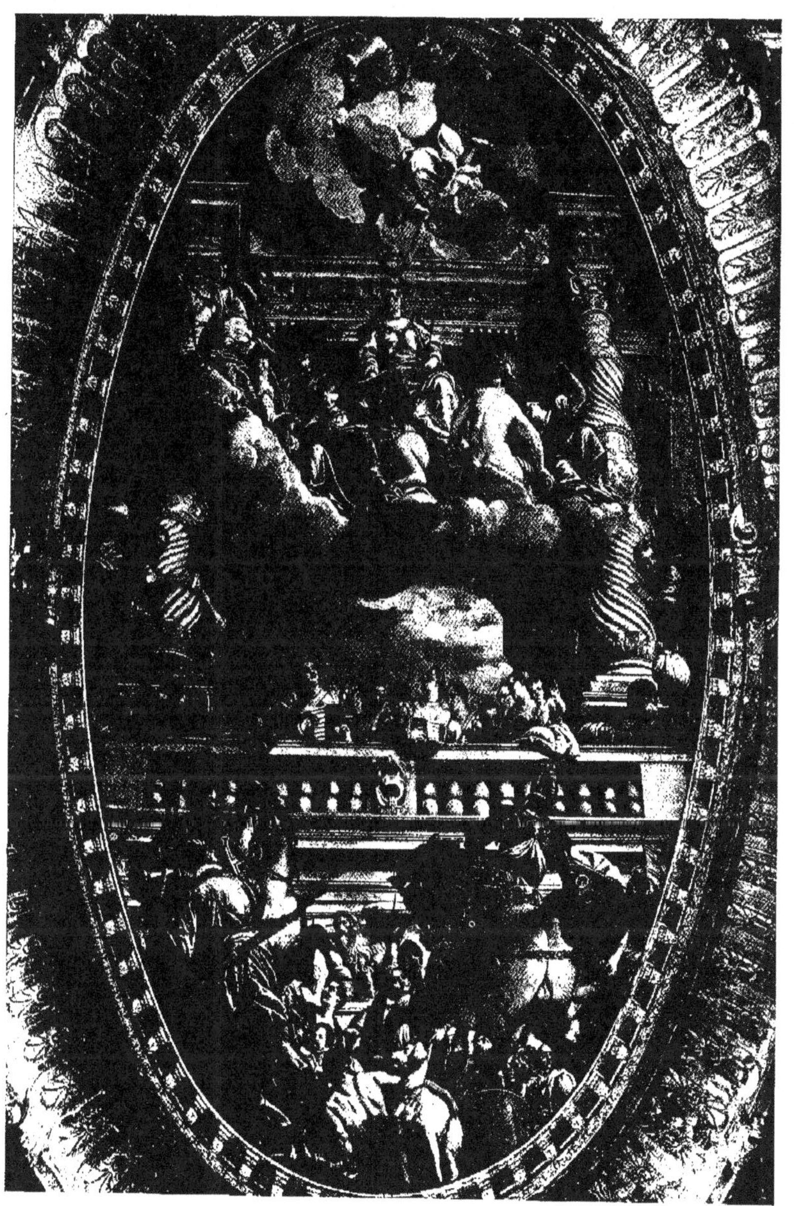

PAUL VÉRONÈSE. — *Le Triomphe de Venise.* — Palais des Doges, Venise.

Sauf à Venise, qui en a tiré un parti décoratif original, l'Italie n'avait adopté le gothique qu'à contre-cœur et elle en avait peu compris le caractère constructif. A partir du 15° siècle, elle a, par l'adaptation d'éléments critiques, élaboré un style qu'elle a, au 16° siècle, imposé à l'Europe. C'est le style de la Renaissance : élimination de l'arc brisé et du décor inspiré directement par la flore ou la faune; — adoption de l'arc en plein cintre, de la voûte en berceau, de la coupole; — ordres classiques étudiés d'après les monuments romains; usage simultané de l'enta-

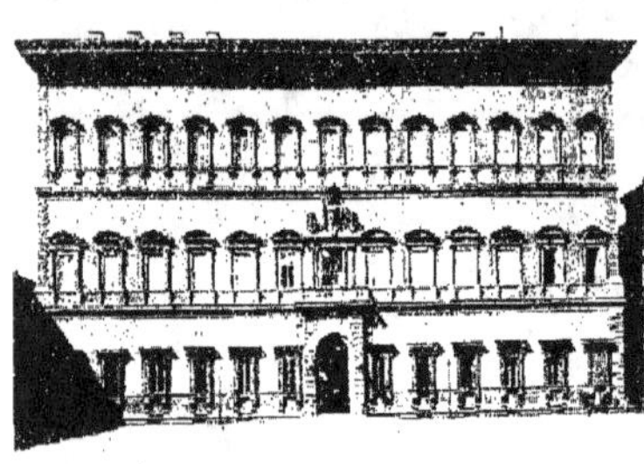

Le Palais Farnèse. — Rome.

blement et de l'arcade, de la colonne et du pilier; — colonnes, pilastres, frontons, entablements utilisés comme éléments décoratifs; — décoration sculptée imitée des peintures et bas-reliefs antiques, d'abord exubérante (Italie du Nord : Chartreuse de Pavie) puis réduite ou éliminée. Besoin de symétrie, d'ordonnance claire et simple; la distribution intérieure et la commodité subordonnées à la beauté régulière des façades ou des cours monumentales.

Le Palais Farnèse a été érigé, à Rome, par Antonio de San Gallo, architecte florentin et, après sa mort, 1546, achevé par Michel-Ange qui a dessiné la corniche. Façade parfaitement simple et régulière : aucun accident sauf la porte monumentale et la grande baie à balcon au-dessus d'elle. Aucune sculpture décorative; seuls jouent les entablements qui soulignent les étages, les encadrements des fenêtres variés à chaque étage : linteaux, frontons triangulaires, frontons courbes, et le profil puissant, exactement à l'échelle, de la corniche. Pas de toit apparent sous le ciel italien : un grandiose cube de pierre si nu que les écussons en prennent un extraordinaire relief. Les fenêtres étroites : prédominance

des pleins sur les vides, contre l'excès de lumière et de chaleur. Bossages de la porte et des angles, grillages du rez-de-chaussée qui rappellent les anciens palais forteresses.

La coupole de **Saint-Pierre de Rome** ne décrit pas une courbe déterminée, mais une courbe de sentiment suggérée à MICHEL-ANGE par son génie. Puissante, sans lourdeur, par le rapport parfait entre la lanterne, la calotte, le tambour, elle n'a pas l'allure massive de force redoutable, du célèbre dôme construit, à Florence, par Brunelleschi. Elle s'élève, majestueuse, avec une autorité tranquille, au-dessus de la Ville qu'elle domine et protège; elle ajoute au prestige du siège de la catholicité. La façade, colossale sans grandeur, érigée par Maderna et Bernin et la colonnade théâtrale, développée autour de la place, de 1655 à 1667, par Bernin, la contrarient sans la diminuer.

Construit pour l'ordre des Jésuites, en 1564, par VIGNOLE 1507-1573, le **Gésu** demeure le type de

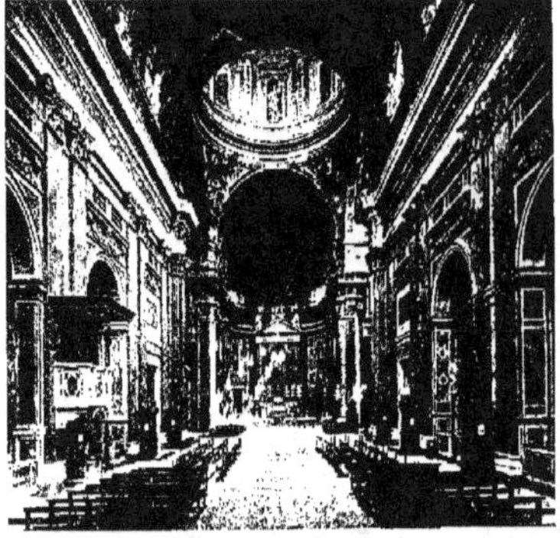

VIGNOLE. — Intérieur du Gésu. - Rome.

l'église-salon destinée à attirer, à séduire, à éblouir les fidèles. Le style jésuite ou baroque, qui succède à la Renaissance, méprise la logique, la simplicité, multiplie courbes, volutes, accumule les ornements, placages de marbres polychromes, sculptures décoratives, bas-reliefs et statues, que viennent compléter des peintures pathétiques (voir p. 48). Les façades à frontons et à étages; le transept surmonté d'une coupole (voir p. 50). La construction partout se dissimule sous le décor. Art tourmenté, surchargé, emphatique, dramatique, qui s'adresse au sentiment ou aux sens.

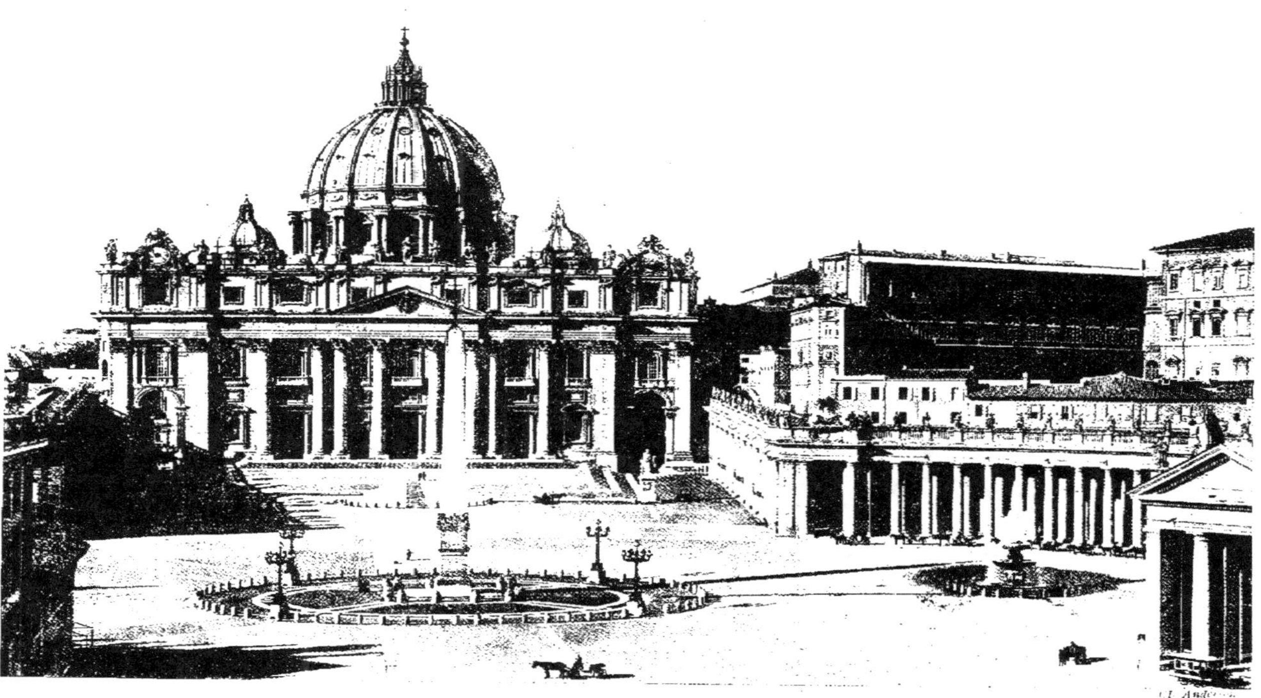

Façade de Saint-Pierre de Rome.

Les pays germaniques ont porté dans les arts un goût très éloigné de l'esprit latin : peu de sens de la pureté plastique et des généralisations, instinct de véracité, de détail exact, amour pour les lignes enchevêtrées, enroulées, la complication graphique, mais aussi, sincérité, intensité d'expression, mysticisme. Ils ont connu, au 15e siècle, les leçons des Flandres, puis de l'Italie. Au début du 16e, moment d'épanouissement exceptionnel, deux maîtres de génie, Albert Dürer, à Nuremberg, et Holbein, à Bâle, sans perdre leur accent de race, ont parlé un langage universel.

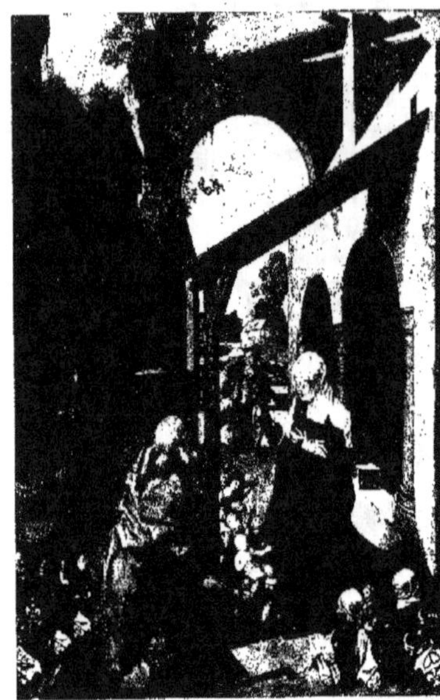

ALBERT DÜRER. — *La Naissance du Christ.*

ALBERT DÜRER, 1471-1528, a appliqué, dans **La Naissance du Christ**, 1503, une science très étendue, un peu indiscrète. Perspective trop apparente, complexité désagréable des architectures, draperies aux plis surabondants. La tête de saint Joseph anguleuse et dure; l'enfant Jésus, inspiré par les Florentins, entouré d'anges trop pressés. Mais unité morale et recueillement. La Vierge n'est pas, comme en Italie, une belle jeune fille, c'est une mère qui adore son petit, avec un élan que traduisent son attitude tout entière et le mouvement de ses jolies mains croisées. Une fois familiarisé avec l'œuvre, on y découvre, sincérité, profondeur et poésie.

Albert Dürer s'est, le plus souvent, exprimé par le dessin, la gravure sur bois ou au burin.

La Mélancolie, gravée au burin en 1514, est, du seul point de vue technique, une page admirable, conduite avec une sûreté, une finesse, une souplesse et une force exemplaires. Par l'inspiration et par l'exécution, elle nous fait entrevoir les profondeurs insondables du génie. Cette femme, dont la puissance cérébrale se traduit par des formes surhumaines, couronnée de lauriers, armée des ailes de l'aigle, pourquoi, les yeux interrogeant le vide, s'abîme-t-elle dans une rêverie inquiète, au milieu de tous ces instruments amoncelés des sciences et des arts, tandis qu'une comète et un arc-en-ciel irradient l'horizon de signes mystérieux? Cette image, hallucinante par l'accumulation de détails précis, dépeint-elle simplement la mélancolie, un des quatre tempéraments classés par le moyen âge? Dit-elle l'esprit humain jamais assouvi et qui, de son compas, voudrait résoudre l'énigme de l'univers?

Érasme de Rotterdam, dont HOLBEIN a fixé l'image morale autant que physique en 1523, fut l'humaniste le plus érudit et l'un des hommes les plus spirituels de son temps, on a pu, pour son culte du bon

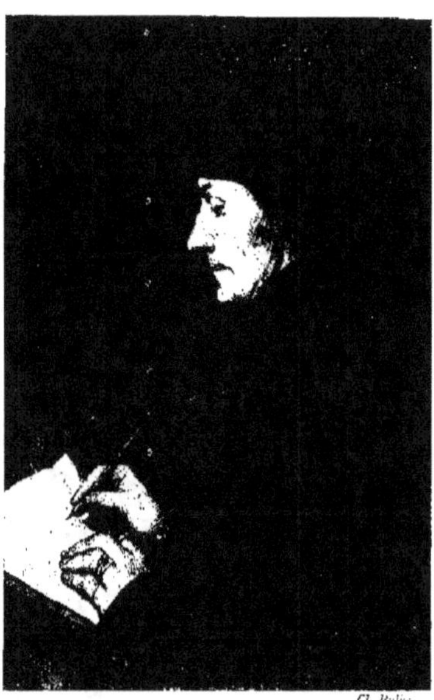

HOLBEIN. — *Érasme.* — Musée du Louvre.

sens et de la raison, le comparer à Voltaire. Intelligence souveraine, équilibre, sérénité, méditation concentrée d'un écrivain lucide qui pèse ses mots, tout cela Holbein le dit avec sobriété et autorité. Grand portraitiste parce qu'il met un art très sûr au service d'une merveilleuse perspicacité.

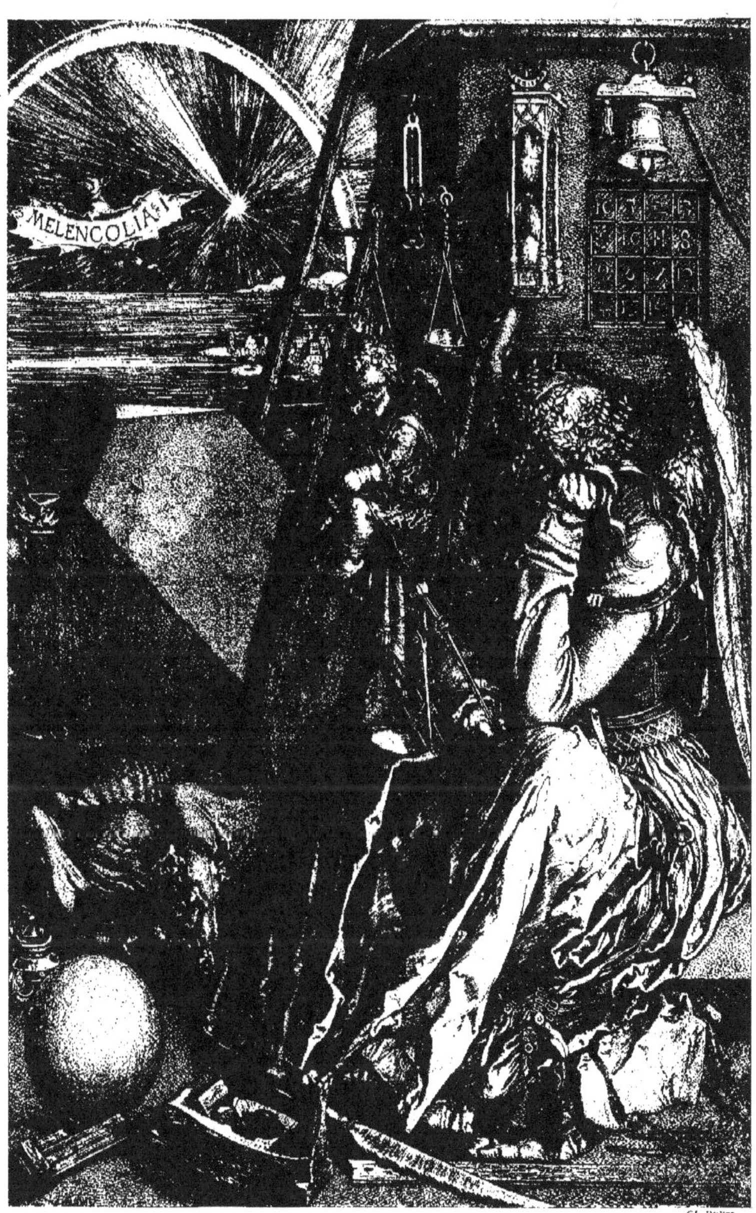

Cl. Bulloz.

ALBERT DÜRER. — *La Mélancolie.*

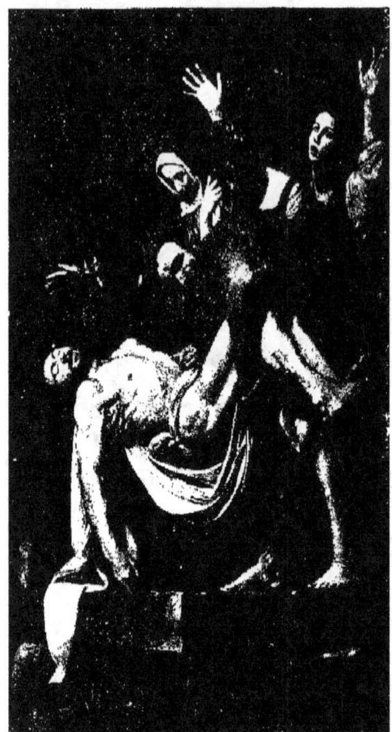

Cl. Anderson.

CARAVAGE. — *La Mise au Tombeau.* — Musée du Vatican, Rome.

En 1582, Louis Carrache et ses cousins Augustin et Annibal, ouvrirent, à Bologne, une Académie, c'est-à-dire une école des Beaux-Arts. Les futurs artistes cessèrent d'être des apprentis pour devenir des élèves. Ce système devait, par la suite, se généraliser. Les Carrache conseillaient l'étude de tous les maîtres, Raphaël, Michel-Ange, Titien et Corrège qu'ils admiraient particulièrement. A ce moment. Caravage, 1569-1609, révéla une peinture vigoureuse et triviale : il prenait ses modèles dans la rue et usait de violents contrastes d'ombre et de lumière. Les Carrache détestèrent ce naturalisme, mais il pénétra tout de même leur art, menacé, sans lui, de fadeur. Les Bolonais eurent peu d'accent personnel, mais une grande virtuosité; ils visèrent surtout à séduire et à étonner, couvrirent sans peine les plus vastes surfaces. Ils ornèrent les palais de faciles et sensuelles mythologies. Surtout ils peignirent, sur les tableaux d'autel et au plafond des églises construites par Vignole et ses disciples, pour répondre aux intentions de la Contre-Réforme et des Jésuites, des scènes pathétiques, martyrs, extases, visions célestes, gloire des élus. Bernin, 1598-1680, créa une sculpture vivante, sensuelle, tourmentée, emphatique. Ainsi, par le concours d. Vignole (voir p 44), des Carrache et de Bernin, se trouva constitué l'art baroque qui domina l'Europe au 17e siècle.

La Communion de saint Jérôme fut peinte, en 1614, par DOMINIQUIN, élève des Carrache. Mise en œuvre, très étudiée, d'éléments tous connus. Composition ordonnée et claire, rôle des architectures et du paysage; savante répartition des masses et des taches:

science : corps du saint, corps des anges, grandes draperies. Naturalisme pour saint Jérôme, la plupart des têtes. Grande convenance morale, avec une sobriété rare à cette époque : intérêt nouveau apporté à l'expression des physionomies. Œuvre admirée par Poussin.

La Mise au tombeau caractérise CARAVAGE. Aucune transposition. Types et costumes empruntés à la réalité sans choix apparent. Rendu puissant de formes individuelles, caractère accentué par l'éclairage brutal. Une lamentation sur un cadavre, sans effort de spiritualité. Composition et gestes conformes à l'esprit bolonais. Art de vigoureux et original ouvrier.

BERNIN a sculpté, en 1620, l'**Enlèvement de Proserpine.** Virtuosité technique volontairement apparente. Statuaire vivante, qui ne cherche pas les formes et les contours purs, mais traduit des chairs palpitantes, se plaît au mouvement ou au drame, gonfle les muscles, les draperies, souligne les expressions, accentue toute chose; complexité, fortes oppositions d'ombre et de lumière, les personnages enchevêtrés, lignes sinueuses, turbulence pittoresque; rien de statique ni d'architectural; goût emphatique et théâtral, d'accord avec l'esprit du 17e siècle.

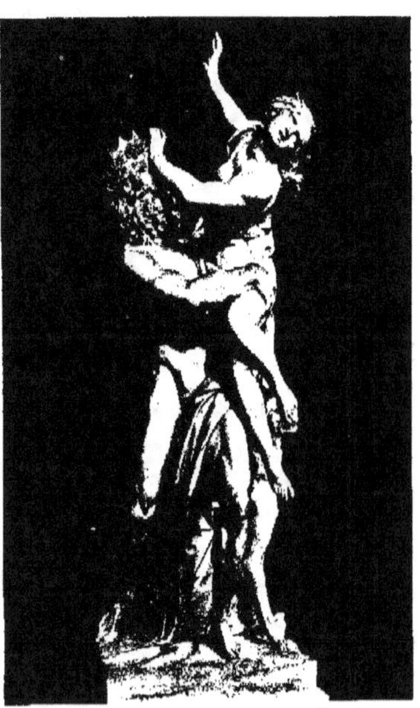

Cl. Anderson.

BERNIN. — *Enlèvement de Proserpine,* Villa Borghèse, Rome.

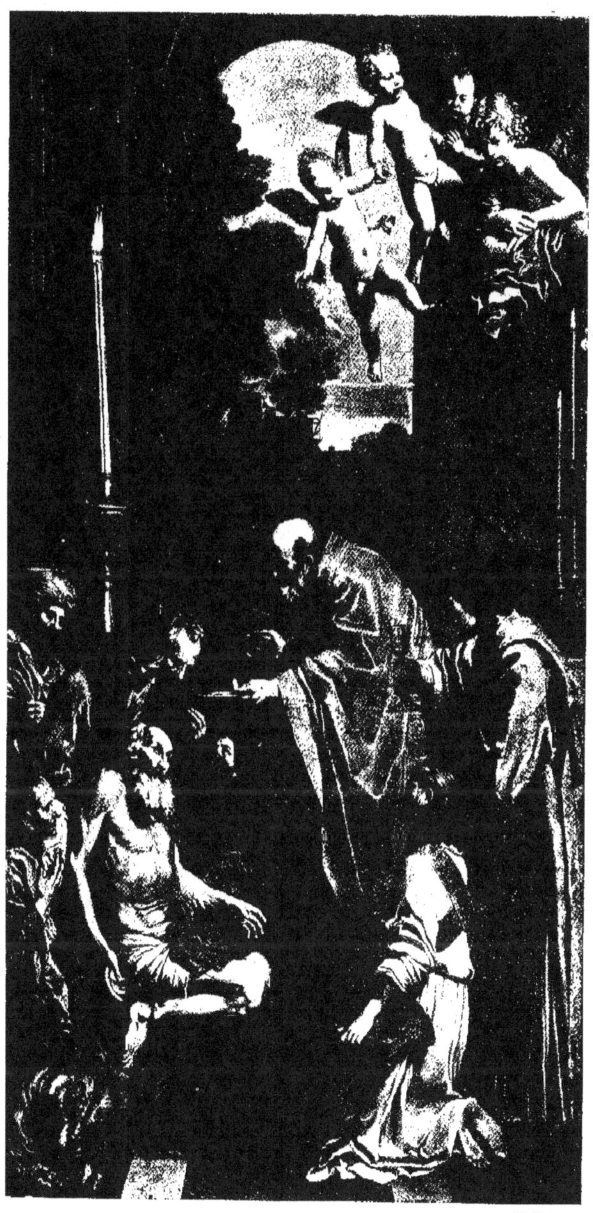

DOMINIQUIN. — *La Communion de saint Jérôme.* — Vatican, Rome

XXIII. — LE LOUVRE — PARIS SOUS HENRI IV ⎸ET LOUIS XIII

La destruction du Louvre de Charles V (p. 7), fut commencée en 1546. Le 16ᵉ, le 17ᵉ et le 19ᵉ siècles ont travaillé à l'ensemble des Palais actuels. La partie la plus ancienne en est aussi la plus heureuse. Pierre Lescot, avec le concours mal défini de Jean Goujon, a construit la partie de l'aile O. au S. du Pavillon de l'Horloge. A une heure exceptionnelle

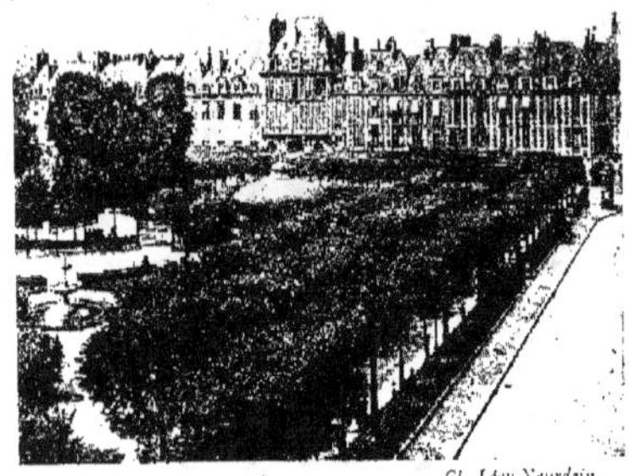

Place des Vosges. — Paris.

il y a uni, au goût charmant de décor de la première partie du siècle, le sens de l'harmonie monumentale qui allait désormais l'emporter. Conception très simple : sous toit apparent, une façade à deux étages, que divisent avec une saillie à peine accusée, des pavillons à fronton incurvé. Un seul ordre : l'ordre ionique. Mais, un soin extrême : variété des moulurations, des encadrements de fenêtres, admirables bas-reliefs : au rez-de-chaussée, les œils-de-bœuf par Jean Goujon; à l'étage supérieur, à chaque pavillon, des sculptures par Jean Goujon et Paul Ponce. Un bonheur unique dans les proportions, une perfection de rapports, une mesure toute française. Les travaux, interrompus sous Charles IX, furent repris sous Louis XIII. On décida de quadrupler la surface primitive. A cet effet, Lemercier construisit, à partir de 1624, le pavillon de l'Horloge. Grandiose avec les caryatides de Jacques Sarrazin, son fronton, son dôme en carène, il écrase un peu, de son ampleur, l'exquis travail de Pierre Lescot. La partie N. copie exactement la façade qu'elle prolonge. Sous le premier Empire, des sculpteurs l'ont décorée en imitant, avec intelligence, le parti de Jean Goujon.

La Place Royale, **Place des Vosges**, fut la première application à une ville française des idées de régularité, d'ordonnance dues à la Renaissance italienne. Ménagée, sur les ordres de Henri IV, à l'Est du Paris

demeuré médiéval, elle offre un grand quadrilatère enveloppé de quatre ailes de bâtiments que les propriétaires durent construire en conformité avec un dessin imposé par l'architecte Métezeau. Un carrousel fameux l'inaugura en 1612. Les grands toits apparents, les façades très simples, où la pierre se marie avec la brique, sont une transition entre l'esprit du 16ᵉ siècle plus libre et le style classique régulier et solennel qui allait triompher.

L'Église du Val-de-Grâce, construite par Fr. Mansart puis par Lemercier, de 1645 à 1666, est l'application française, c'est-à-dire sobre et mesurée, du style de Vignole. Façade à grande ordonnance : portail triomphal, étage à fronton, qui se plaque devant la nef, dont elle n'annonce ni la forme, ni la distribution intérieure; coupole au léger lanternon, imitée de Saint-Pierre de Rome. Grandes volutes, balustres, statues décoratives, prodiguées, ici, sans surcharge. Construction, d'ailleurs, très soignée : le plan général ne s'éloigne pas de la tradition gothique. La voûte intérieure de la coupole a été couverte, par Mignard, d'une *Gloire* (peinture où des personnages planent dans le ciel), qu'a célébrée Molière.

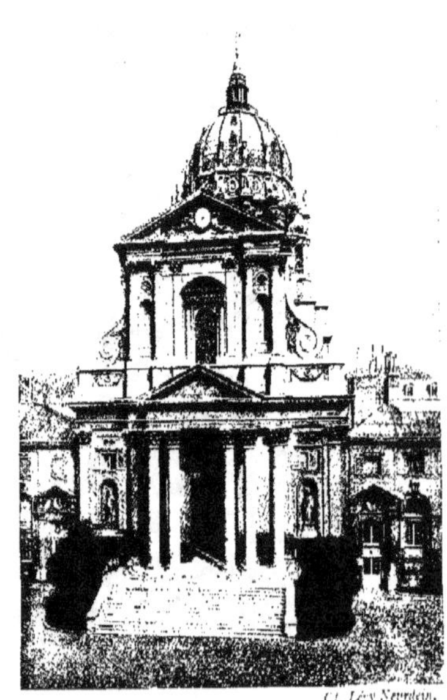

Le Val-de-Grâce. — Paris.

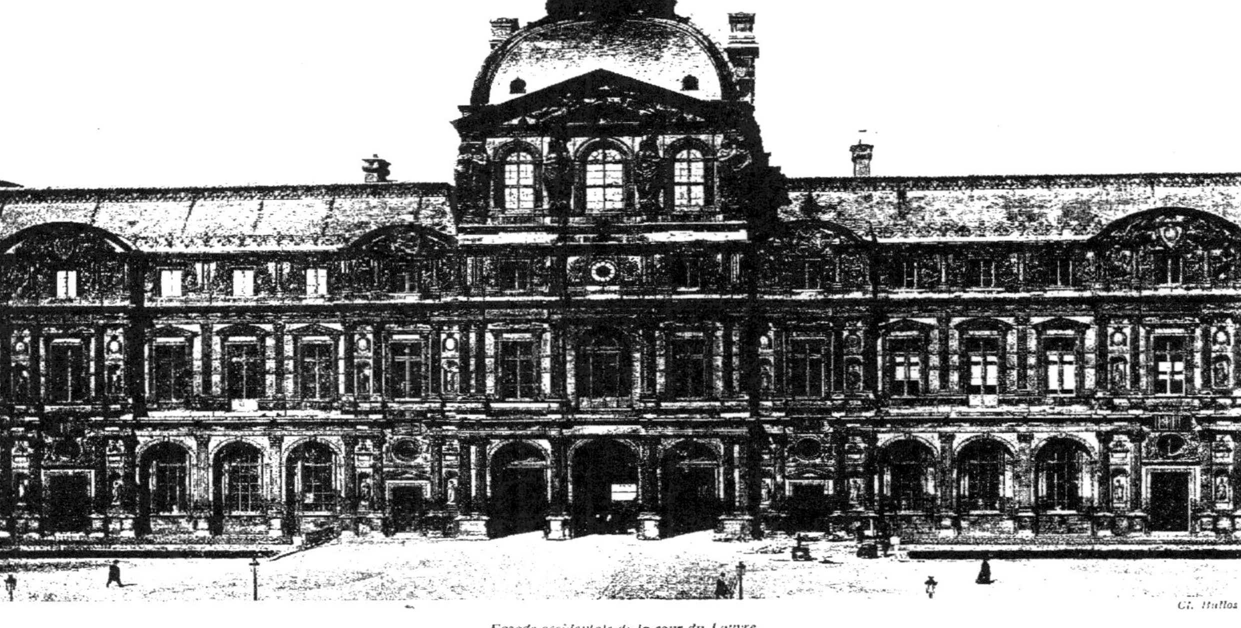

Cl. Hallot

Façade occidentale de la cour du Louvre.

La science picturale, que l'art baroque appliquait à traduire une sensibilité exaltée, mystique et sensuelle, a été mise, par Poussin, au service de la raison. Nicolas Poussin, 1594-1665, qui vécut à Rome, est le plus grand artiste français du 17⁰ siècle : il incarne le génie classique français. Admirateur des antiques, de Raphaël avec lesquels il se sent en communion spirituelle, il ne se sert de leur exemple que pour traduire sa propre pensée. Profondément sensible aux beautés naturelles, parfois avec sensualité, son esprit logique et lucide impose aux formes humaines et aux paysages l'ordre et le rythme qui satisfont la raison. Nulle improvisation, pas de hasards, tout est médité. Moins religieux que philosophe, il sait mettre dans un tableau de grandes idées. Mais il peint aussi pour la pure délectation. Classique par tempérament, comme les penseurs et les poètes, ses contemporains, la discipline lui est une force et ne le contraint pas. — Ses grandes machines le représentent avec des épisodes familiers (le passeur), mais ordonné en masses calmes et majestueuses. Attitudes souples, spontanées, aimables, mais choisies avec un instinct sûr de noblesse : attitude abandonnée de la suivante sur laquelle s'appuie la fille du Pharaon, jolie arabesque de la suivante qui recueille l'enfant, et dont le visage est éclairé à contre-jour. Unité par la convergence des gestes, par la répartition des lumières. Types réguliers des figures. Ampleur des draperies. Le Nil personnifié assiste à cette histoire biblique où rien n'est déclamatoire, où rien n'est

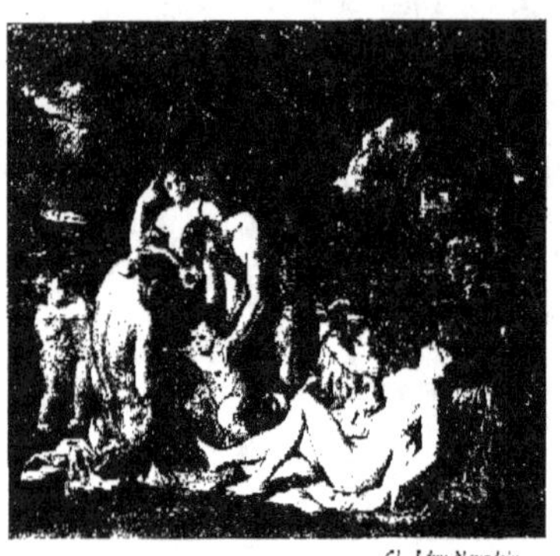

Cl. Lévy-Neurdein.

POUSSIN. — *Bacchanale.* — Musée du Louvre.

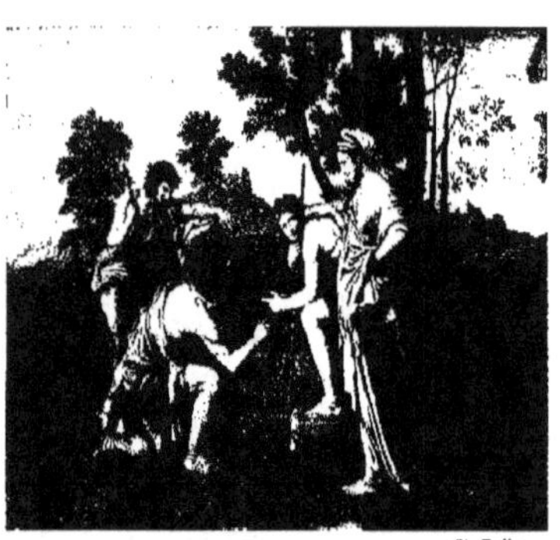

Cl. Bulloz.

POUSSIN. — *Les Bergers d'Arcadie.* — Musée du Louvre.

abstrait et où la grandeur surgit, sans effort, par la perfection et la largeur du rythme.

Au soir d'un beau jour, dans un doux pays, des **Bergers d'Arcadie** sont arrêtés près d'une tombe. Animés d'une même curiosité, ils s'ordonnent, sans contrainte en un calme équilibre : les corps presque dévêtus des trois hommes, différents par l'âge et par le caractère, sont dessinés avec une science parfaite, sans affectation. L'un d'eux déchiffre l'inscription : *Et ego in Arcadia*, moi aussi j'ai vécu en Arcadie, et, se tournant vers sa compagne, souriante, insouciante, toute à la joie de vivre, le plus jeune semble découvrir la loi universelle suspendue sur elle comme sur nous tous. Sobre, intense sermon sur la mort, lieu commun sublime, parce qu'il est traduit par une peinture parfaite et que l'accord du paysage, des personnages, l'unité plastique soutiennent la puissance de l'intention philosophique.

mal ; il est tout entier dans ses toiles de chevalet qui demandent à être regardées, ainsi qu'elles ont été créées, avec une attention longue et recueillie.

Cette **Bacchanale**, vers 1630-35, montre, chez Poussin, la joie de peindre. Il s'y rapproche des Carrache et de Titien que, jeune, il a, d'abord, admiré. Il imagine faunes et nymphes à l'aide des marbres gréco-romains, mais il les anime avec un vrai sens païen, leur infusant une vie, une allégresse nouvelle, à quoi le paysage est intimement associé. Superbes marmots, magnifique corps de la nymphe endormie. La composition savante pyramidale, d'un caractère, ici, tout à fait baroque par la prédominance des lignes sinueuses et l'enchevêtrement des personnages, le dessin très sûr ne cherchent pas à se faire valoir ; ils secondent une imagination plastique très libre, mais toujours réglée, dans ses manifestations, par l'esprit. La couleur, qui fut harmonieuse, est, depuis longtemps, gâtée.

Moïse sauvé des Eaux a été composé avec une grandeur sereine. Scène simple, auguste et solennelle. Paysage, dont les éléments sont pris à la réalité,

Avec moins de science mais un sentiment religieux très vif, Eustache Le Sueur a dit la *Vie de St Bruno*. Il a, avec un charme suave, célébré *les muses*.

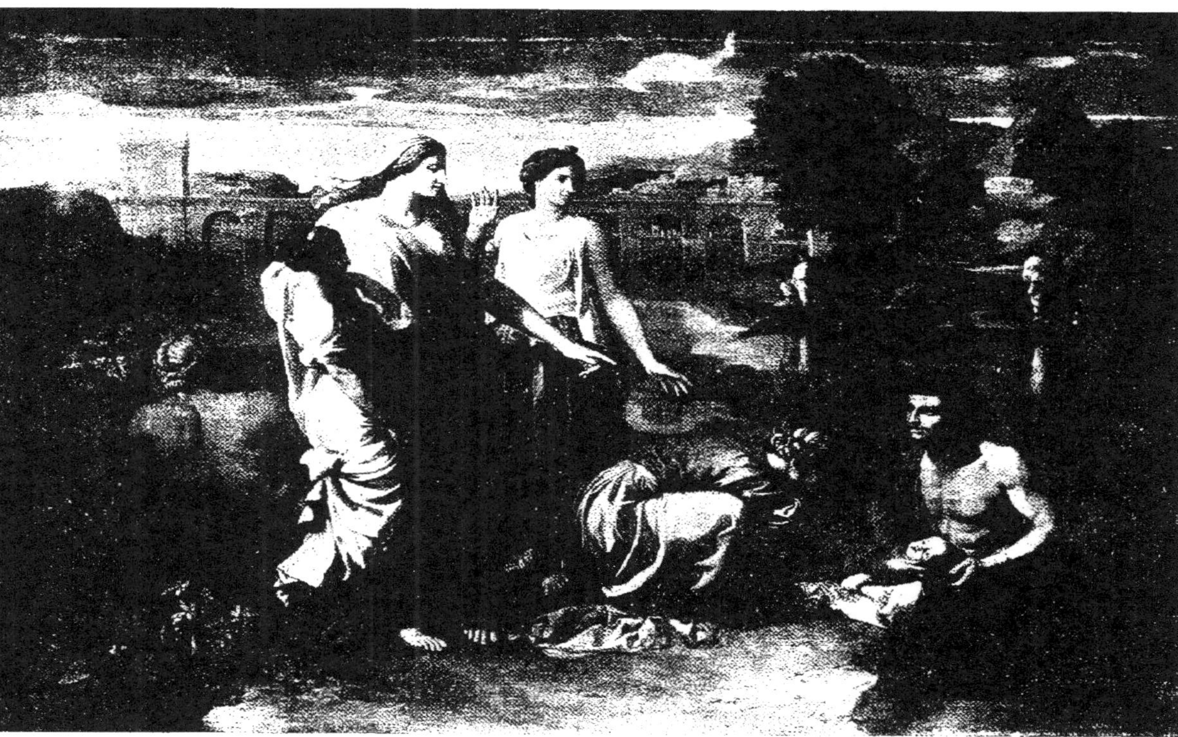

POUSSIN. — *Moïse sauvé des Eaux*. — Musée du Louvre.

Cl. Bulloz.

Claude Gellée, dit le Lorrain, 1600-1682, vécut à Rome. Il y subit l'ascendant de Poussin. Magicien de la lumière, dont il a rendu les effets avec une intensité que nul n'a dépassée, même Turner en 1840, il s'est exprimé dans un langage ordonné et mesuré, avec une sobriété classique, capable de tout suggérer, grâce à l'extraordinaire justesse de sa notation.

Un Port au Soleil couchant appartient à une série d'œuvres caractéristiques. Des palais grandioses et imaginaires où sont mises en œuvre toutes les ressources de l'architecture du temps, des vaisseaux de haut bord semblables à ceux que Puget décorait à Toulon. Au premier plan, des personnages, ici contemporains, ailleurs empruntés à l'histoire, à la Fable ou à la Religion, sans que le caractère de l'œuvre en soit modifié; Claude ne les a pas toujours peints lui-même. Le véritable sujet est le soleil qui irradie l'horizon. Avec une gamme très restreinte, puisque le point le plus lumineux, le soleil même, n'est qu'une tache d'un gris jaunâtre et que les ombres les plus profondes ne sont aussi que du gris, Claude arrive à suggérer un éblouissement; c'est que les dégradations de la lumière, les valeurs, sont calculées sans aucune erreur et que tout est composé pour concourir à l'illusion. Navires, embarcations de plaisance, barques de pêcheurs, palais, tours et colonnades ne sont ni répartis au hasard, ni pour le seul équilibre des masses. Perdus totalement dans

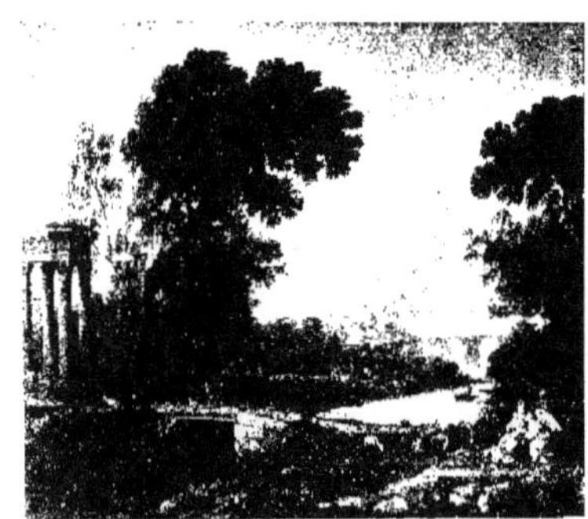

CLAUDE LORRAIN. — Le Midi.

la lumière, à demi visibles, nettement en vue, ils jalonnent l'espace, d'autant plus irréels qu'ils se rapprochent du foyer dont les rayons incendient la nappe des eaux. Marins, promeneurs, vagabonds querelleurs sur les parvis ou sur la grève, marins manœuvrant dans les agrès, sont des silhouettes qui, vus à jour frisant ou à contre-jour, jouent par opposition. Tout, ici, d'une valeur mise à sa place, enseigne le pouvoir.

Le Midi paysage composé avec un sens noble de l'ordonnance, mais ce rythme grandiose et clair s'accommode de tous les hasards de la réalité, vieux pont rustique, chèvres qui broutent, bœufs qui passent un gué. Le repos de la Sainte Famille, épisode imposé par les idées du temps qui ne conçoit pas la nature en l'absence d'un sujet, est tout à fait secondaire. Ici, encore, la lumière a le rôle essentiel. Sur cette prairie, ces grands arbres, cette majestueuse ruine romaine, Claude enlève la fuite des

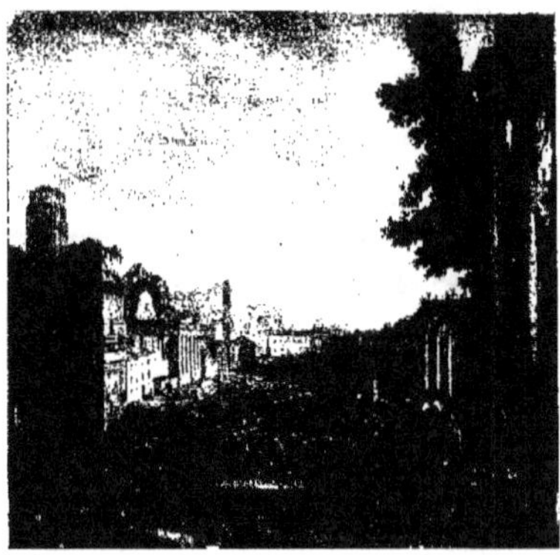

Cl. Bulloz.

CLAUDE LORRAIN. — Le Campo Vaccino.   Musée du Louvre.

arrière-plans que l'œil croit suivre au loin, perdus dans les nappes d'argent tombées des hauteurs du ciel bleu. Bois, fabriques se transforment en mirages et le fleuve, dont les rubans se déroulent, de la chimère des lointains à la réalité du premier plan, forme le lien mouvant du tableau. Aucun élément dramatique: rien ne trouble, n'inquiète l'esprit, ne révèle la mobilité, la complexité, les mystères de la nature. L'instant observé prend un caractère définitif et comme éternel. Tout appelle une délectation paisible et spirituelle.

Le Campo Vaccino, le marché aux bœufs, c'est-à-dire le Forum tel qu'il était avant les fouilles qui, au 19e siècle ont déblayé le sol antique. De gauche à droite, l'arc de Sévère à moitié enseveli et crénelé, le temple d'Antonin et Faustine, dans le lointain le Colysée, l'arc de Titus, la colonne de Phocas au centre, les trois colonnes du temple de Castor, le temple de Saturne. Indifférents à ces émouvants souvenirs, des bouviers et leurs troupeaux, des badauds, des flâneurs. Vers la droite, trois curieux, pour qui parlent ces pierres que caresse la lumière du soir. Toile peinte avec amour, confession d'un cœur classique.

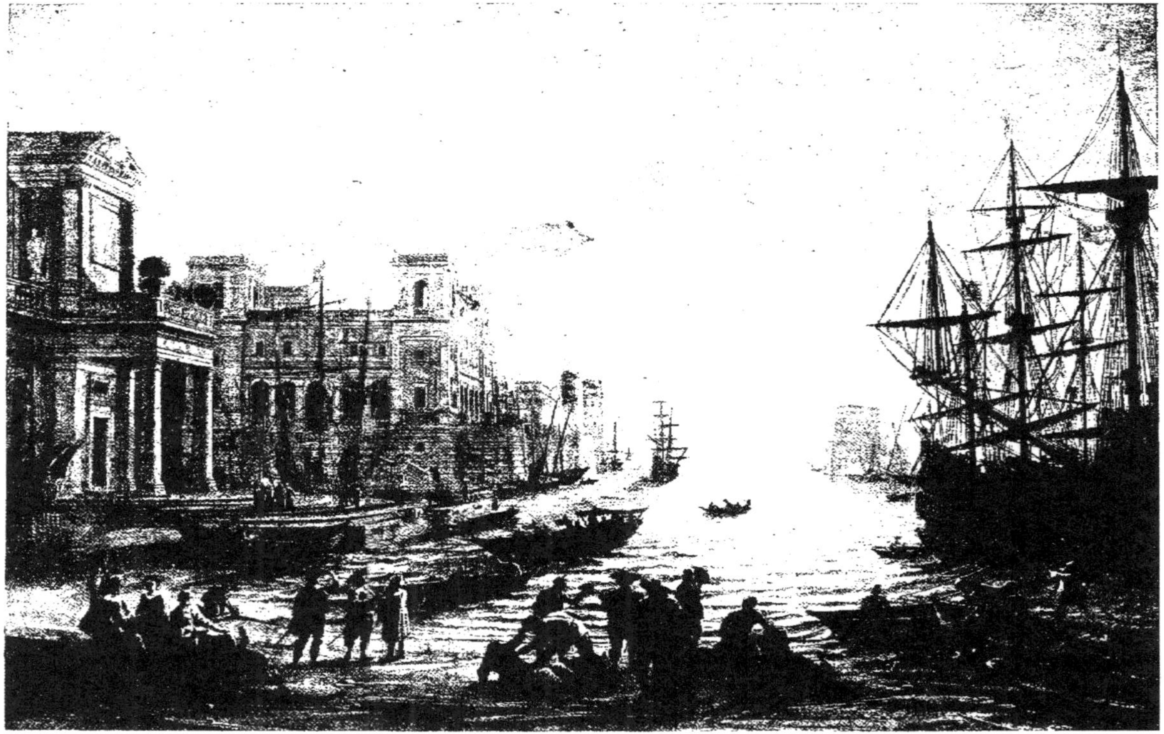

CLAUDE LORRAIN. — *Un Port au Soleil couchant.* — Musée du Louvre.

La première moitié du 17e siècle, en France, a connu aussi des artistes uniquement occupés à traduire la vie journalière et elle a eu des portraitistes graves et sincères.

LOUIS LE NAIN (Laon 1593?-1648), a peint, en 1642, ce **Repas de Paysans**. Il y déploie une science pareille à celle des Hollandais, ses contemporains, dérivée de l'art baroque, adaptée pleinement au caractère de ses sujets. Composition libre, vivante, donnant l'illusion d'un groupement spontané, usage habile du clair obscur, répartition calculée des taches lumineuses : figures, cols, bonnet, fichu, la nappe, la fenêtre entr'ouverte au fond, le bout du banc sous le buveur, le petit chien; les personnages éclairés de face, de profil, à contre-jour; dessin exact avec choix, sans détails mesquins, sans trivialité. La lumière froide et les colorations claires qu'il aime s'accordent avec la misère des temps qu'il célèbre, en Picardie, pendant la guerre de Trente ans. Atmosphère de pauvreté, de lassitude, mais aussi de dignité. Autour d'une collation misérable, sur des meubles rudimentaires, nul ne se laisse aller; il y a là une native noblesse; le maître de la maison a un visage de vraie distinction, son voisin de gauche déguste son verre avec lenteur, celui de droite, ouvrier ou vagabond qu'il regarde avec compassion, garde, dans son accablement, une certaine dignité. La femme est grave, un petit enfant, au fond, a l'air douloureux; le violoniste joue quelque complainte; seul un gros garçon joufflu, à droite, paraît insouciant. Art fidèle, sensible avec discrétion et d'un cœur généreux. Spectacle opposé à la prospérité joyeuse des Pays-Bas.

La suite, les **Misères de la Guerre**, que CALLOT (Nancy 1592-1635) a gravée, en 1633, explique avec

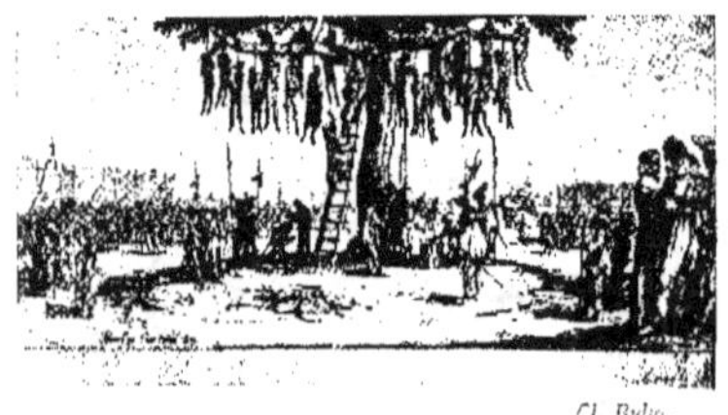

CALLOT. — Les Misères de la Guerre. - Eau-forte.

en relief terrible, le malaise que traduit Le Nain. Callot y montre pillage, meurtres, incendies, sac de villages et d'églises par des soldats en maraude que nous voyons ici justement punis. Vision instantanée d'une précision, d'une acuité inouïe, dessin nerveux,

grêle, typique, que la pointe a tracé et que l'eau forte a gravé sur le métal avec une brièveté et une sûreté admirables. Composition très habile sous son apparente liberté; développement classique qui définit tous les épisodes du supplice, parade, con-

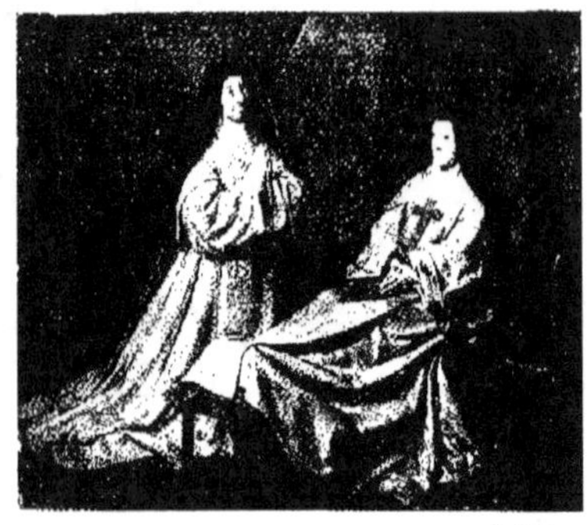

Cl. Bulloz.

PHILIPPE DE CHAMPAIGNE. — La mère Catherine-Agnès et la sœur Catherine de Sainte-Suzanne. - Musée du Louvre.

fession, absolution, pendaison. Insouciance du condamné qui joue aux dés tandis qu'on dépêche son camarade; atroce beauté de ces corps raidis qui attendent d'autres pendus encore. Indifférence apparente de l'artiste en un temps où la vie semble avoir perdu son prix.

PHILIPPE DE CHAMPAIGNE, 1602-1674, né à Bruxelles, appartient à la France par sa vie, ses convictions jansénistes et son art. Il a apporté, dans le portrait, une pénétration réfléchie, soucieux de fouiller les physionomies, à son aise surtout avec les âmes grandes et ardentes, peintre de Richelieu, peintre né de Port-Royal. Le double portrait de sa fille **Sœur Catherine de Sainte-Suzanne**, religieuse de Port-Royal, guérie miraculeusement d'une longue maladie et de **la mère Catherine-Agnès Arnaud** qui l'avait sauvée par ses prières, est un poème ineffable, dialogue muet d'allégresse spirituelle et de renoncement. Philippe de Champaigne a tiré un admirable parti de cette cellule nue, ces pauvres meubles, ces grandes robes blanches aux nobles plis; la lumière qui tombe de haut ajoute à la signification de l'œuvre et met au premier plan la miraculée. L'artiste a mis, dans cette effusion reconnaissante, tout son cœur et aussi une intelligence de la composition, de la distribution des masses et des lumières, une science du dessin qui apparaissent vite à l'analyse, bien qu'il les ait subordonnées à l'intense signification.

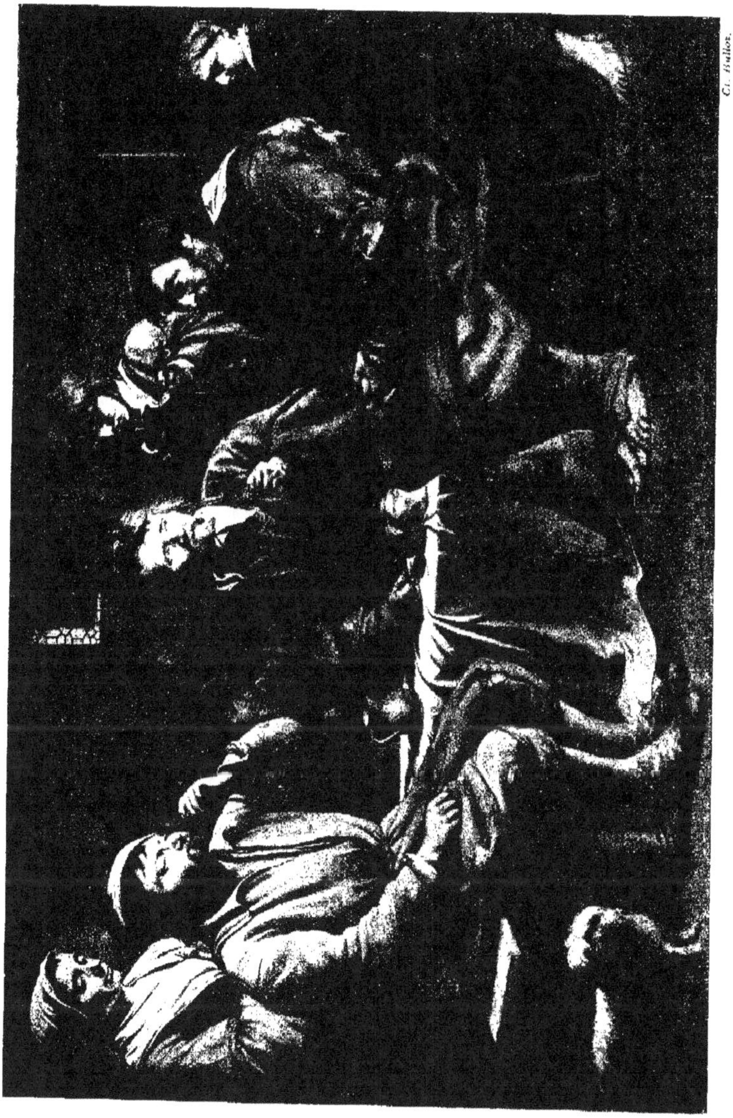

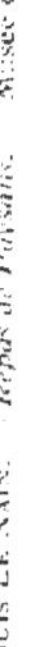

LOUIS LE NAIN. — *Repos de Paysans*. — Musée du Louvre.

Le palais de Versailles, selon le dessein de Louis XIV, demeure, dans ses parties essentielles, l'image de la monarchie absolue à son apogée. Majesté tranquille de cette immense façade orientée vers l'Ouest : corps central élevé de 1668 à 1679 par Le Vau puis J.-H. Mansard qui construisit l'aile du

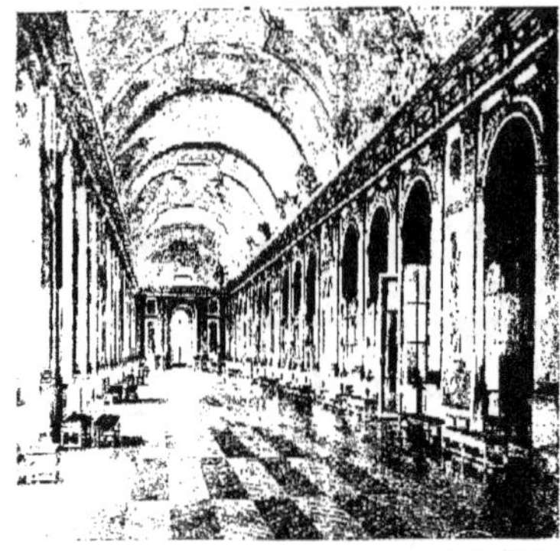

La Galerie des Glaces. — Versailles.

Midi, 1679-1680, et l'aile du nord, 1684-1688. Ni colonnade, ni dôme, ni porte triomphale, ni polychromie, ni matériaux précieux. Rez-de-chaussée, étage d'honneur, attique, pas de toit apparent, balustrade dont des trophées rompent le monotonie, décoration sculptée discrète, un parti très simple mais imposant qui s'étend à l'infini. Ni fossé, ni appareil de défenses, inutiles pour une souveraineté incontestée. Accord avec les miroirs d'eau, la terrasse, le parc et les vastes perspectives ordonnés par Le Nôtre. Le paysage plat qui n'arrête nulle part la vue. Seule, la chapelle, achevée en 1710, visible au-dessus de l'aile du Nord, vient rompre cette grandiose sobriété. A l'intérieur, les grands appartements se succèdent en enfilade, sans égard pour la commodité, uniquement destinés aux grandes réceptions. La **Galerie des Glaces**, expression suprême d'une conception italienne, déjà appliquée à Paris (Hôtel de Lambert, Galerie Mazarine à la Bibliothèque Nationale, Galerie d'Apollon au Louvre), construite par MANSART, 1679, fut décorée, 1679-1684, par Le Brun, premier peintre du roi, avec le concours d'une pléiade d'artistes sur lesquels il avait pleine autorité et qui travaillaient sur ses esquisses ou dessins. A l'ouest, de larges baies sur le Parc : par un luxe alors inouï, de vastes panneaux de glaces leur

répondent, renvoyant la lumière et ajoutant, par l'illusion, aux dimensions de la galerie. Les chapiteaux des pilastres dessinés par Le Brun qui voulut sans succès, y créer un ordre français. Au-dessus de l'entablement, des trophées modelés par les meilleurs sculpteurs. La voûte en berceau surbaissé, divisée en compartiments où Le Brun a peint la vie du Roi jusqu'en 1678, mêlant réalité et allégorie. Spectacle magnifique quand tentures, meubles de Boulle, arbustes rares dans des vases d'argent, candélabres d'argent décoraient la Galerie où circulait la cour la plus brillante de l'Europe, parée de costumes somptueux.

Le Parc a été, en plusieurs points, transformé au 18e siècle. Nulle part il n'a gardé son aspect primitif. L'impression d'abandon mélancolique qu'il donne s'oppose à la grandeur régulière, à l'autorité classique, qu'il revêtait quand les arbres taillés étaient emprisonnés dans les murailles vertes des hautes charmilles, que les bassins symétriquement répartis avaient le charme d'une fantaisie mesurée et nouvelle. La **Colonnade**, créée par Mansart, 1687, garde mieux ce caractère de distinction aimable. Elle met en valeur le groupe où GIRARDON, visiblement inspiré de Bernin, a modelé l'enlèvement de Proserpine, avec moins de puissance, plus de grâce élégante. Le piédestal est orné des bas-reliefs les plus délicats.

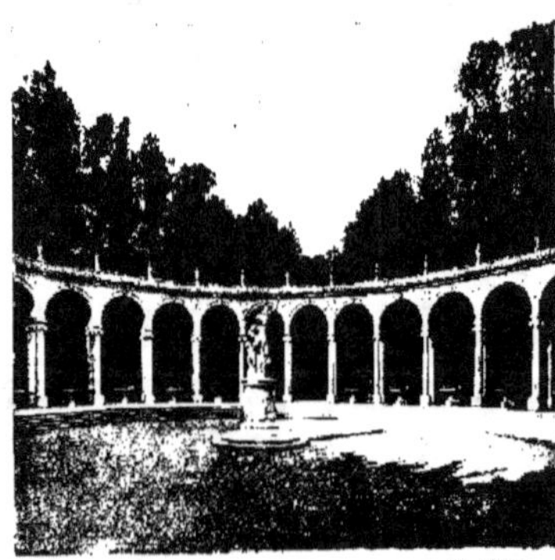

Bosquet de la Colonnade. — Parc de Versailles.

Un peuple de statues, de groupes sculptés par les meilleurs artistes sur les indications de Le Brun, décorent les allées et les bassins : allégories des Saisons, des parties du monde, personnification des Fleuves, mythologies, groupes d'enfants. Le célèbre et dramatique *Milon de Crotone*, chef-d'œuvre de PUGET, aujourd'hui au Louvre, y figura jusqu'au 19e siècle.

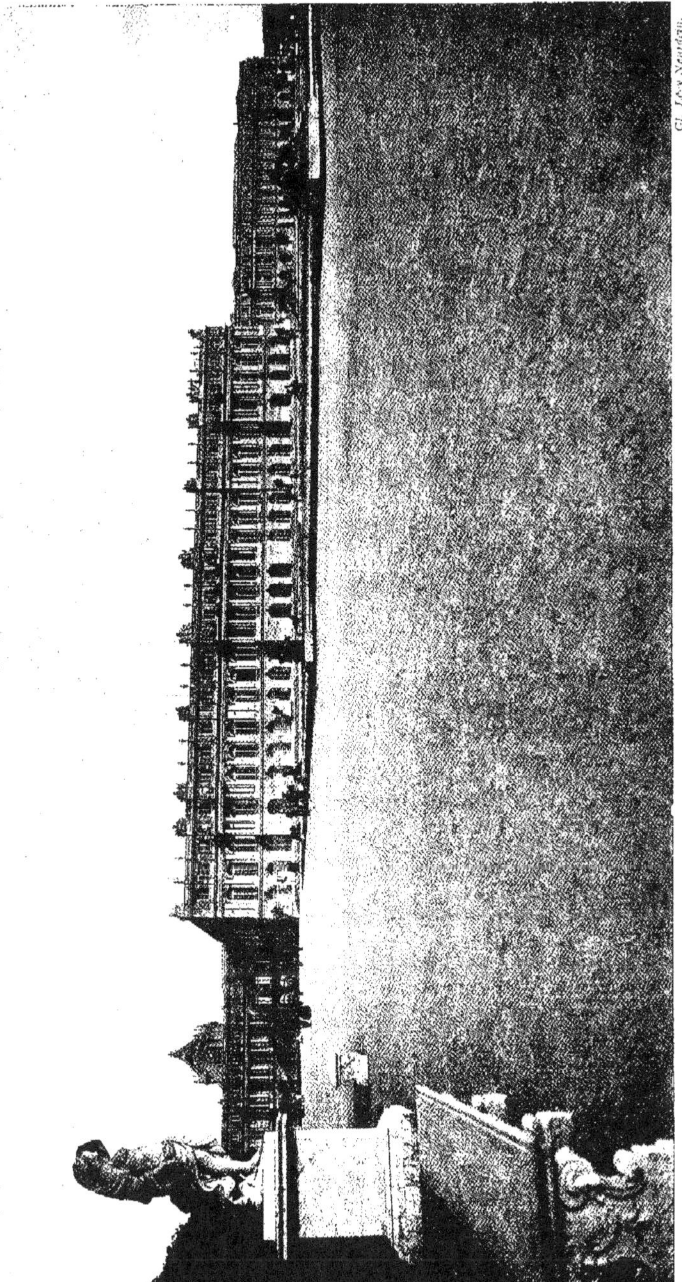

Le Palais de Versailles. — Façade occidentale.

Le jour, Rubens (1577-1640), alla interroger l'Italie, il y resta huit ans en 1608, mais, de ce contact où ses aînés avaient perdu toute originalité, il ne tira, lui, que ce qui pouvait nourrir son tempérament. Dès la *Descente de Croix*, 1612, il fut célèbre; il révéla aux Flamands des traits, jusqu'alors contenus, de leur nature, le goût entraînant du mouvement, des formes opulentes, de l'éclat joyeux, des spectacles; sous cet aspect, il incarna leur génie. Ni idéaliste, ni profond, ni psychologue, étranger au souci de correction et de pente, il est doué, à un degré extrême, du sens physiologique de la vie; il a déployé une imagination charnelle d'une fécondité inouïe. Il s'est prodigué dans tous les genres, animant tout ce qu'il

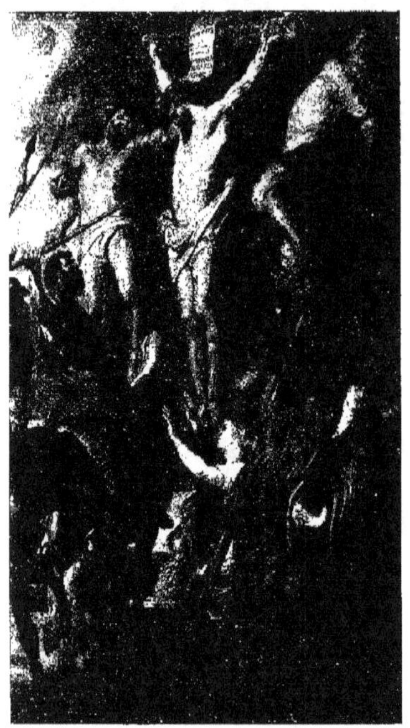

RUBENS. — *Le Coup de Lance*. — Musée d'Anvers.

touchait. Son dessin hardi, sa couleur éclatante, sans raffinement, sa science généreuse et libre ont, depuis le 17e siècle jusqu'à nos jours, passionné les artistes indépendants.

La suite de grandes toiles décoratives que RUBENS a consacrées à la vie de Marie de Médicis est un vrai miracle de l'art puisque, sur des prétextes pour la plupart insignifiants, il a développé des pages magnifiques. **Henri IV reçoit le Portrait de Marie de Médicis**, thème pauvre; pour l'enrichir, il y ajoute la forme d'allégories rebattues : l'Amour, l'Hymen; il y introduit Jupiter et Junon, patrons inattendus du roi très chrétien et il affuble la France personnifiée d'un accoutrement qui, sous

tout autre pinceau, aurait été ridicule. La composition participe au système baroque. Mais, en tout cela Rubens fait circuler la vie. Henri IV est campé d'une façon admirable; la France est aussi réelle que lui, de jolis amours jouent avec ses armes, on entrevoit un large paysage. Noblesse et familiarité, fanfare éclatante de tons orchestrés avec sûreté. Toile pleine à déborder, mais de signification limpide.

Le Coup de Lance, page religieuse, selon le génie de Rubens, d'un tragique presque matériel, d'un sentiment tout humain. Le corps palpitant du Christ agonisant, la violence du coup de lance; beau geste de la Madeleine; déploration de la Vierge, de saint Jean. Le ciel lourd, la couleur sourde, l'harmonie sombre traduisent la lamentation en langage sensible. Maximum de recueillement compatible avec le tableau d'autel. Prédilection pour les carnations grasses, lymphatiques. Contours peu marqués; dessin qui ne se soucie pas de science anatomique, mais de surprendre le mouvement et de traduire la vie physiologique. Draperies amples et molles sans style. Liberté et évidence de la composition, d'un esprit vraiment moderne. (Opposer *le Calvaire* de Mantegna, p. 29.)

Le Paysage aux Vaches est aussi l'œuvre d'un initiateur. Ni l'exactitude, ni la ferveur que vont nous offrir les Hollandais, les arbres indiqués par masses sans chercher à donner l'illusion du feuillage. Une symphonie suggestive : poésie des heures changeantes, des aspects instantanés : accord du ciel, de la campagne, des choses, des êtres, pâturages, vergers. La vie qui circule en tout. Vision immédiate, pas de transpositions, pas de construction apparente des plans, de composition rythmique à l'inverse des paysages français classiques.

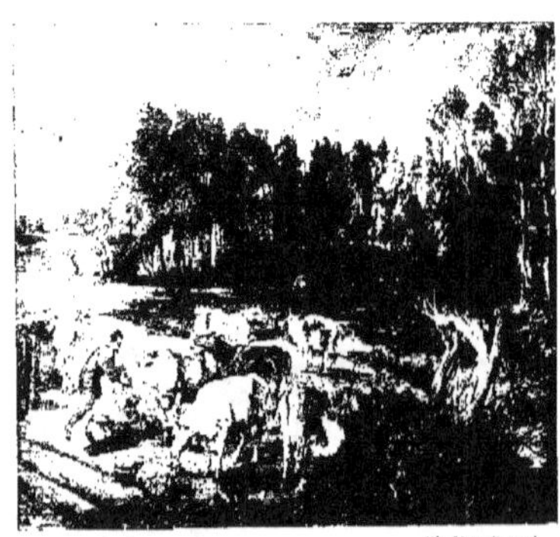

RUBENS. — *Paysage*. — Pinacothèque, Munich.

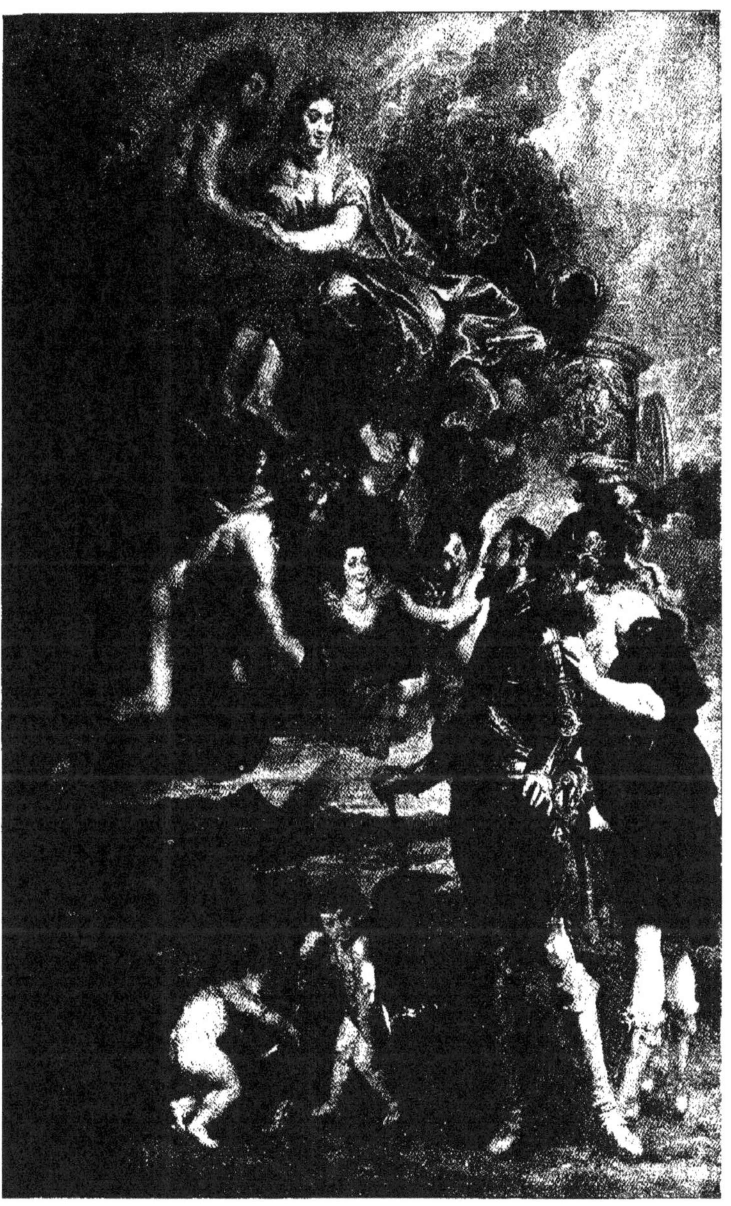

Rubens. — *Henri IV reçoit le portrait de Marie de Médicis.* — Musée du Louvre.

XXIX. — VAN DYCK, TENIERS, JORDAENS

Van Dyck (1599-1641) a emprunté à son maître Rubens les éléments de son langage. Il n'a pas sa richesse d'invention, sa fougue généreuse, mais il a un sens raffiné de la couleur, quelque chose de caressant, une séduction presque sensuelle, une élégance, une désinvolture aristocratiques. Il a peint des scènes religieuses et mythologiques. Il a été, avant tout, un magnifique portraitiste. Doué d'une exquise pénétration psychologique, il a, de plus, déployé un art ingénieux, très varié, de la présentation sobre ou à grand orchestre, groupant autour de la figure architectures, paysages, faisant du portrait un tableau complet.

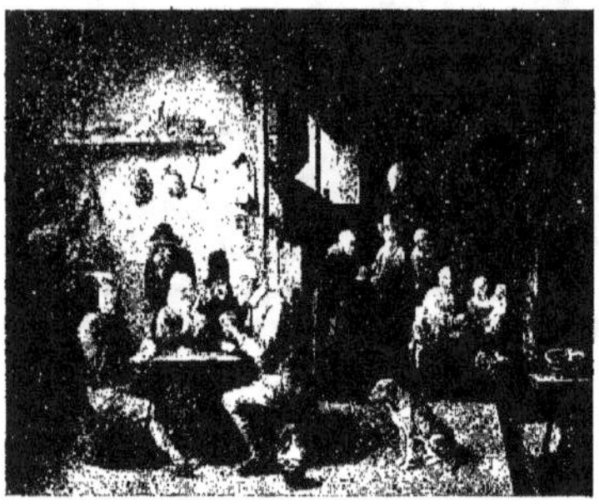

Cl. Lévy Neurdein.

TENIERS. *Intérieur de Cabaret.* Musée du Louvre.

VAN DYCK a travaillé à Gênes, à Anvers et à Londres. Il a peint toute la cour de Charles Ier. **Charles Ier** en cavalier. Ce n'est pas un portrait officiel; donc nulle contrainte, pas d'apparat; une dignité simple, comme naturelle. Ampleur et imprévu de la composition : la partie de gauche, devant Charles Ier, forme un grand vide lumineux; la partie droite est tout occupée et dans l'ombre. Ce déséquilibre porte le regard vers la lumière, suggère le mouvement : Charles Ier, un instant arrêté devant nous, va s'élancer à cheval vers la plaine. Larges frondaisons en panaches, beau ciel grassement modelé, indications libres de paysage; le cheval de face, l'écuyer, le page, tout calculé pour faire valoir la figure du prince. Attitude familière et noble, élégance native du gentilhomme, du cavalier; la perruque, le grand feutre crânement posé, donnent de l'allure au visage fatigué, dont l'expression assez ingrate n'a ni grandeur réelle, ni bienveillance; par opposition, dans l'ombre, la figure rougeaude et [illegible] de l'écuyer, et le profil fruste du jeune page. Examiner les belles mains auxquelles se complaisait Van Dyck. L'orchestration colorée : veste chatoyante de satin blanc, culottes rouges, bottes fauves, de Charles; la robe blanche, les crins dorés du cheval... donnent une allégresse chaude à cette page célèbre. Comparer avec Rubens : la page est moins ample, moins abondante, moins généreuse : dessin plus arrêté, plus nerveux; la lumière est distribuée avec parcimonie pour concentrer l'effet. Plus d'accent, d'ailleurs; coloris d'une autre qualité. Si l'on confronte, au contraire, avec les Italiens, même avec les Vénitiens, la liberté de cet art qui ne cherche ni la correction, ni le style apparaîtra aussitôt.

TENIERS (1610-1690) applique à la représentation de scènes familières ou populaires, à cette **Scène de Cabaret**, la science de son temps. Sous une apparence de liberté ou de désordre, sûreté de la composition linéaire et lumineuse : l'espace creusé; le groupe au fond bien en place, s'oppose, en diagonale, à celui du premier plan. Effet ingénieux de double éclairage. Exactitude des silhouettes, raccourcis, gestes surpris. Finesse de l'observation. Exécution d'une virtuosité trop manifeste, précise, perfection un peu sèche, peu d'atmosphère, pas de liaison; des morceaux de bravoure : la cruche, le chien. Sympathie de l'artiste pour ses héros, braves gens frustes, satisfaits de leurs humbles joies. Sentiment tout différent chez Le Nain, facture plus ample, plus adaptée chez les Hollandais.

Rubens a entraîné toute la Flandre. JORDAENS seul, parmi ses contemporains, non sans subir son influence, a préservé sa personnalité puissante, vulgaire. Épris de réalité, de mouvement, de tapage, accentuant ses types jusqu'à la caricature, étranger à toute idée de pureté, de rythme, prodiguant les couleurs bruyantes, mais peu coloriste, abusant des ombres noirâtres qui, malgré la fougue du pinceau et le modelé lâché, confèrent à ses œuvres quelque sécheresse, influencé par Caravage. Il s'impose par sa débordante vitalité. Son triomphe, la peinture des festins plantureux et des joies matérielles; **le Concert en Famille** témoigne de cet art véhément et trivial.

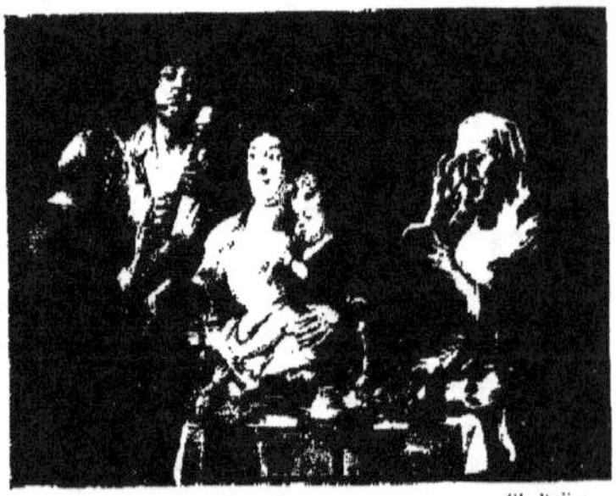

Cl. Bulloz.

JORDAENS. — *Le Concert en Famille.* — Musée d'Anvers.

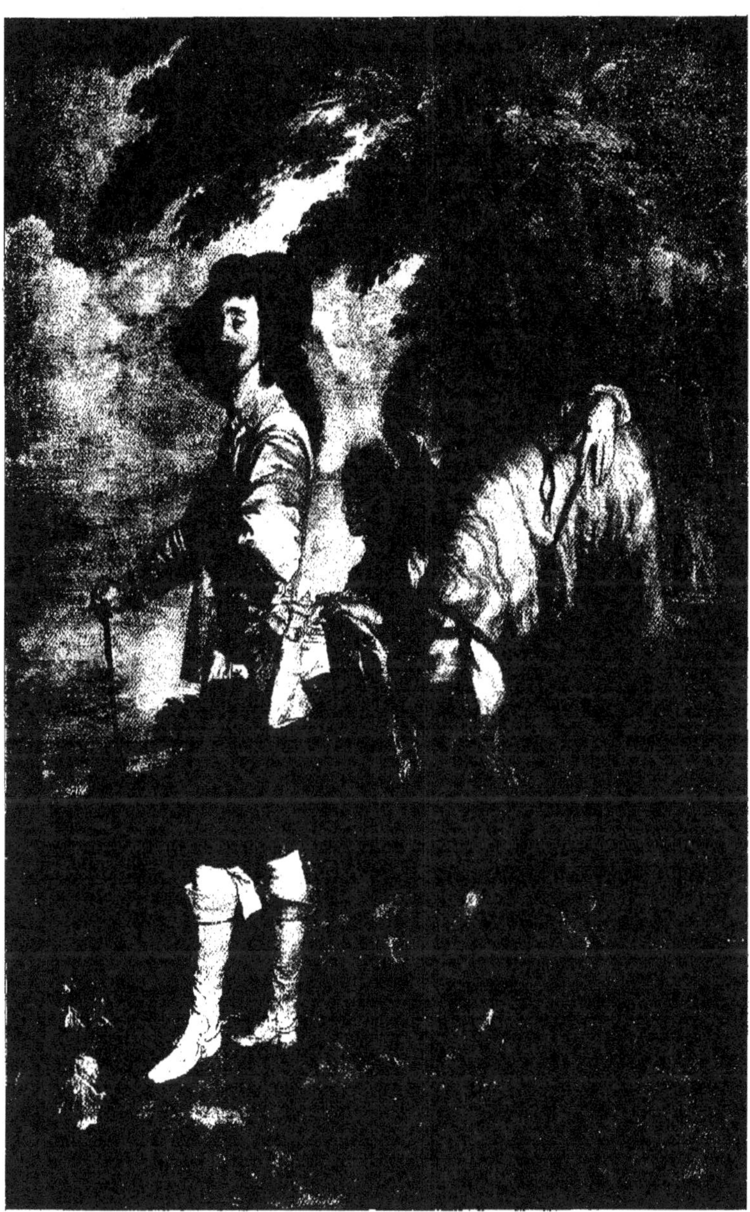

Van Dyck. — *Charles Ier*. — Musée du Louvre.

XXX. — LA SOCIÉTÉ HOLLANDAISE D'APRÈS LES PEINTRES DU XVIIᵉ SIÈCLE

Au 17ᵉ siècle la république protestante des Provinces Unies place les artistes dans des conditions toutes nouvelles. Plus de peinture religieuse dans les temples nus. Plus de palais à couvrir de vastes compositions. Mythologie, histoire parlent peu aux bourgeois devenus les seuls mécènes; les appartements étroits ne reçoivent que de petites toiles. Mais la Hollande affranchie et prospère est fière d'elle-même. Les peintres lui proposent sa propre image. Portrait, tableau de genre, paysage qui, partout alors, tendent à se développer, envahissent ici tout le champ de l'art. Une floraison incomparable de peintres, que dominent Franz Hals puis Rembrandt, appliquent toutes les ressources de l'art européen selon un esprit nouveau : sincérité d'inspiration, goût de la perfection, effet intense et souvent concentré.

La vie sociale est très forte. Syndics de corporations, régents d'hospices, collèges de chirurgiens, chambres de rhétorique, associations civiques réclament leurs portraits collectifs, occasion, à peu près unique, de grandes compositions. C'est en ce genre que Franz Hals a manifesté tout son génie.

Franz Hals (1580-1666), maître puissant, sans imagination, mais exalté par la réalité, n'a peint que des portraits. Assez pénétrant pour nous livrer, de Descartes, une image mémorable, il est surtout à son aise avec de braves gens comme, ici, **les Archers de Saint Adrien**, heureux de leur solidarité, de leur existence active, résolus à défendre, si nécessaire, l'indépendance chèrement conquise de leur pays. Primesautier, en dehors, chose rare en Hollande, il les surprend dans leurs allures familières, les groupe dans la lumière d'une façon neuve, en apparence spontanée, chacun mis en valeur et tenant sa place dans l'ensemble. D'un pinceau rapide, franc et sûr, il modèle, suggère broderies, collerettes, armes. Peintre réaliste, de plein air, conférant à tout un étonnant relief, le mouvement et la vie.

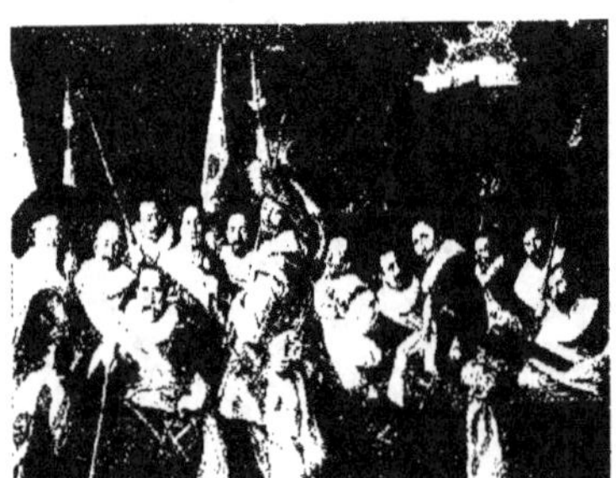

Cl. Bulloz.

Franz Hals. — *Les Archers de St Adrien.* — Musée de Haarlem.

Ad. Van Ostade (1610-1685) conte les joies humbles et la vie de petites gens satisfaits de leur condition modeste. Il les livre sans caricature, sans déclamation, avec un sens aigu d'observation psychologique et visuelle, met en œuvre toute la science de son temps qu'il dissimule tant il l'adapte étroitement à son objet. Il a gravé à l'eau-forte, procédé cher aux Hollandais, d'une pointe menue, légère, d'une justesse parfaite, **Le Père de Famille**, spectacle de vertus et de soins journaliers, atmosphère humaine.

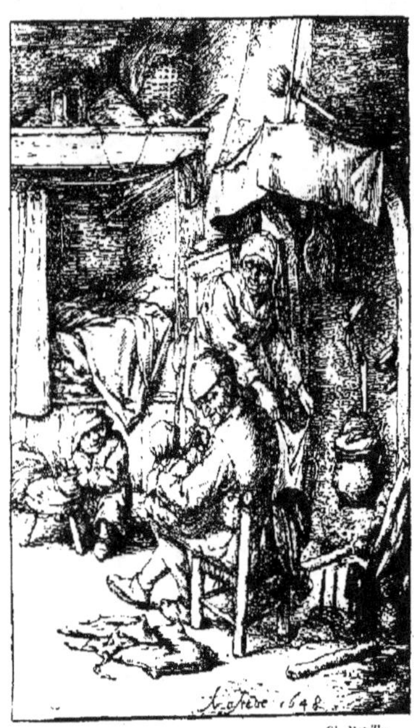

Cl. Rapilly.

Van Ostade. — *Le Père de Famille.*

La bourgeoisie est parfois bruyante, vulgaire (Jan Steen); d'ordinaire la vie se passe calme, silencieuse dans les maisons, d'un ordre méticuleux (Pieter de Hooch). Quelques-uns goûtent les joies de la conversation ou de la musique (Terborch, Metsu). Vermeer (1632-1675), l'un des derniers venus de la grande génération, doué d'une vision claire toute personnelle, attaché à suggérer les volumes et l'espace, touche à la perfection dans ce **Concert intime**. Mise en page, perspective, distribution de la lumière. Intérieur riche, très nu pour nos habitudes : pas de tentures, murs blanchis, plafond à poutres apparentes, peu de meubles; luxe : tapis d'orient posé sur une table selon l'habitude de ce temps, parquet de marbre, la glace. Calme, recueillement, quelque chose d'inexprimable et rare.

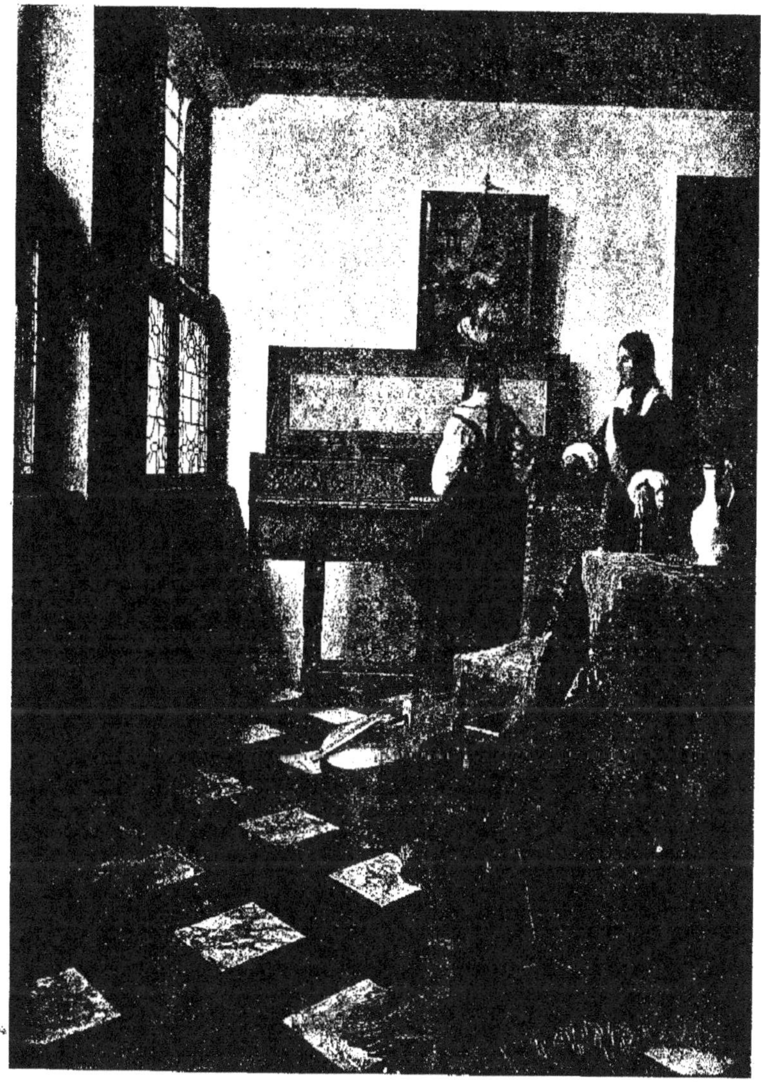

VERMEER. — *Concert intime.* — Windsor.

Les Hollandais ne disciplinent pas, comme Poussin, la nature selon un ordre classique; ils n'ont pas la verve lyrique de Rubens. Avec gravité ils célèbrent leur pays conquis sur la mer et les Espagnols. Pays plat, ni grandiose, ni pittoresque (d'aucuns, à l'occasion, y opposent sites de Norvège ou d'Italie); mais tout en est cher et, découverte précieuse pour tout l'art moderne, la moindre chose est de valeur pour qui sait la regarder. Panoramas de villes, côtes balayées par le vent et les vagues, bouquet d'arbres, champ de blé, chaumière arrêtent l'attention de Van Goyen, Ruisdaël ou Hobbema; Bakhuisen, Van de Velde célèbrent la mer et ses flottes; Cuyp, Paulus Potter peignent un taureau ou un troupeau, Hondecoeter les basses-cours. Les aspects fugitifs, l'orage, le coup de soleil sont fixés. Le choix du motif, la mise en page, l'unité d'effet affirment des dons vivifiés par une sensibilité discrète et un instinct naturaliste profond.

La Meuse à Dordrecht, 1647, par Van Goyen (1596-1656). Le fleuve majestueux, large comme un bras de mer. La silhouette de la ville juste au niveau de l'eau : l'église qui domine, les moulins caractéristiques. Le mouvement humain : navires, barques, activité, prospérité. La ligne d'horizon très basse. Le ciel occupe presque toute la surface de la toile : sensation d'espace, d'immensité, non de vide; jeu mouvant des nuages où se complaît le regard. Unité par la couleur : peinture presque monochrome, gris roux, parmi lesquels chantent quelques touches vives; tout enveloppé, embué. Unité par la lumière : entre la gamme grise des nuages qui s'éclairent à l'horizon et l'ombre accentuée des silhouettes du

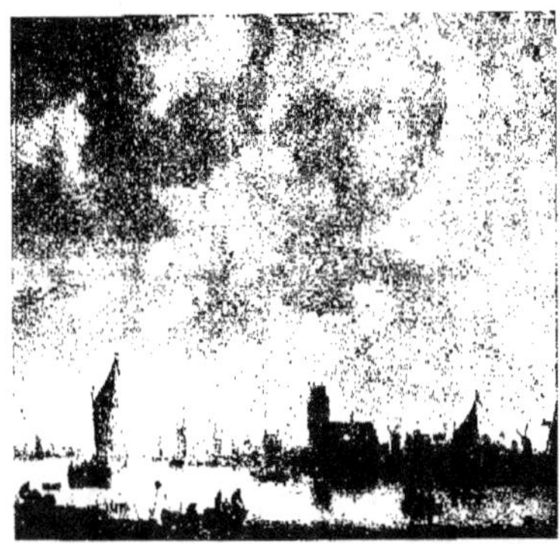

Cl. Bulloz.

Van Goyen. — *La Meuse à Dordrecht*. — Musée du Louvre.

premier plan, l'eau forme centre lumineux. L'espace suggéré par les dégradations de la perspective aérienne (comparer Claude Lorrain, p. 55). Unité morale, travail et sérénité.

Le Buisson par J. Ruisdael (1602?-1682). Le motif le plus insignifiant, accepté sans transposition, sans

le secours d'aucun prestige. Un coin de route magnifié par la vision. Sur la dune, tache claire, dorée entre les arbres sombres, le buisson en lutte perpétuelle avec le vent de la mer qui a déjeté ses plus hautes ramures. A gauche, parmi les ombres, un accord plaqué par le soleil; au loin, entrevue, l'église

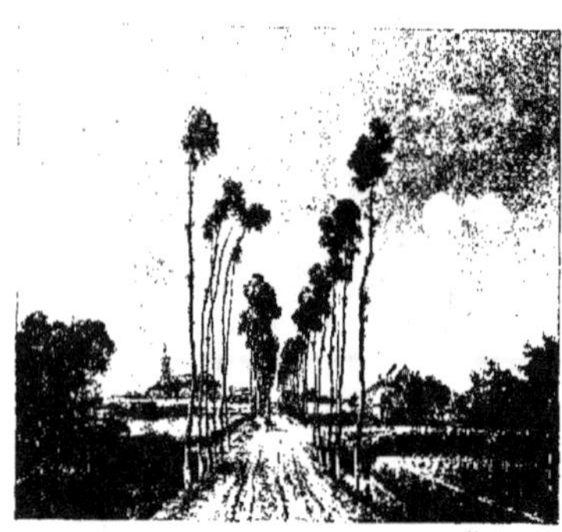

Cl. Bulloz.

Hobbema. — *L'Allée de Middelharnis*. — Nacional Gallery, Londres.

de Haarlem; sur la route un voyageur et son chien, perdus, confondus, parmi les choses et, par-dessus tout, un grand ciel d'un blanc doré, non sans menace d'orage. Description, en apparence, littérale, méticuleuse (le feuillé des arbres), dominée par un sens souple de la composition, par la sobriété, l'unité de la traduction par un sentiment intense : grandeur dramatique de ces arbustes cramponnés au sol, qui, sous l'attaque incessante, plient et ne rompent pas, image de la Hollande même protégée par la dune. Suggestion, en raccourci, de grand air, de libre espace, de vie universelle.

Hobbema, 1638-1709, **L'Allée de Middelharnis**. Le site le plus ingrat : une allée de peupliers efflanqués au maigre panache, une campagne plate, indifférente, quelques chaumières banales, quelques figures sans intérêt, au loin la silhouette d'un bourg. Mais ce motif, attaqué franchement, sans essai d'agrément factice, prend grandeur et style, de sa pauvreté même. L'observation pure rejoint ici l'esprit classique. Équilibre évident soutenu par le verger à droite, le boqueteau à gauche; ligne d'horizon très basse qui favorise la fuite de la route, ciel immense très modelé sur lequel le jet des arbres paraît grandiose. La partie la plus claire au ras du sol, les premiers plans, les angles assombris pour creuser la perspective.

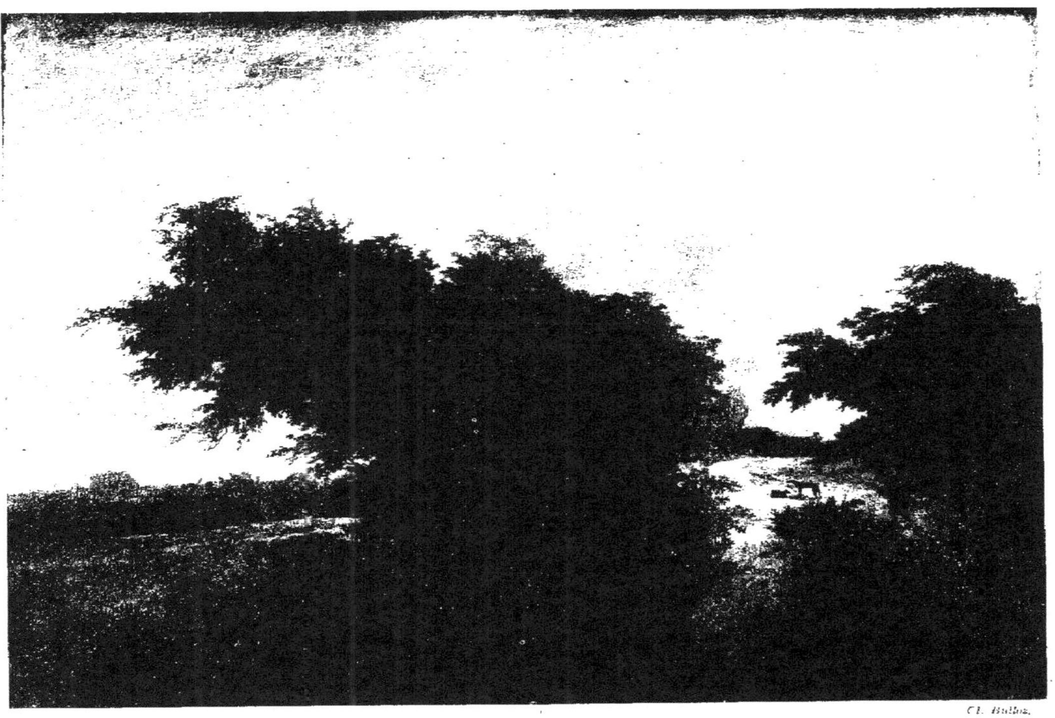

J. RUISDAEL. — *Le Buisson.* — Musée du Louvre.

Rembrandt (1606-1669) a, comme Michel-Ange ou Beethoven, imprégné de sa personnalité tout ce qu'il a touché. Par là il diffère de ses compatriotes très objectifs sur lesquels il a, d'ailleurs, sans parler de ses élèves directs, exercé, au moins au point de vue technique, une profonde action. Génie humain et religieux, il explore et renouvelle un domaine immense dont on se détournait autour de lui. Par ailleurs, portraitiste, observateur, paysagiste, il traite des sujets familiers à tout Hollandais. Ses méthodes, dont il fait un usage unique, ne sont pas exceptionnelles : Carrache, Caravage, Adam Elsheimer qui peignit à Rome des paysages nocturnes, lui en fournissent, comme à tout le 17e siècle, les éléments. Seulement il en use autrement. Il s'exprime volontiers par la lumière, concentrée, hallucinante, mais il ne craint ni le grand jour ni le plein air. Il n'a pas le sens de la pureté du trait, du rythme plastique, des éliminations synthétiques, mais, par des notations hardies, incorrectes, riches, de plus en plus complexes à mesure qu'il vieillit, il réalise la vie ; par delà les apparences il fouille au fond des âmes, dit l'invisible par le visible ; aussi admirable par sa pensée et son cœur que par son art.

La Ronde de Nuit, 1642, représente, en réalité, en plein jour, dans une rue étroite, où la lumière tombe de haut (ombre portée de la main du capitaine sur le costume blanc de son lieutenant), une prise d'armes par une compagnie de gardes civiques d'Amsterdam. Rembrandt qui déjà, en 1631, dans *la Leçon d'Anatomie* avait, sur un thème ancien, déployé son originalité, n'a pas recherché un effet fantastique, mais la notation instantanée d'un groupe en action, colorée, avec une verve qui fut, jusqu'à

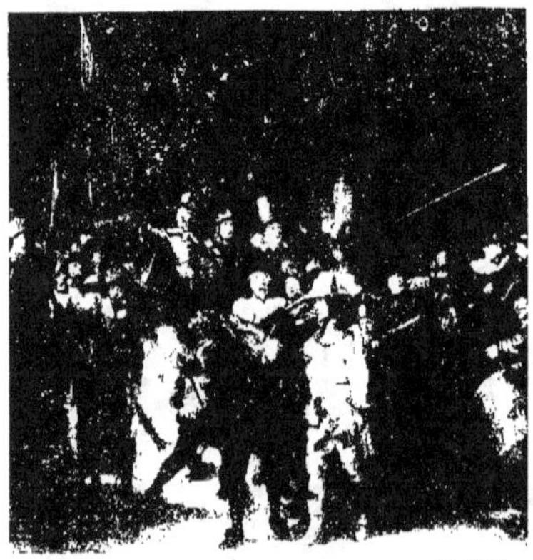

REMBRANDT. — *La Ronde de Nuit.* — Musée d'Amsterdam.

ces dernières années, voilée par des vernis devenus presque opaques. *la Ronde de Nuit* est supérieure à sa célébrité fondée sur une suite de contresens. Étudiez la composition lumineuse, la notation des gestes, le mouvement de ce portrait collectif transformé en vision dramatique et héroïque.

En 1661, Rembrandt atteint les sommets, dans **les Syndics des Drapiers**, avec une saisissante simplicité. Six personnages, honorables hommes d'affaires, réunis pour étudier, avec sérieux, des intérêts corporatifs, lèvent la tête pour saluer l'arrivée de quelque confrère. La convergence des regards, le

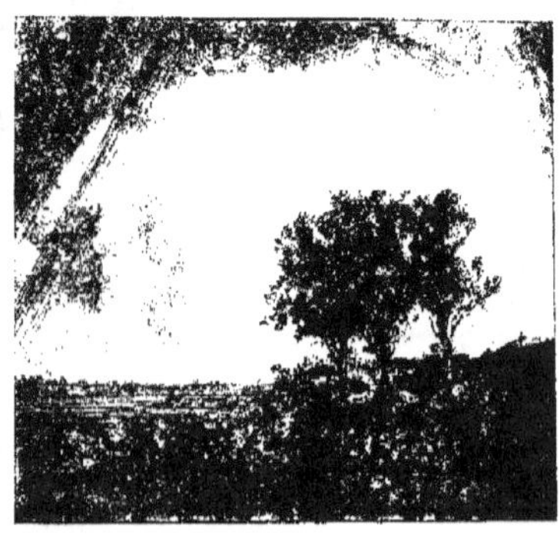

Cl. Bulloz.

REMBRANDT. — *Les trois Arbres.* — Eau-forte.

caractère austère de la salle aux boiseries sombres, aux murs nus, la lumière très ménagée, la tache blanche du livre ouvert qui répond aux rabats blancs dominants et aux visages, le tapis d'orient, d'un rouge intense, posé sur la table, assurent l'unité. Le syndic debout, tête nue, celui qui se lève donnent de la variété, mais celle-ci naît surtout de l'analyse de ces physionomies où les tempéraments individuels s'allient à l'empreinte commune imposée par la même condition et par l'uniformité des costumes que tempère la variété des rabats. Modelé des visages, presque sans traits, dans la lumière. Qualité subtile de la matière, de l'atmosphère, de la couleur, perfection technique et morale, plénitude aisée. Chef-d'œuvre typique ; expression définitive de la Hollande marchande. Cf. l'éclat, la verve spontanée, la psychologie courte de Franz Hals dans *les Archers de Saint-Adrien* (p. 64).

Les trois Arbres, 1643. Rembrandt aquafortiste et paysagiste. Autorité du métier. Cf. les grêles notations de Van Ostade. Technique complexe. Autorité de la vision. Puissance de ce bouquet d'arbres qui se profile sur le ciel. Accumulation de détails que l'on découvre à la loupe et qui se fondent en larges accords. Hardiesse tumultueuse de ce ciel balafré. Paradoxe de ces noirs pour exaspérer la lumière.

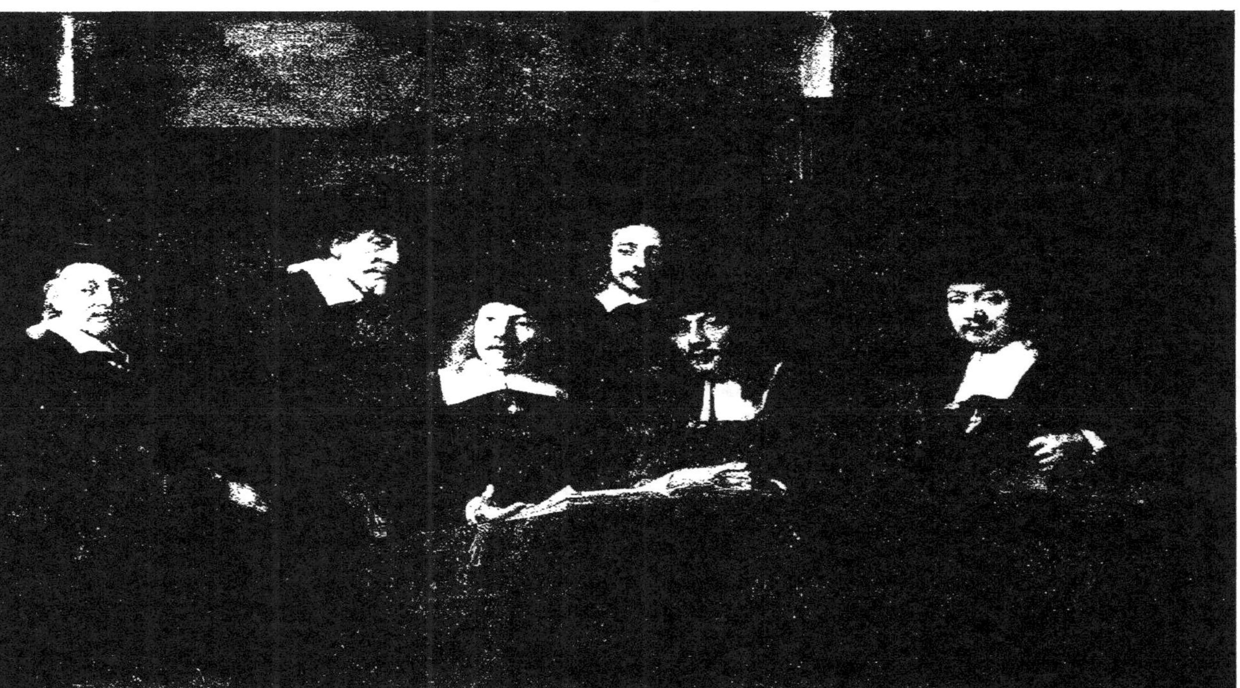

REMBRANDT. — *Les Syndics des Drapiers*. — Musée d'Amsterdam.

G. Buffez.

Nourri de la Bible, Rembrandt évoque constamment les scènes de l'Ancien Testament; il a une façon toute personnelle de les traduire : les juifs d'Amsterdam, qu'il a observés à la Synagogue et dans leur Ghetto, lui fournissent des types; il les affuble d'oripeaux arbitraires, donne un relief saisissant à des images imprévues. Mais, à côté de ces pages curieuses, il en est d'autres où le pittoresque s'efface, où tout se subordonne à la signification spirituelle, et, lorsqu'il interprète le Nouveau Testament, il écarte toutes les préoccupations profanes où se sont complus les Italiens et Rubens. Toutes les ressources de son génie, il les applique à traduire la pensée religieuse la plus ardente, la plus humaine, la plus généreuse et proclame, par le Christ, la puissance rayonnante de la bonté et de la pitié.

ou d'amoindrir l'impression; les gestes surpris sans aucune précision ou arabesque linéaire. Prodigieuse intelligence technique au service d'une âme sublime.

La Pièce aux cent Florins, 1649-1650, le Christ guérissant; eau-forte, à n'en considérer que la facture, d'une virtuosité déconcertante; variété, subtilité des travaux, force et ténuité, gamme des noirs, éclat des lumières; certains modelés sont très poussés; des figures suggérées par quelques traits. Dessin qui surprend le mouvement, expressif sans calligraphie; composition limpide par les masses, par la lumière, sans construction apparente, toute architecture, tout décor éliminés; exaltation des formes vivantes (ceci conforme à l'esthétique baroque). Rien de ce que cherche l'art classique ne se ren-

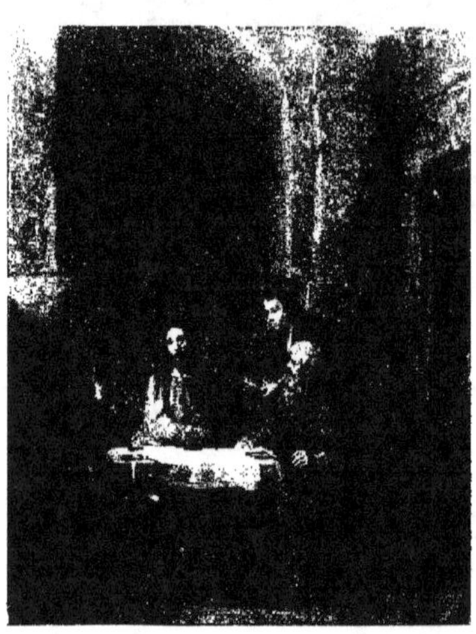

Cl. Bulloz.

REMBRANDT. — Les Pèlerins d'Emmaüs. — Musée du Louvre.

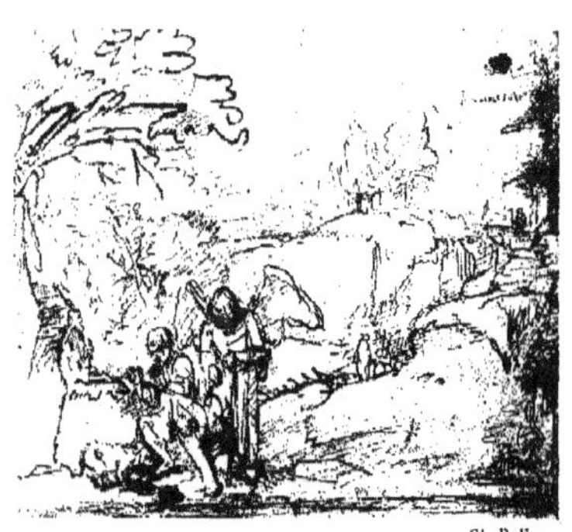

Cl. Bulloz.

REMBRANDT. — Tobie et l'Ange.

Les Pèlerins d'Emmaüs, 1648. Attablés à l'auberge, leur compagnon inconnu rompt le pain; l'un des pèlerins, surpris, croit, sans en être assuré, reconnaître le Christ, l'autre joint déjà les mains avec ferveur; le serviteur ne soupçonne pas la présence divine. Le Christ extatique et douloureux, par-delà ses compagnons semble appeler à la communion toute l'humanité. Cela exprimé par des moyens de peintre : groupement le plus simple, unité par la lumière, la nappe blanche qui fait centre et appelle le regard sur le geste solennel des mains, la tête lumineuse et auréolée du Christ, les reflets sur les têtes, la pénombre sur les piliers. Le mur austère donne une suggestion matérielle de grandeur. Coloration chaude, rouges, blancs et gris dorés, mais calculée pour créer une atmosphère, sans distraire l'œil. Rien de formel, aucun détail de costume, aucun accessoire capables de détourner l'attention

contre ici. Des visages vulgaires, laids, déformés, des accoutrements bizarres, des haillons. Mais tout est transfiguré par la spiritualité et de ce grouillement de personnages hétéroclites jaillit une des plus émouvantes, des plus nobles pensées que l'art ait jamais exprimées. Le Christ expression presque immatérielle de la bonté suprême. Les simples de tout âges, enfants, vieillards, fascinés, les malades suspendus à l'espoir, consolés par la foi, tandis qu'à gauche un groupe d'esprits forts discute, ricane et se dérobe à l'appel de communion et de charité.

Rembrandt dessine sans cesse, pour lui-même, sans autre pensée que de noter ce qui l'a frappé : être, paysage, objet, ou, comme ici, pour esquisser une composition : **l'Ange et Tobie.** Avec un roseau taillé, trempé dans du brou de noix, il trace quelques linéaments à travers lesquels, comme par miracle, surgissent formes, paysages, vie.

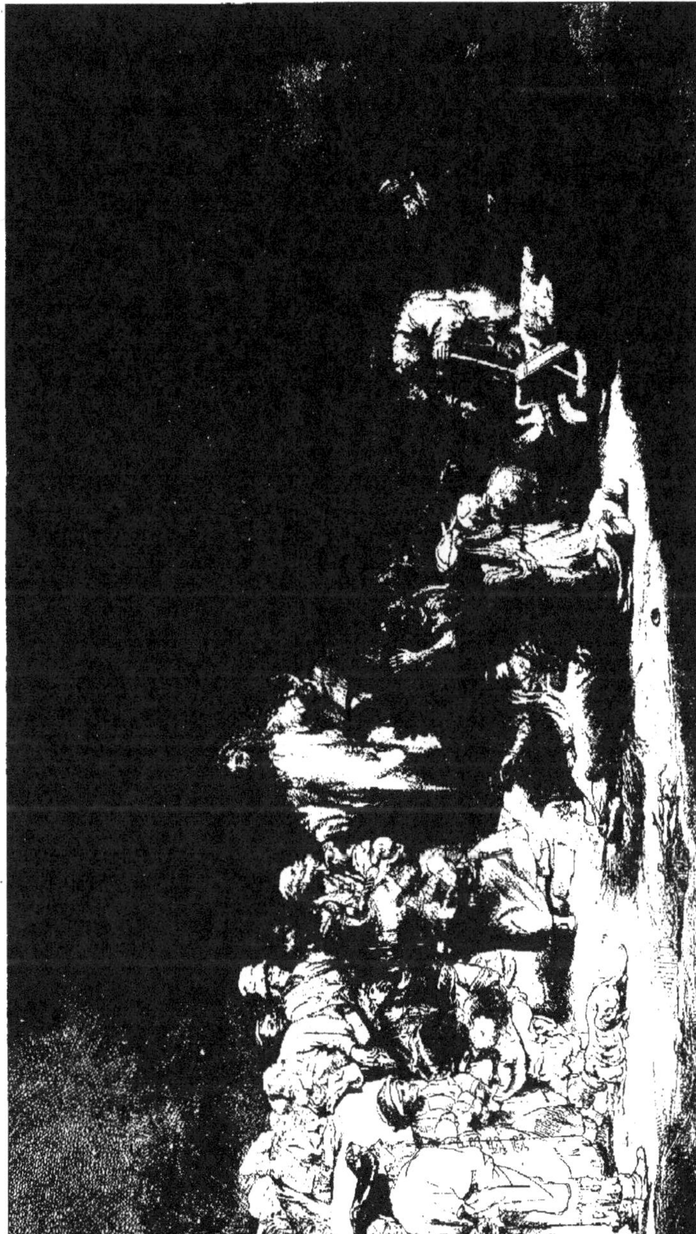

REMBRANDT. — *Le Christ guérissant les Malades.* (*La Pièce aux cent Florins*). — Eau-forte.

Cl. Bulloz.

L'Espagne, tributaire, au 15e siècle, des Flandres, au 16e de l'Italie, aurait le Greco (1548-1625); au 17e siècle surgit une brillante floraison nationale : écoles de Valence (Ribera), Séville (Velasquez, Murillo, Zurbaran). Les Espagnols aiment la réalité sans hiérarchie, sans élaboration esthétique, sans choix; ils travaillent, visionnaires fanatiques, pour le triomphe de la religion. Naturalistes à la fois et idéalistes avec une égale véhémence, ils s'expriment en un langage coupé, franc, d'une vigueur parfois brutale, suaves tour à tour et dramatiques. Velasquez, leur plus célèbre maître, égal aux plus grands artistes de tous les temps, réaliste comme tous ses compatriotes, diffère d'eux par le raffinement de son style et parce que, peintre de cour, il n'a guère peint que scènes profanes et portraits.

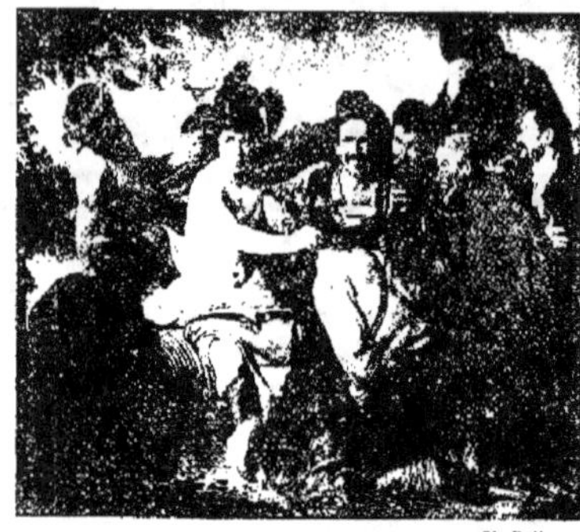

VELASQUEZ. — *Les Buveurs.* — Musée de Madrid.

Les Buveurs, 1629, est, en dehors du thème mythologique toléré dans les seuls palais royaux, la page où VELASQUEZ représente le plus le génie espagnol par la saveur forte de la vision et de l'expression. Bacchus — un jeune homme dévêtu — parmi soldats et artisans fort à l'aise près de lui. Braves gens au visage usé par la vie dure, hâlé par les intempéries, joyeux malgré leur misère, sans nulle grossièreté, ni trivialité; d'ailleurs, tous gentilshommes. Hymne au vin chez un peuple sobre. Évidence, intensité de la vie physiologique; tout est ennobli et magnifié par le soleil. Composition selon le rythme baroque, d'une spontanéité, d'une aisance, d'une allégresse incomparables.

Les Lances, 1629, la reddition de Bréda, un des rares épisodes de la guerre des Pays-Bas agréables à l'orgueil espagnol. Page officielle traitée avec une simplicité de procès-verbal. Mais l'instant choisi avec sûreté, panorama lumineux, notation saisissante de vérité. Concentration très habile de l'effet : le groupe hollandais subordonné par l'éclairage et réduit à une poignée d'hommes dont l'un, au premier plan, par une audace singulière, nous tourne le dos; l'état-major espagnol massé et les corps masqués par le

grand cheval brun campé là, aussi, avec une désinvolture imprévue. Par ces artifices, le nombre des personnages se trouve très réduit; il n'y a plus de comparses : chaque figure, étudiée avec soin, a son caractère; aucune sensation de remplissage, écueil de semblables compositions; en même temps l'intérêt se trouve ramené sur le geste courtois de Spinola qui accueille Nassau vaincu. Opposition subtile de l'élégance espagnole et de l'ampleur batave. Peinture rapide, évocatrice; fermeté décisive du dessin; plein air; tout cela avec une distinction, une mesure accrues depuis *les Buveurs*, et très rares en Espagne. Pour les lances, coupées habilement par le grand étendard, se rappeler Callot. Confronter *les Lances* avec *la Ronde de Nuit*.

MURILLO (1618-1682), au début, a peint ... scènes populaires ou mêlé l'observation naturaliste à la religion. Puis il est livré à l'effusion pure opposant à la foi grave ou tragique de ses émules une piété toute de douceur. Il a aimé à peindre des visions extatiques, la Vierge et l'enfant Jésus, avec un pinceau de plus en plus suave, une couleur séduisante, une morbidezza qui touche souvent à la fadeur. Charme de cette image : intelligence plastique de l'enfance, de ses formes indécises, de ses gestes gauches et délicats. Dessin flou, enveloppe, lumière généreuse, cadre vaporeux. Mais l'esprit religieux y perd toute grandeur; le sens profond des allégories se laisse oublier. Comparer, pour l'interprétation de l'enfance, avec les Amours de Rubens (p. 85).

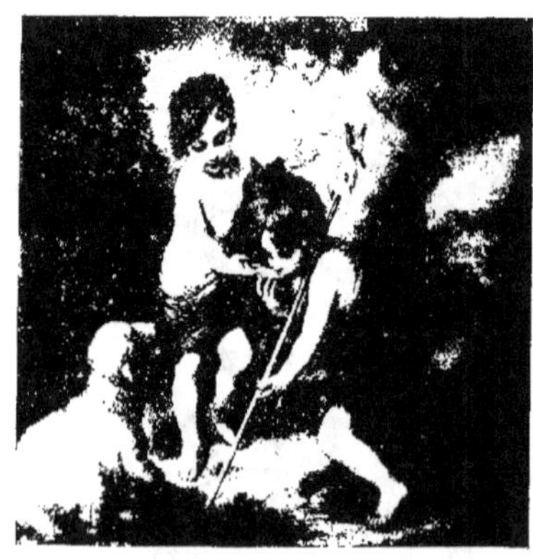

MURILLO. — *Jésus et saint Jean.* — Musée du Prado, Madrid.

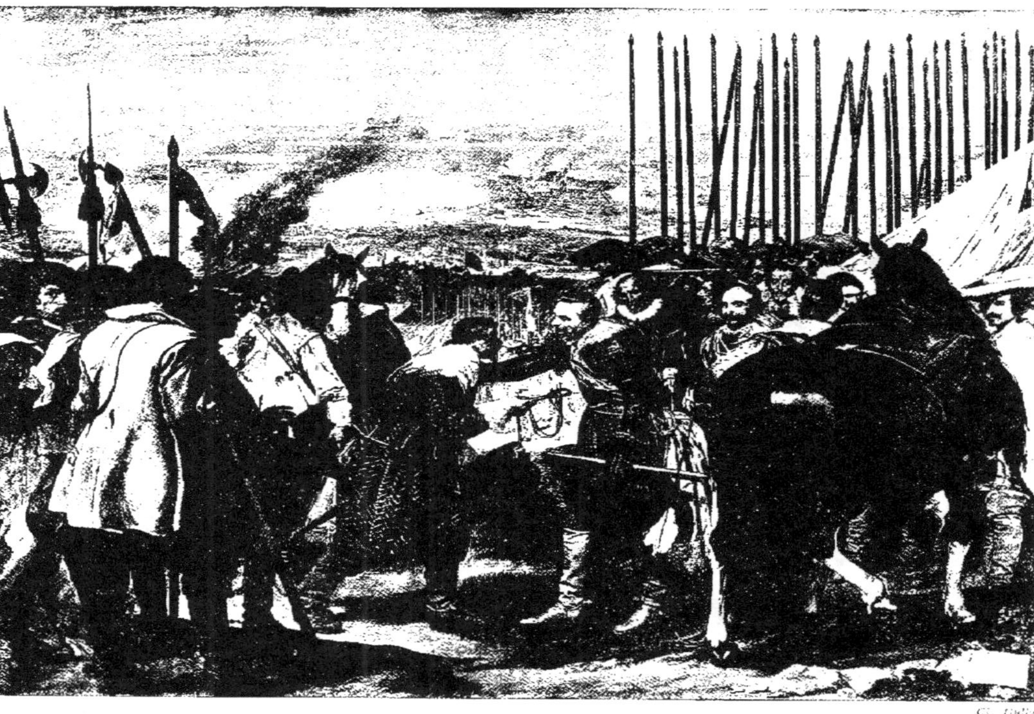

VELASQUEZ. — *La Reddition de Bréda (Les Lances)*. — Musée du Prado, Madrid.

B en avant la mort de Louis XIV, avant même la fin du 17e siècle, une réaction générale se manifeste, en France, contre la contrainte grandie au Grand Règne. Les arts rejettent la correction grandies et sévères ; on leur demande de plaire et d'orner la vie. Les peintres interrogent Rubens, tendent à une peinture libre, colorée, claire, aimable. La Régence marque le triomphe de ce mouvement. Watteau l'incarne.

Né à Valenciennes dans un milieu flamand, Watteau (1684-1721), avec ses sujets frivoles, est un grand maître, dessinateur et coloriste merveilleux. Épris de vérité, il n'a cessé, dans sa trop courte et laborieuse existence, de surprendre expressions, gestes, costumes en des croquis nerveux d'un crayon aigu qui dégage le caractère, exalte l'élégance et met, en tout, de l'esprit. Sur ces éléments a brodé sa fantaisie. Poète exquis il a célébré la jeunesse, la grâce, les plaisirs, avec une verve légère et délicate. Il a aimé la nature et placé, souvent, ses héros sémillants dans des paysages ombreux au charme pénétrant et même mélancolique.

WATTEAU a mis en scène les acteurs de la comédie italienne dont les types, la verve, la vivacité le retenaient. Il adoucit leurs traits, les polit ; avant Marivaux, il les fait marivauder. **Gilles** se présente à nous, ingénu, niais, charmant dans sa gaucherie. Derrière lui ses compagnons ordinaires. Page de composition imprévue, exquise pour l'œil : le costume de satin blanc de Gilles orchestré par le ciel, les grands arbres d'Italie, et la notation chaude des comparses.

L'Assemblée dans un Parc. Un paysage choisi, de grands arbres, non pas définis comme par un Hollandais, mais évoqués, selon les exemples flamands, en larges masses enveloppées par une chaude

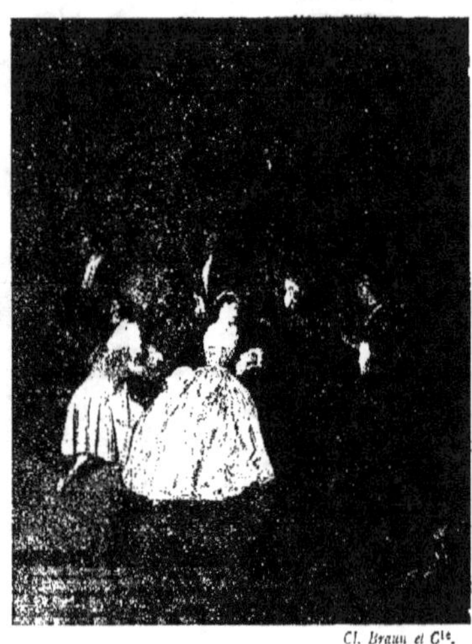

WATTEAU. — *L'Enseigne de Gersaint* (partie droite). — Potsdam.

buée vaporeuse, d'une facture où l'imprévu au précis se joint ; une pièce d'eau paisible, miroir aux reflets assoupis. Par un beau soir d'été, en ce cadre de rêve, une assemblée aristocratique, humanité réelle et chimérique, riche, vêtue de satin et de soie, tous jeunes, élégants, sveltes, affinés, goûte l'heure exquise et le bonheur rare des conversations spirituelles, des tendres confidences. L'exécution savoureuse, sémillante, subtile, est en accord intime avec la pensée. Importance matérielle et morale du paysage qui n'est pas un pur décor mais est essentiel à l'impression musicale suggérée.

Une des dernières œuvres de Watteau : **L'Enseigne de Gersaint** (dont ici la moitié droite seulement). Une scène de boutique prise en instantané. Mais le moment est heureux ; son choix a été précédé de longues observations : les vieux collectionneurs passionnés qui scrutent une toile ovale, le marchand qui vante l'œuvre, la vendeuse attentive et indifférente, les amateurs esthéticiens et, par-dessus tout, la nonchalance souveraine de cette jeune femme dont la robe s'épanouit en une ampleur magnifique ; indications spirituelles des tableaux qui tapissent les murs ; la glace encadrée selon un esprit nouveau auquel Watteau a présidé comme décorateur. Palette nuancée en touches délicates. Art suprême qui se dissimule et triomphe en la moindre note.

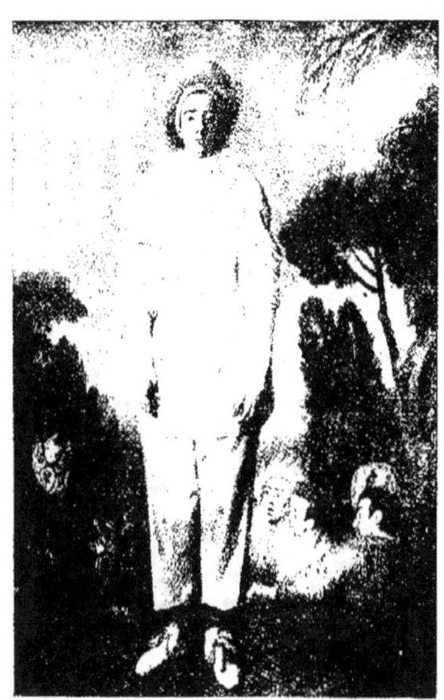

WATTEAU. — *Gilles*. — Musée du Louvre.

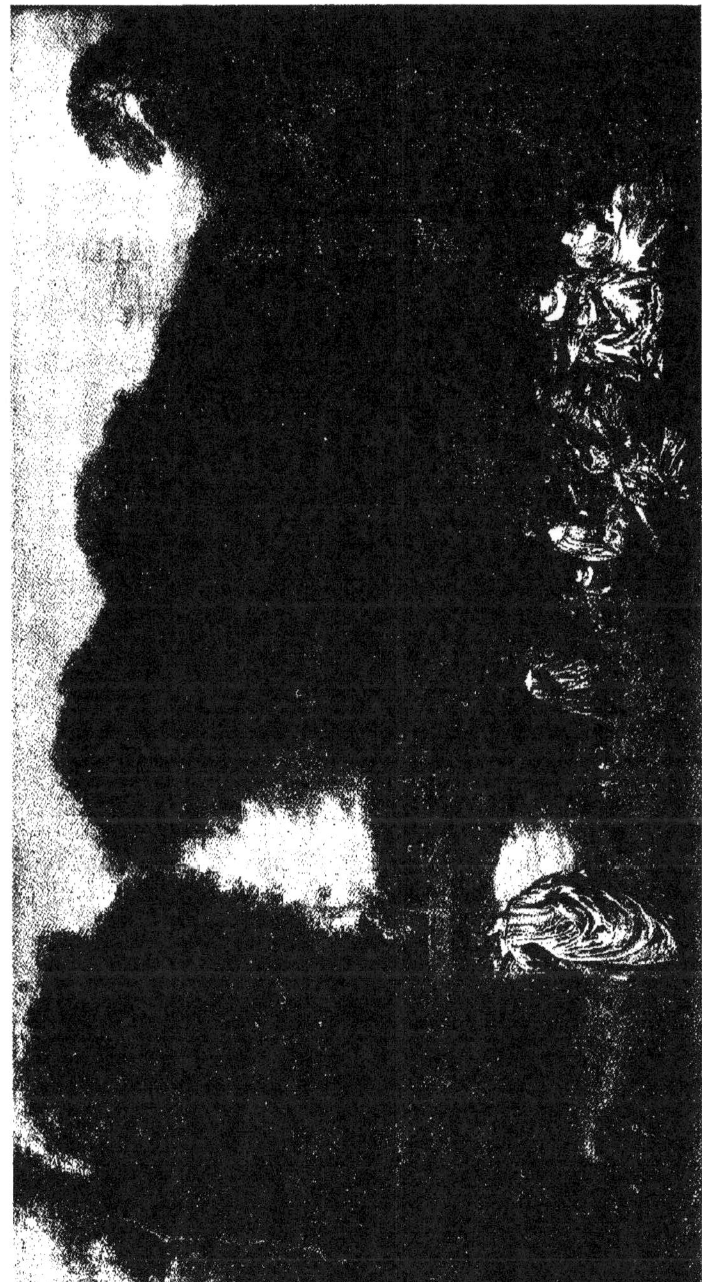

WATTEAU. — *Assemblée dans un Parc* — Musée du Louvre.

Cl. Hallot.

Au 18e siècle l'art ne s'assigne d'autres règles que de plaire. La peinture religieuse, théâtrale, emphatique, est secondaire. Peu de grandes pages d'apparat. Dans les appartements aux boiseries claires, une société frivole et raffinée réclame de séduisantes images. C'est le triomphe de Boucher et sa faiblesse.

BOUCHER (1703-1770), riche de dons dont il abuse, ne prend rien au sérieux, dessine de chic, peint d'un pinceau lâche, sans accent, mais c'est un prestigieux décorateur. Il excelle à meubler un panneau. Mythologies insignifiantes, pastorales de convention sont prétextes de nudités roses, de satins et de rubans, de compositions pimpantes. **Les Forges de Vulcain**, 1757, carton de tapisserie pour les Gobelins. Le sujet : Vulcain remet à Vénus les armes destinées à Enée, mais ce n'est pas le lieu d'évoquer l'Enéide ou de parler d'esthétique. Placée dans un ensemble brillant, la tapisserie ne sera jamais discutée par un pédant. L'attention ne s'y fixera pas; elle fera tache fraîche et aimable pour des regards distraits. Page enlevée de verve. Autour de Vénus dont le corps d'un blanc nacré fouetté de rose forme centre, nymphes, amours, colombes, sont multipliés, répartis selon les besoins de l'effet. Tout est tenu dans une tonalité blonde (assombrie dans la photographie où les rouges donnent des noirs). Distribution arbitraire des masses, des lumières, les angles

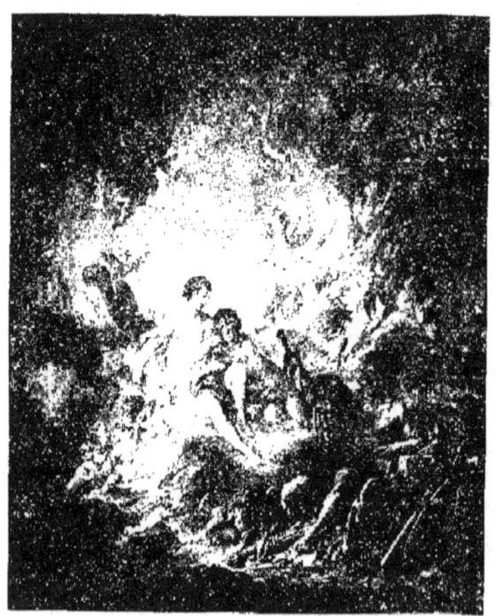

Cl. Balloz.

BOUCHER. — *Vénus et Vulcain.* — Musée du Louvre.

plus sombres pour soutenir l'effet. Lignes tourmentées, accessoires touffus, style rocaille. Fête pour les yeux, toute pensée absente.

Le portrait travesti, remis à la mode par NAT-TIER, 1685-1766, a du piquant, de l'imprévu, permet un déshabillé osé, une mise en scène variée. Une des filles de Louis XV, **Madame Adélaïde**, en Diane. Art véritable, aisance, palette nuancée dans des tons rompus « tons Nattier »; intérêt du pay-

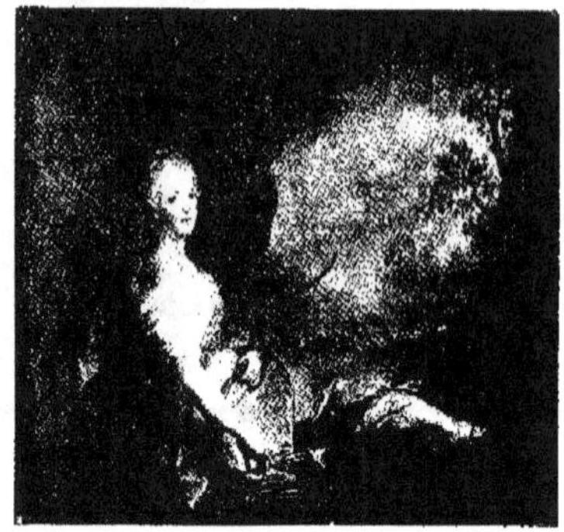

Cl. Balloz.

NATTIER. — *Madame Adélaïde en Diane.* — Versailles

sage accompagnateur, charme qui craint la vigueur.

A partir de 1750 un retour lent et progressif se dessine vers un art d'inspiration plus généreuse, de facture plus large, la grande manière. FRAGONARD, 1732-1806, continue à célébrer la jeunesse, les plaisirs, l'amour. Capable de caresser un morceau il est, surtout, un improvisateur étincelant, d'une fougue méridionale, coloriste lyrique aux indications abrégées et éclatantes; au reste, observateur sensible. **La Lecture** : ce dessin, à l'encre de Chine, n'a pas l'acuité pimpante d'un Watteau; il a, en revanche, un accent plus profond, quelque chose d'intime, d'abandonné; il suggère une atmosphère; indications larges, colorées. Charmante attitude de la jeune fille dont le joli minois et la taille mince ressortent par contraste avec la jupe d'une ampleur exagérée; notation spirituelle de la dame vue de dos, âgée certainement, alourdie, pas élégante. La grande jupe de soie aux beaux plis cassants, dessinée avec précision et amour; le reste enlevé, avec impatience, d'un pinceau prestigieux : étoffes chiffonnées, la chaise, le fauteuil, avec des accents vigoureux et sommaires. Dessin frémissant et elliptique de la main aux doigts fuselés. Le cadre de la scène inexistant : mais ce lavis sombre a été admirablement calculé pour mettre en relief les personnages, placer la jeune fille au premier plan et créer, tout de même, une sensation d'intérieur chaud et discret.

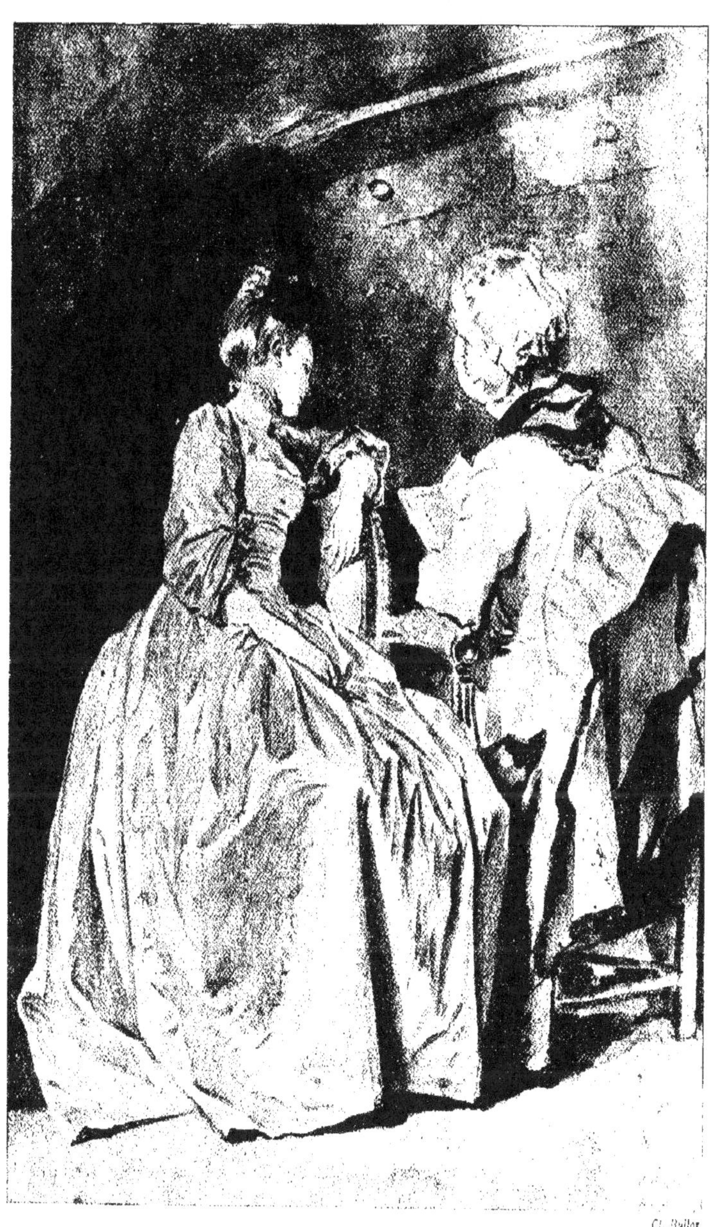

Cl. Bulloz.

FRAGONARD. — *La Lecture.* — Musée du Louvre.

LA TOUR, 1704-1788, portraitiste pénétrant, grand fouilleur de physionomies, s'est exprimé par le pastel, mis en vogue, sous la Régence, par Rosalba Carriera. Comme Holbein ou les Clouet, La Tour prenait, d'après ses clients, une image rapide où le masque seul était poussé à l'effet, le reste omis ou indiqué. Ces *prépara-tions* d'après lesquelles il faisait, à loisir, dans l'atelier, le portrait définitif, ont un double attrait : vision directe, notation spontanée. Le pastel, mat et gras, s'enlève, plus intense, sur le papier gris.

Cl. Bulloz.
LA TOUR. - *Mademoiselle Fel.* — Musée de Saint-Quentin.

Mlle **Fel**, préparation. Le regard joue d'abord. Grands yeux, vifs, spirituels; le sourire, familier au siècle de Voltaire est discret et railleur. Les lèvres minces indiquent peu d'indulgence. Figure de théâtre, un peu fatiguée, coiffure piquante, coquetterie.

Portrait achevé de dimensions exceptionnelles (d'ordinaire simple demi-corps), de **Madame de Pompadour**. Attitude noble et avenante, distinction parfaite. Musicienne (le cahier), graveur (le carton, l'estampe sur la table), philosophe (le globe, l'Encyclopédie). Magnifique robe en soie de Lyon : bouquets légers, feuillages soyeux. Décor, meubles, boiserie, style « Louis XV ». Harmonie claire, un peu froide; as-

pect sec, mais très vivant; composition irréprochable.

CHARDIN, 1699-1779, peintre de natures mortes et d'intérieurs bourgeois, oppose au tapage brillant de la noblesse, des vies paisibles et des vertus obscures. Bel artiste, merveilleux ouvrier, il trouve, pour traduire des raisins ou une pêche, des accents d'une richesse, d'une subtilité uniques : en petites touches savoureuses, très hardies, sous leur réserve apparente il dit les matières et suggère l'atmosphère, plus subtil, aussi parfait que les Hollandais, très moderne.

Le Bénédicité, 1740, tenu dans une gamme claire très restreinte, gris colorés. Tours de force accumulés en se jouant : les mains jointes, la nappe, la vaisselle, la grande sœur, suite de notes très claires, superposées et différenciées. Sûreté du dessin, élégance par

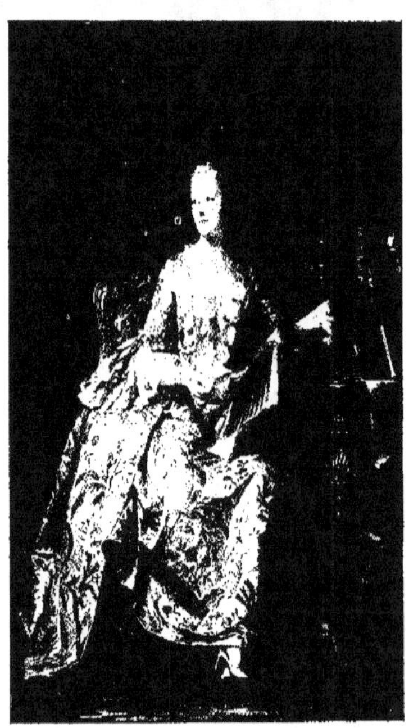

Cl. Bulloz.
LA TOUR. - *Madame de Pompadour.* — Musée du Louvre.

les proportions élancées — Un intérieur aisé (impression de bien-être, nappe, costumes, jouets) avec une simplicité disparue : la mère avec bonnet et tablier, le sol carrelé, les murailles nues, peu de meubles (la chaise à la capucine). Notation exquise; la mère attentive, le bébé bien sage, sa grande sœur qui l'épie. Bonheur domestique, poésie familière. Tableau sensible et mesuré des vertus que va exalter Rousseau.

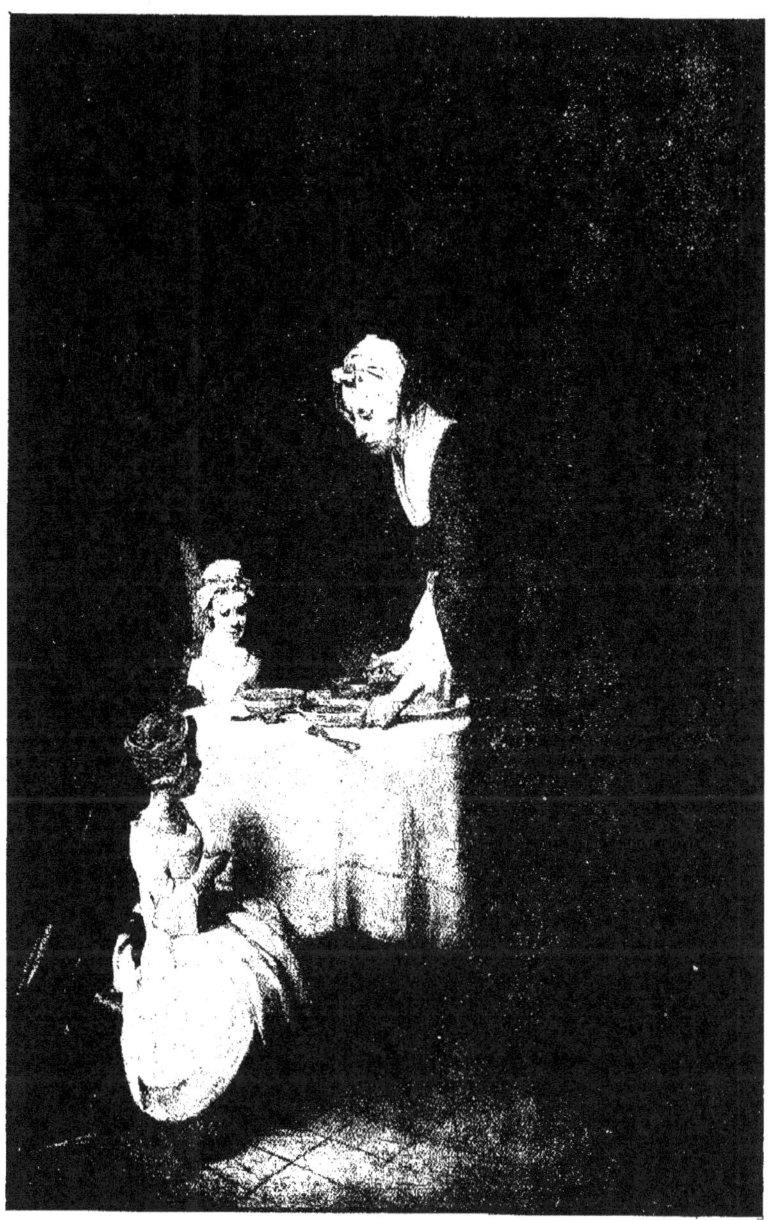

CHARDIN. — *Le Bénédicité*. — Musée du Louvre.

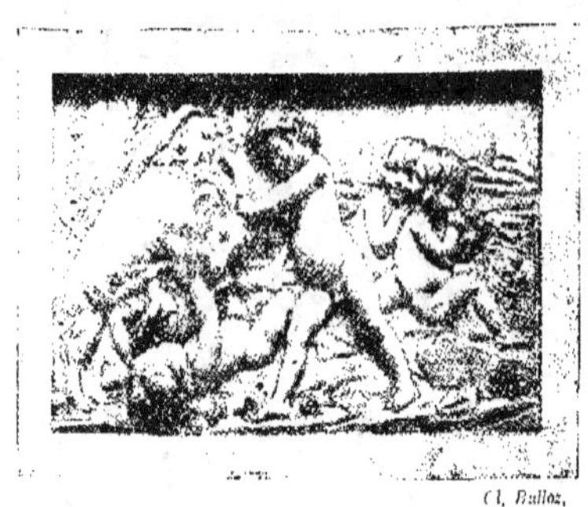

BOUCHARDON. L'Automne.
Fontaine de la rue de Grenelle, Paris.

La sculpture, au 18ᵉ siècle, ne cherche ni la correction ni la pureté idéale mais la vie. Avec une virtuosité extrême elle décore les palais, appartements, jardins, places publiques, multiplie les portraits, célèbre les morts; elle se réduit en statuettes, biscuits de Sèvres, cuivres ciselés. Elle est, d'abord, surtout fougueuse, tourmentée, fiévreuse; elle revient bientôt au charme calme. Dans la 2ᵉ partie du siècle elle évolue vers plus de sévérité, étude directe du modèle; peu à peu l'admiration de l'antique y apparaît.

Tombeau du comte d'Harcourt, 1776, par PIGALLE (1714-1785). Mise en scène théâtrale imposée à l'artiste, mais conforme à son goût et à l'esprit du temps. Pathétique extérieur. Composition pittoresque qui utilise très habilement l'éclairage, multiplie les contrastes d'ombre et de lumière, les trous, ne laisse aucun repos à l'œil; vivacité grêle sans ampleur. La comtesse, dans un mouvement véhément, essaye de disputer à la mort son mari défaillant, dont des trophées rappellent les exploits (en réalité très modestes). L'Hymen désolé éteint son flambeau. La Mort, avec son sablier, sans sérieux, ni grandeur (opposer Ligier Richier). Tours de force, déplacés, d'exécution, linceuls, draperies inutilement agitées, le squelette et son suaire. L'Hymen banal et mou. Les instincts réalistes de Pigalle triomphent dans le corps magnifique du moribond.

L'Automne, bas-relief pour la fontaine de la rue de Grenelle, par BOUCHARDON (1698-1762), conception gracieuse qui renouvelle un lieu commun. Célébration de la fécondité et des vendanges par des enfants, héros aimables à la mode depuis la fin du 17ᵉ siècle, sur le désir de Louis XIV. Traitement pittoresque du bas-relief; modelé peu ressenti mais sans méplats, distribution des volumes pour répandre également l'intérêt et la lumière, aucun trou, aucun vide. Composition baroque, pleine, mouvementée, spirituelle. Les formes potelées, exubérantes, presque flamandes, un peu molles, imaginées avec ampleur plus qu'étudiées.

HOUDON (1741-1828), admirable portraitiste, historiographe des philosophes, de Franklin, de Mirabeau, unit, par le miracle du génie, pénétration, vérité, style, la ressemblance individuelle et l'autorité du type. Hommage définitif à **Voltaire**. Difficultés d'une telle entreprise acceptées, non éludées, et résolues comme en se jouant. Ce corps décharné, enveloppé dans une ample draperie, devient un magnifique motif statuaire. Draperie aux plis naturels, ni robe de chambre, ni toge romaine, sous laquelle on sent un corps frémissant, l'impatience du vieillard qui ne tient pas en place et va se lever de son fauteuil sur les bras duquel se crispent ses mains osseuses et sèches. Beaux volumes imprévus, dignité, grandeur et, cependant, impression d'instantané. De cette masse, que l'esprit anime, surgit la figure dominatrice. Rides, ravages de l'âge, Houdon dit tout sans réticences, mais sans appuyer, avec un sens subtil du rythme. Le masque rayonne d'intelligence, la flamme du regard le transfigure, le diadème, par une ingénieuse reminiscence classique, lui confère de la grandeur; le célèbre sourire s'imprègne de bienveillance. Beauté sensuelle du marbre patiné, doré et poli par le temps

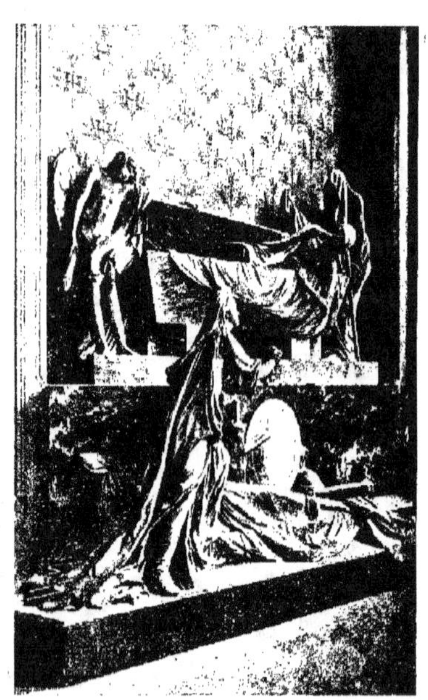

PIGALLE. — Monument du comte d'Harcourt.
Église Saint-Sulpice.

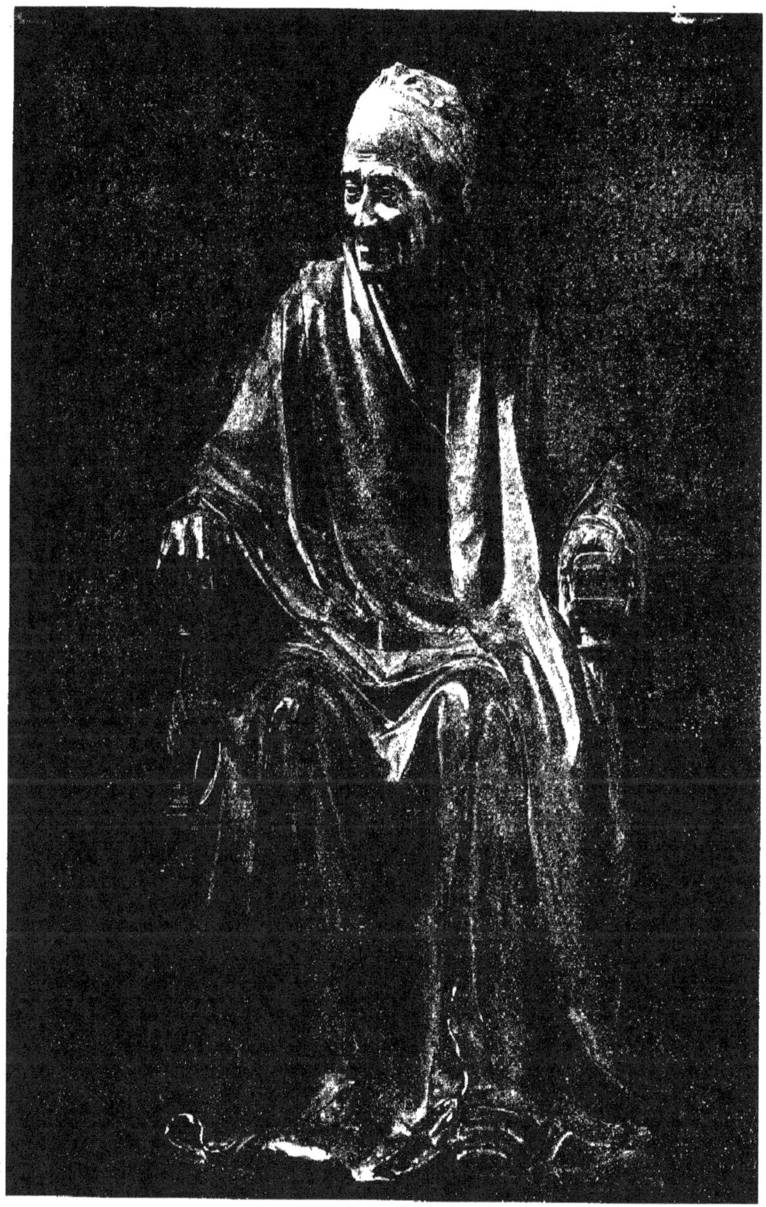

Houdon.   *Voltaire.* — Comédie-Française.

XXXIX. — L'ARCHITECTURE ET LES VILLES AU XVIIIe SIÈCLE
BORDEAUX, NANCY, MONTPELLIER

Le 18e siècle a gardé les règles architecturales de l'âge précédent. Au début du règne de Louis XV, le goût pour les formes sinueuses, courbes, contre-courbes qui se manifeste avec véhémence (interprétation de la chicorée, du chardon, des coquilles, des rochers : style rocaille) dans la décoration et l'ornementation, n'apparaît pas, sauf exceptions, dans l'ordonnance des monuments. Vers le milieu du siècle, on aime un art régulier, sobre, élégant, mesuré. Aux approches de la Révolution apparaît une tendance au colossal (façade de Saint-Sulpice, le Panthéon, par Soufflot).

Pour les grands seigneurs, les financiers, on construit hôtels, châteaux, *Folies*, asiles de plaisir et de repos. Parfois les façades ont des colonnades, des frontons, des coupoles tronquées ; le plus souvent elles sont très simples. L'intérieur est distribué selon un

En province, de grands intendants font un travail considérable : vastes places régulières avec la statue du prince (Reims, Lyon, Bordeaux), droites et larges rues royales aux maisons de type imposé ; premiers théâtres isolés et entourés de portiques, ponts majestueux, grands quais ordonnés (Bordeaux, Nantes...), promenades plantées, ordonnées souvent à la place des anciens remparts et égayées de vastes perspectives.

Nancy, sous Stanislas Leczinski, s'adjoint toute une ville de parade : palais, places. Dessinée par Héré, **la Place Stanislas**, où a été érigée, au 19e siècle, la statue du prince, offre, avec une belle et libre ordonnance, la vivacité aiguë du décor rocaille. Les grilles

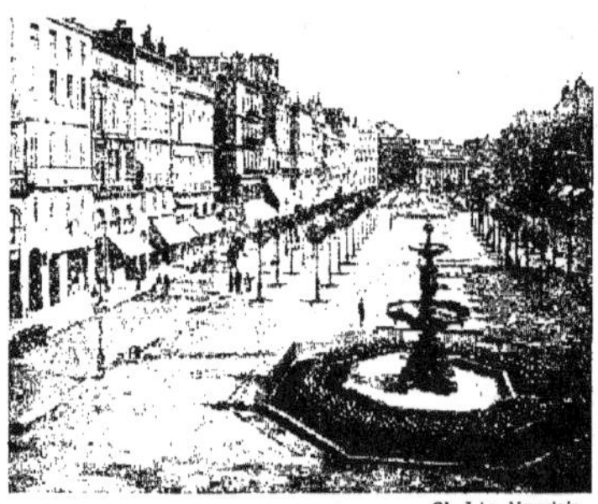

Les Allées de Tourny. — Bordeaux.

Cl. *Lévy-Neurdein.*

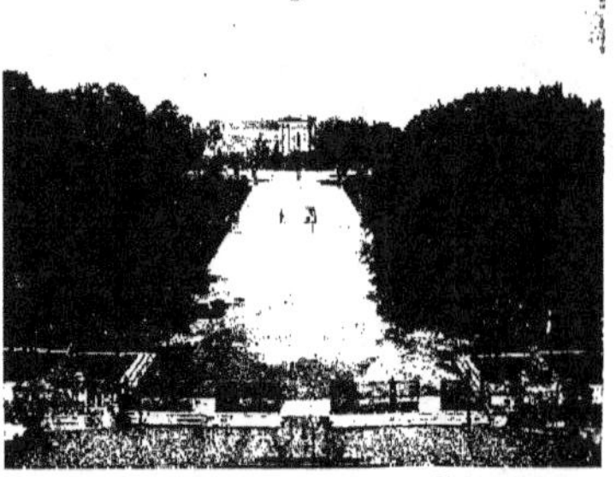

Le Peyrou. — Montpellier.

Cl. *Lévy-Neurdein.*

besoin nouveau de confort, de commodité ; plus d'enfilade de grandes pièces : petits appartements aux dimensions exiguës, au plafond bas pour l'intimité. Aux galeries succède le salon, propice aux conversations. Les pièces commencent à se spécialiser : salles à manger, boudoirs. On ménage des escaliers dérobés.

Jusque vers 1760 les jardins continuent à être tracés avec régularité. Plus tard le noble et solennel jardin de Le Nôtre, à la française, est délaissé ; la mode réclame les allées sinueuses, les plantations irrégulières, les accidents de terrain, les grottes, les ruisseaux, les cascades, l'imprévu, des jardins anglais ou chinois. Des kiosques, des temples de l'amour, des ruines factices, des hameaux (Petit Trianon, Chantilly...) s'y élèvent, chers à la sensibilité des lecteurs de Rousseau.

Philosophes et économistes répandent les idées d'hygiène et le souci du bien public. L'aménagement de Paris, selon des idées classiques d'ordre et d'apparat, inauguré au 17e siècle par la place Royale, se poursuit. Place Vendôme (sur laquelle Napoléon élèvera la colonne de la Grande Armée) ; à l'ouest de Paris au milieu de perspectives grandioses, s'ouvre la place Louis XV, aujourd'hui place de la Concorde.

de fer forgées par JEAN LAMOUR avec une souplesse, une fantaisie qui respecte la logique, forment une parure unique, elles s'associent, aux angles, aux fontaines rocaille élevées, dans les pans coupés, par Guibal et Cyfflé. Les palais malgré les pilastres corinthiens d'ordre colossal, les bossages du rez-de-chaussée, la grande corniche ont de la grâce : bonheur des proportions, balcons de fer forgé, balustrades ornées de vases et de groupes.

Bordeaux, doit à l'intendant Tourny ses **allées** agréables et majestueuses où les arbres se lient au décor urbain sans en rompre ni en dissimuler les ordonnances qu'ils égayent. Au fond, le théâtre, chef-d'œuvre de Louis.

Le Peyrou de Montpellier, avec ses vastes terrasses, la statue royale, le puissant et riant château d'eau, 1766-1677, par Guibal, dont les fortes saillies déterminent des ombres profondes, le développement magnifique de l'aqueduc, les masses de verdures, les ombrages répartis et disciplinés. En terre latine, l'esprit classique et l'emphase romaine y triomphent.

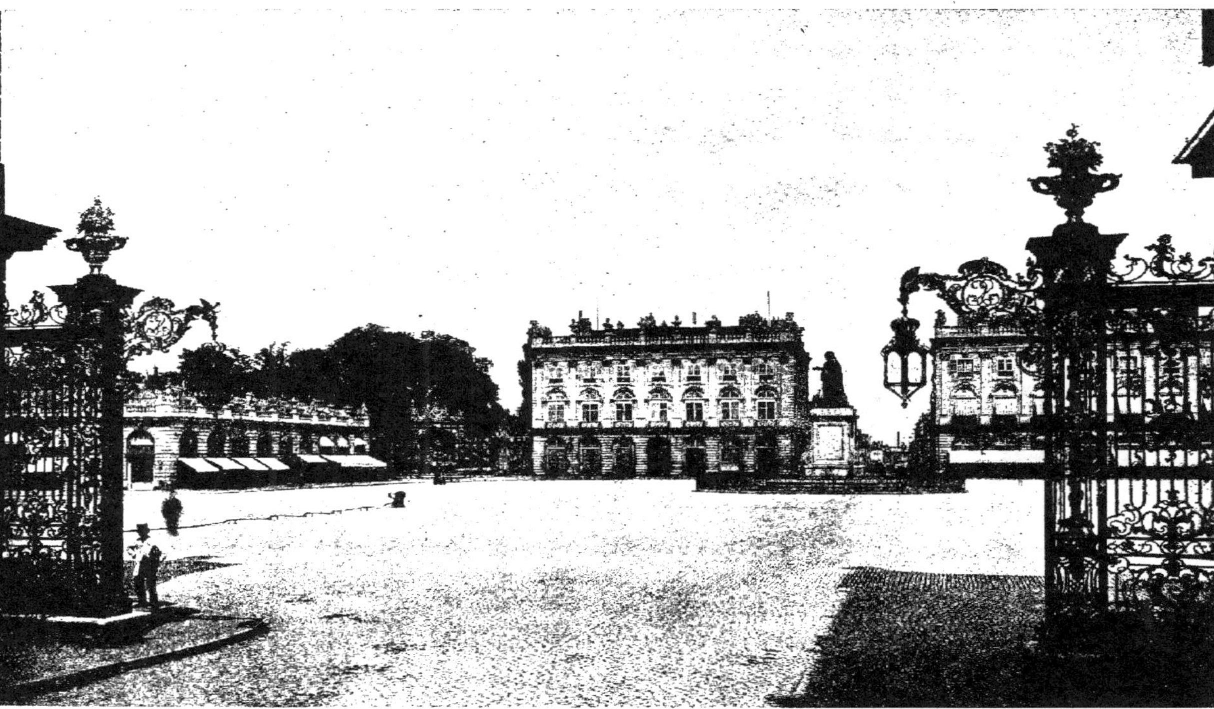

Cl. Lévy-Neurdein.

La Place Stanislas. — Nancy.

XL. — L'ANGLETERRE AU XVIIIᵉ SIÈCLE :
HOGARTH, REYNOLDS, GAINSBOROUGH

Holbein, au 16ᵉ siècle, Van Dyck, au 17ᵉ, sont venus à Londres peindre les princes et la cour. La peinture ne s'est épanouie en Angleterre qu'au 18ᵉ siècle. Les Anglais ont d'abord brillé dans le

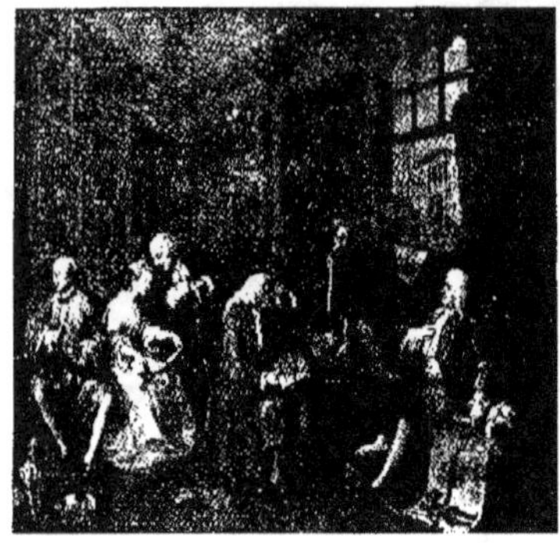

Cl. Anderson.

HOGARTH. — *Le Mariage à la mode : Le Contrat.*
National Gallery, Londres.

portrait, le paysage, la peinture de genre; moins soucieux de style que de vérité et de couleur, sensibles au sujet anecdotique, historique, moral.

HOGARTH (1697-1764), le premier en date des peintres anglais, moraliste, satirique, excellent observateur, développe volontiers sa pensée en suites de toiles ou d'estampes, comédies ou drames figurés. **Le Mariage à la mode,** expose, en six scènes, les funestes effets d'une union fondée sur la vanité et l'intérêt. Scène I, le contrat : le fils d'un comte épouse la fille d'un banquier. Les deux pères exhibent l'un, son portefeuille, l'autre, son arbre généalogique; le futur, s'admire dans une glace et tourne le dos à sa fiancée qui écoute avec complaisance les propos galants d'un clerc. Ce mariage, n'aura pas de suites heureuses. Scène vivante, dans un décor étudié; dessin, attitudes, intentions, un peu appuyés ou soulignés.

REYNOLDS (1723-1792) est, au 18ᵉ siècle, le maître du portrait anglais. Théoricien, esprit réfléchi, il a étudié Titien et Van Dyck pour leur demander exemples et recettes. Son œuvre a pourtant une allure spontanée. **La duchesse de Devonshire,** 1779, jouant avec son enfant, offre la séduction d'un instantané; scène intime qu'une française n'aurait peut-être pas livrée au public. Mise en page originale. Peinture large, aucun fini formel; des contours arrêtés auraient figé le mouvement, durci les chairs potelées du bébé, donné une sécheresse générale.

Dentelles, fichus, robes suggérés par indications rapides, de même que l'opulente chevelure de la duchesse; le fond plus sommaire encore. Tout est calculé pour mettre en valeur le visage de la duchesse, note essentielle de l'œuvre. Il s'enlève en vigueur sur un rideau sombre, tandis que la tête de l'enfant, subordonnée, joue avec douceur sur le ciel nuageux. La lumière très ménagée. Amples tentures, frondaisons, paysage, à la manière de Van Dyck, mais d'un pinceau plus fougueux.

Reynolds a joui d'une énorme autorité et été, à sa fondation, 1768, président de la Royal Academy.

Gainsborough (1727-1788) a moins d'autorité, de vigueur, d'abondance; il est plus nuancé et sensible. Il donne à ses modèles une distinction parfois mélancolique. **Mistress Siddons.** la plus grande actrice dramatique de son temps, a magnifique allure avec ses cheveux poudrés, son large chapeau, sa robe de satin rayé bleu et blanc, son grand manchon roux. Le fond que l'artiste traite d'ordinaire comme Reynolds est ici inexistant pour concentrer l'effet.

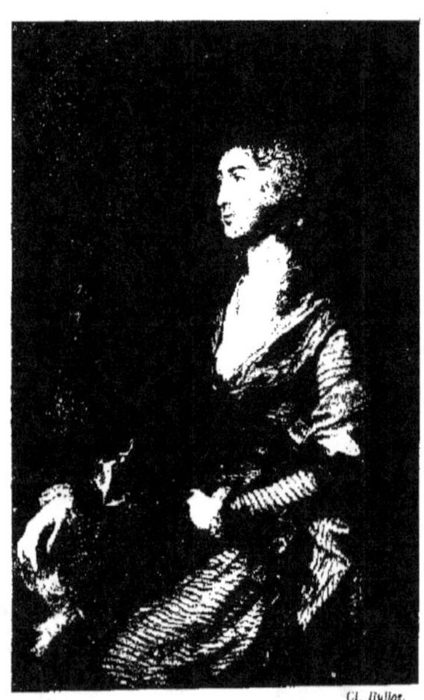

Cl. Bulloz.

GAINSBOROUGH. — *Mistress Siddons.*
National Gallery, Londres.

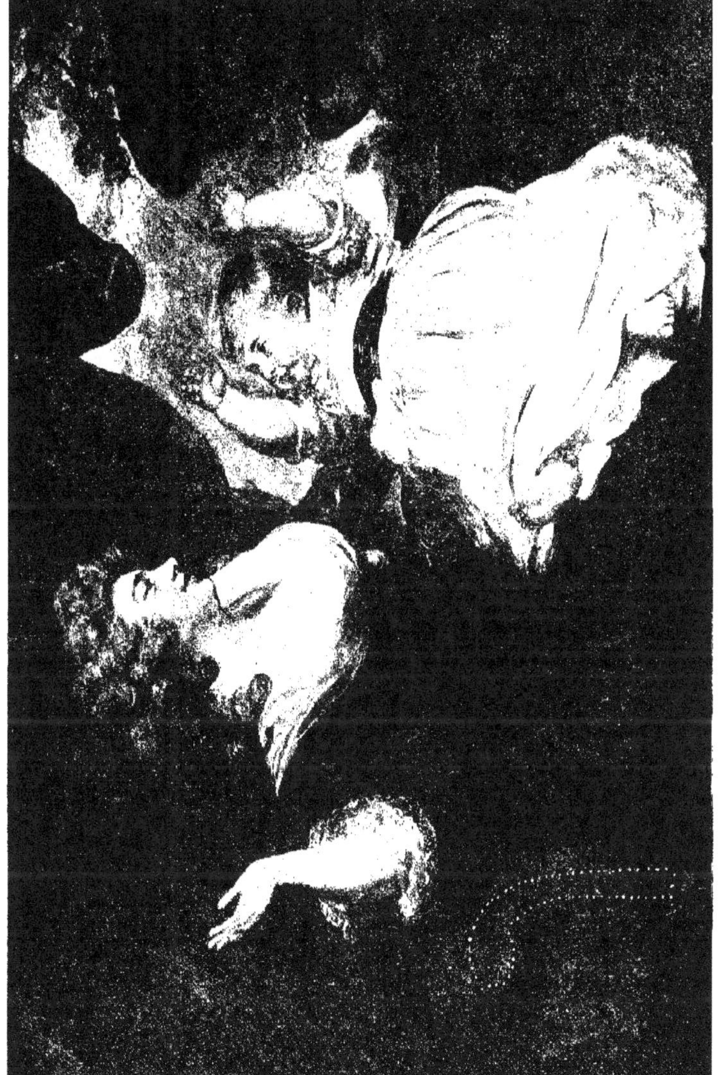

REYNOLDS. — La duchesse de Devonshire.

Cl. Hanfstaengl.

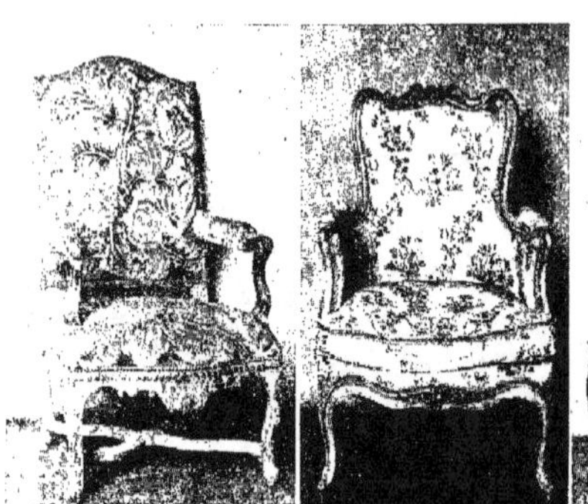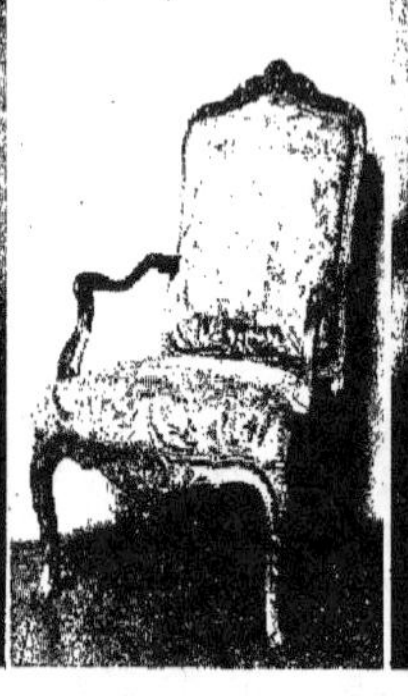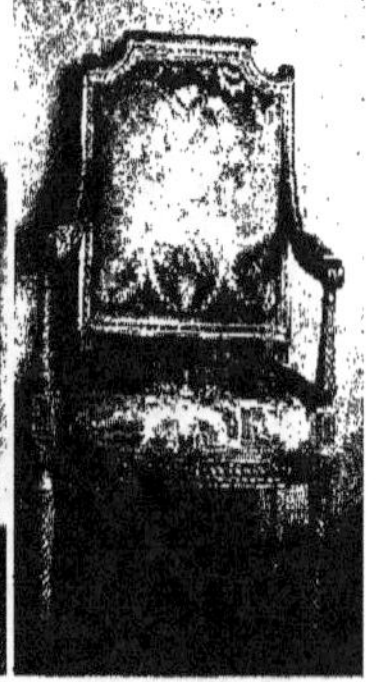

Fauteuils du XVIIe et du XVIIIe siècles. — Musée des Arts décoratifs.

XLI. — LE MOBILIER FRANÇAIS AUX XVIIe ET XVIIIe SIÈCLES
CARACTÈRES PRINCIPAUX DES STYLES ET LEUR FILIATION

Tapisserie tissée aux Gobelins sur un carton de LE BRUN, bel encadrement : **Louis XIV reçoit le légat du Pape** dans sa ruelle isolée par une balustrade dorée, près de son lit à baldaquin, car les chambres ne sont pas spécialisées. Le roi et le légat seuls assis, raisons protocolaires, et parce que les sièges sont encore rares et d'ailleurs, peu confortables. La cheminée à coffre avec une peinture vite enfumée. Meubles de Boulle : incrustations d'écaille et étain ou cuivre découpé. Éclairage par bougies de cire dans des appliques d'orfèvrerie. Les murs tendus de cuir de Cordoue ou couverts de tapisseries. Accord entre le décor et les costumes : civilisation d'apparat.

Un fauteuil rigide couvert d'une tapisserie à grosses fleurs, c'est le solennel style Louis XIV (à g.). Deux fauteuils chantournés confortables, les bras en retrait pour les paniers des dames, élégance du Louis XV. Des lignes droites, des formes simples, inspirées librement de l'antique, non sans gracilité, style Louis XVI, apparu bien avant 1774.

Un bureau de dame, époque Louis XV, tout chantourné, orné de cuivres dorés, style rocaille. Supports légers, élégance nerveuse.

Le 18e siècle inaugure le goût du confort et de l'intimité. **Le Déjeuner**, par BOUCHER, 1739 : multiplication des meubles. (Le bureau à cylindre, la commode, la bergère, le bonheur du jour, sont dans leur nouveauté). Sièges couverts de soie, de tapisserie ou cannés; bois naturels, laqués, dorés. La cheminée moderne avec sa glace. La pendule (ici cartel au mur) y prendra bientôt place. Tout sinueux, chantourné, style rocaille, Louis XV. Mode des bibelots chinois. Service en faïence. Les vertus de famille selon l'esprit de J.-J. Rousseau; accord intime entre les personnages, allures, coiffures, costumes et le décor. (Rapprocher l'intérieur bourgeois du *Bénédicité*.)

La vaisselle d'argent fondue, dès la fin du 18e, par nécessité financière, a laissé place à la faïence, de Rouen, Moustiers, Nevers, Marseille, Strasbourg... La porcelaine dont la Saxe avait, en Europe le secret a été imitée par des succédanés, porcelaine tendre, à Sceaux, Chantilly, Vincennes transférée à Sèvres et devenue manufacture royale en 1756, jusqu'à la découverte du kaolin près de Limoges.

Le **Boudoir de Marie-Antoinette** à Fontainebleau : réapparition des lignes droites, du goût antique : corniches, pilastres, peintures décoratives pompéiennes, groupes sculptés allégoriques. Tout cela manié avec liberté : charme léger, un peu grêle.

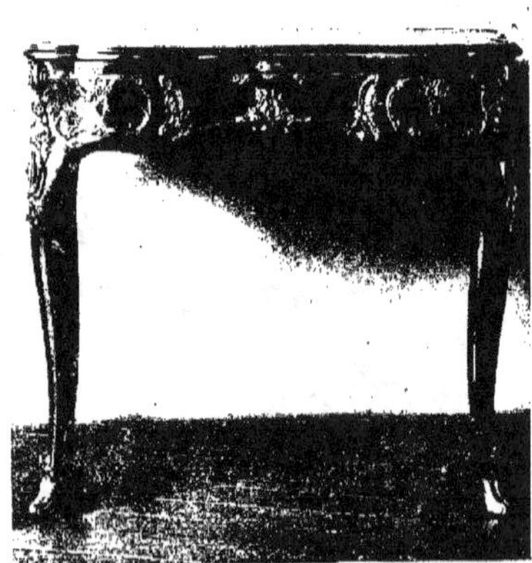

Bureau de dame, XVIIIe siècle. — Musée du Louvre.

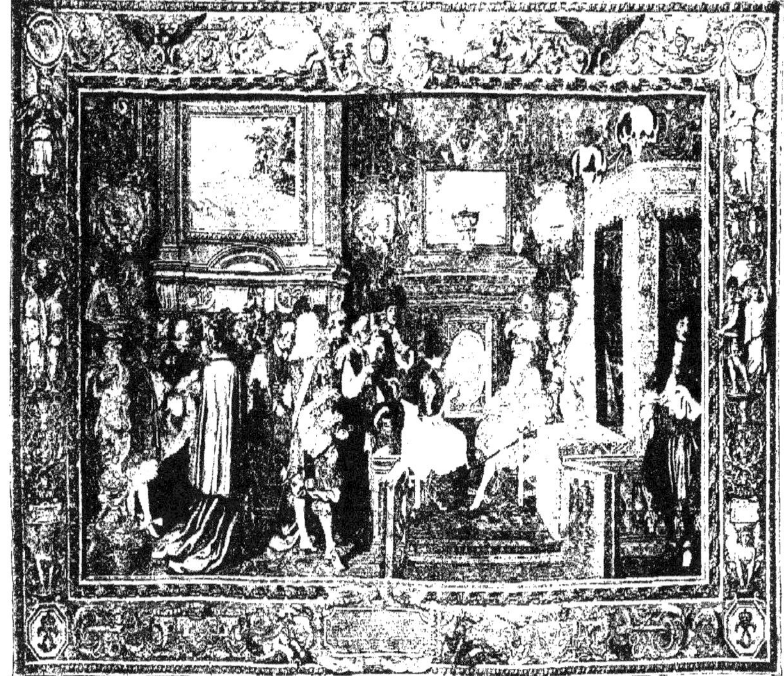

LE BRUN. — *Louis XIV reçoit le légat du Pape.* — Tapisserie des Gobelins.

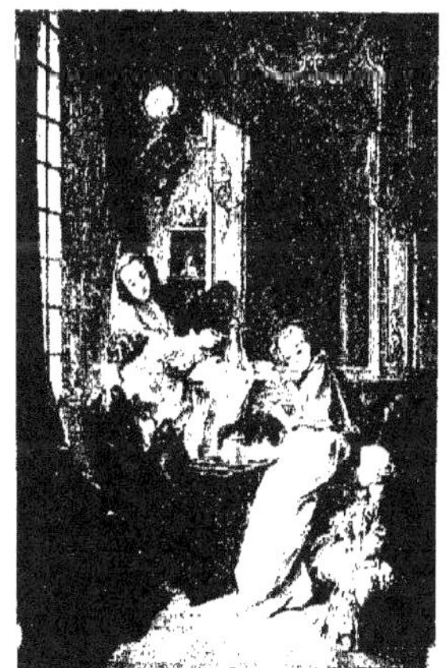

BOUCHER. — *Le Déjeuner.* — Musée du Louvre.

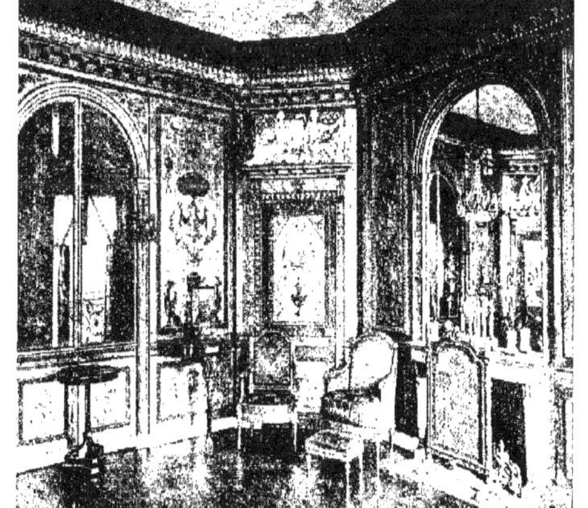

Boudoir de Marie-Antoinette. — Fontainebleau.

Dans la deuxième moitié du 18e siècle s'est répandu en Europe un culte, bientôt fanatique, de l'antiquité gréco-romaine (Winckelmann; Caylus; fouilles de Pompéi). L'*Apollon du Belvédère* a été regardé comme le point culminant de l'art. De là une révolution artistique dont David (1748-1825) a été, à partir de 1785, le chef européen.

Le tableau des **Sabines**, qui se jettent entre les Sabins, leur pères, et les Romains, leurs époux, pour les séparer, a été, en 1799, le manifeste de l'esthétique davidienne. Rupture avec le baroque : les figures juxtaposées et non plus combinées, équilibre statique, plus de composition pyramidale; aspect de bas-relief, mouvement figé; condamnation du clair-obscur, des effets de pinceau, prédominance du dessin, plus de richesse, ni de charme de la couleur. Le paysage, les architectures, tout décor sacrifiés à la seule beauté du corps humain étudié d'après le modèle épuré, d'après les antiques pour retrouver le beau idéal, objet essentiel du peintre. Théorie de la nudité

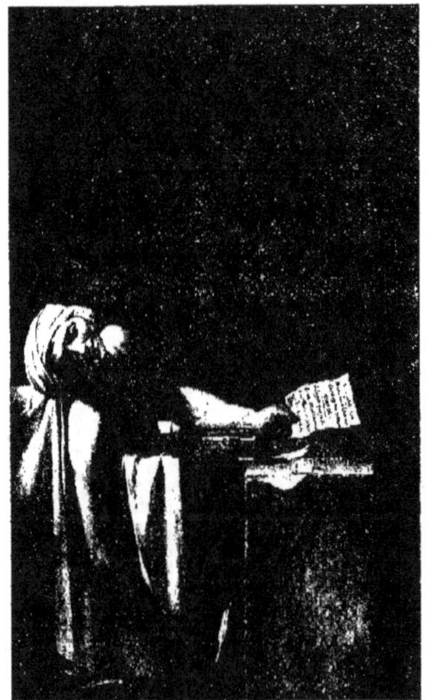

Cl. Bulloz.

DAVID. — *La mort de Marat.* — Musée de Bruxelles.

héroïque. Les sujets mythologiques ou antiques seuls dignes d'un grand artiste (peinture d'histoire). Art savant, conventionnel, sans agrément, visant à l'héroïque, emphatique, tendu pour une époque épique, roidie vers la liberté, puis vers la gloire.

Cette doctrine intransigeante, qui séparait l'art de la réalité, a été battue en brèche par les événements. La Révolution d'abord, puis l'Empire ont fasciné les peintres et ont requis leurs pinceaux. Jacobin, conventionnel, montagnard, David oublie ses théories et donne libre jeu à son génie réaliste quand il célèbre **Marat** assassiné. Image saisissante et apologie : l'ami

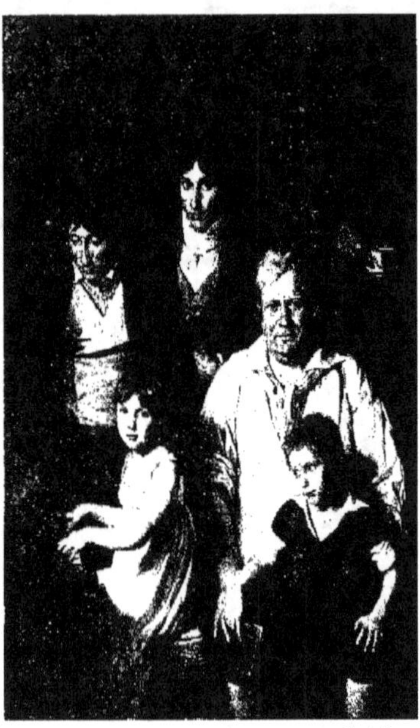

Cl. Bulloz.

DAVID. — *La Famille de Michel Gérard.* — Musée du Mans.

du peuple frappé tandis que pauvre : intérieur nu, une caisse pour table, malade dans sa baignoire, il travaillait au bien public. Intensité de la tête révulsée; le drap taché de sang. Mise en scène éloquente, rien d'anecdotique, vérité dominée, peinture sobre, mais vigoureuse.

La Révolution, comme jadis la Renaissance, exalte les individus et réclame des portraits. David, portraitiste, fixe, en toute sincérité et avec une pénétration passionnée, des physionomies qu'il élève, sans parti pris, jusqu'au type. Ainsi **La Famille du Conventionnel Michel Gérard**. Bonheur de mise en page, liberté du groupement, précision souple du dessin : bonhomie sympathique de cet homme intelligent, solide, charme de sa fillette; ses fils plus gourmés annoncent la bourgeoisie du 19e siècle.

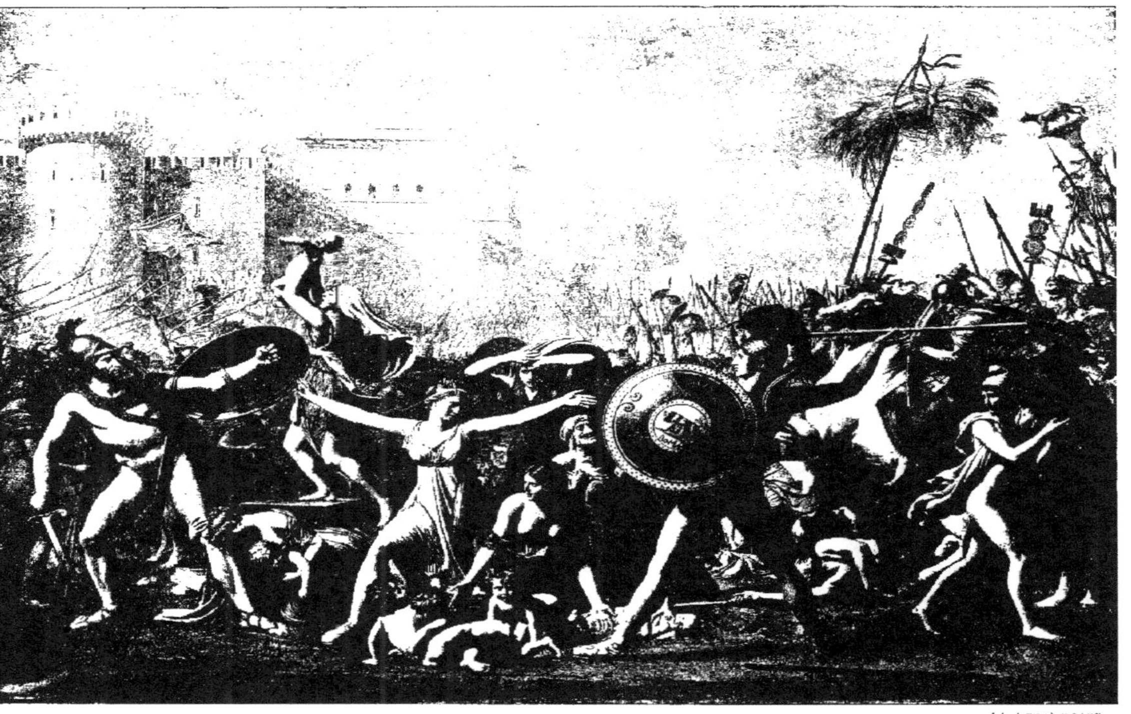

DAVID. — *Les Sabines.* — Musée du Louvre.

Napoléon oblige les artistes à célébrer la France et sa propre gloire. A David, devenu son premier peintre, il demande de commémorer **Le Sacre**, célébré, avec

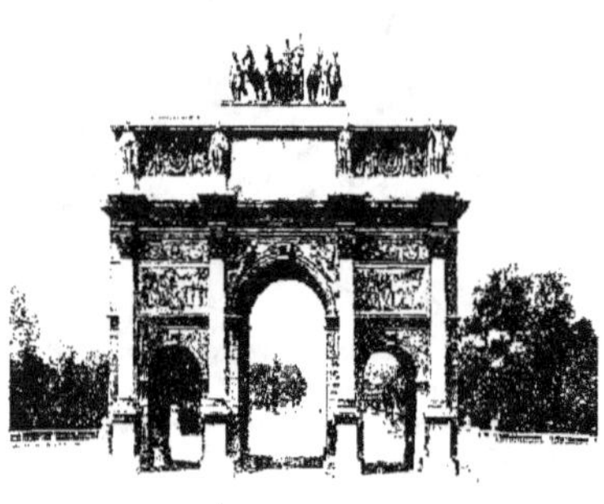

Cl. Lévy-Neurdein.

PERCIER ET FONTAINE. — *Arc de Triomphe du Carrousel.*

le pape Pie VII, à Notre-Dame, le 2 décembre 1804. David, pour composer son œuvre, observe scrupuleusement la réalité : il s'est guidé sur une maquette en relief de l'église, a exécuté des portraits préparatoires du pape, du cardinal Consalvi, des principaux personnages ; costumes, uniformes, armes, bijoux, copiés avec fidélité sont de véritables et précieux documents. Répartition des groupes selon le protocole. Aucune transposition d'art apparente ; ni fougue, ni éclat d'exécution, pas de fanfare colorée. Mais une sincérité qui a de la grandeur, un accent de vérité, les portraits intenses, le naturel et la variété des attitudes. L'instant choisi pour faire dominer la figure de l'empereur qui, déjà sacré, couronne Joséphine, sans sacrifier le Pape qui bénit. Distribution habile de la lumière qui, tombant de haut, frappe d'abord le pape et laisse dans l'ombre le cortège à gauche et les spectateurs, sauf madame Lætitia. Opposer cette prose française au lyrisme vénitien (p. 61), aux envolées de Rubens (p. 43).

Les architectes de la Révolution n'ont guère eu le temps de faire que des projets ; ceux de l'Empire, hantés, comme eux, par l'antiquité, ont exprimé l'énergie épique de leur temps surtout en monuments triomphaux : temple de la Gloire (La Madeleine), colonne Vendôme, plan de l'arc de Triomphe de l'Étoile, l'arc de Triomphe du Carrousel, par PERCIER ET FONTAINE, les deux plus illustres architectes de l'Empire, n'était pas destiné à s'enlever,

isolé, sur le ciel, mais à précéder le palais des Tuileries qui masquait l'immense perspective qui s'étend, aujourd'hui, derrière lui jusqu'à l'arc de l'Étoile. Inspiré par l'arc de Septime Sévère, il emprunte tous ses éléments à l'architecture romaine, mais il doit une grâce exceptionnelle à ses dimensions mesurées, au bonheur des proportions, à la polychromie des matériaux et aussi à une influence de l'esprit de la Renaissance italienne. Les sculpteurs des Renommées, aux écoinçons des arcs, Bosio, pour le quadrige, ont, selon l'esthétique dominante recherché le beau idéal conçu à travers les marbres gréco-romains. Mais les auteurs des bas-reliefs et ceux qui ont figuré, au-dessus des colonnes, les différentes armes de la Grande Armée ont dû traduire les faits et les costumes contemporains et, pour eux comme pour David, cette contrainte a été heureuse.

Napoléon a poursuivi, avec une envergure et une rapidité extraordinaires, à Paris et dans toutes les parties de l'Empire, de grands travaux d'utilité publique, d'aménagement et d'embellissement.

Le mobilier de l'Empire accentue l'évolution marquée dès le style Louis XVI. Inspiré par David, inauguré par Percier et Fontaine, il veut être antique : formes très simples, architecturales et massives, vogue de l'acajou, usage généralisé d'appliques de cuivre ciselé. Le goût des tentures, des vases de Sèvres, de l'orfèvrerie, de tous les arts appliqués, concourt à donner à l'époque impériale une physio-

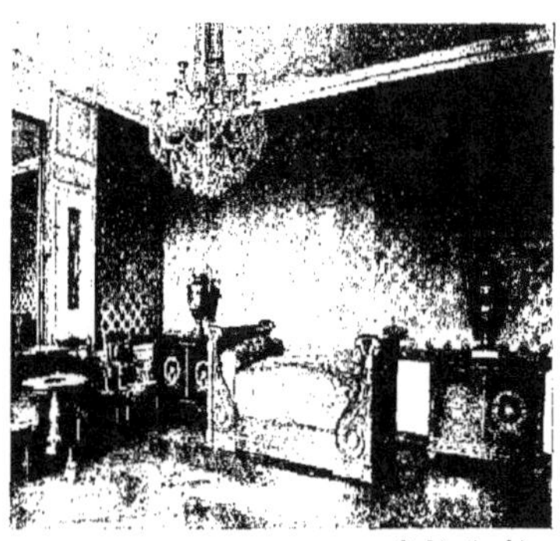

Cl. Lévy-Neurdein.

Chambre à coucher de Napoléon Ier au Grand Trianon. — Versailles.

nomie caractérisée et forte, très marquée dans *la Chambre à coucher* de Napoléon Ier au Grand Trianon. Les générations ultérieures vont se montrer incapables de s'entourer d'un décor original.

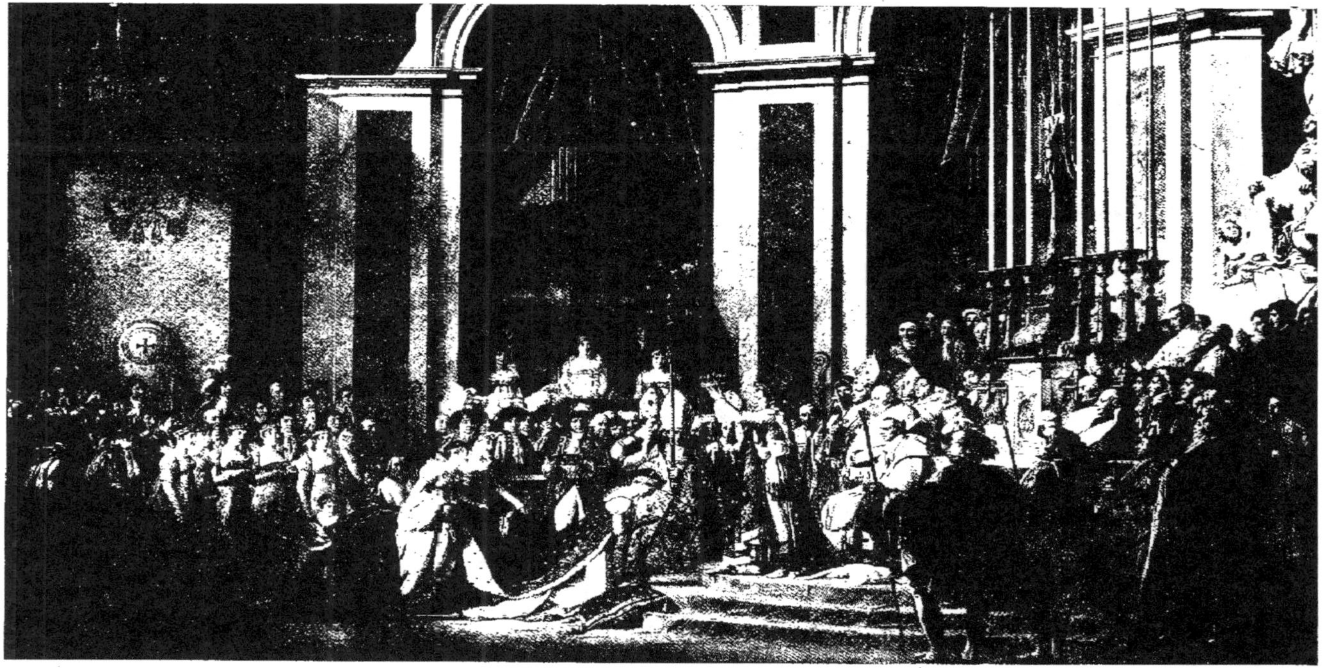

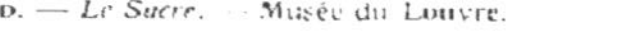

DAVID. — *Le Sacre*. — Musée du Louvre.

Si fort qu'ait été l'ascendant de David, quelques artistes s'y sont en partie dérobés, soit attachés aux esthétiques périmées, soit incapables de cette roideur héroïque. Un seul s'est opposé par la puissance d'un génie original. Prudhon (1758-1823) est un poète, tendre, délicat, ému; sa vision est enveloppée et plastique, sa technique synthétique avec morbidezza. On l'a souvent, non sans justesse, rapproché de Corrège.

Fervent de l'antiquité, elle n'évoque pour lui qu'images charmantes, jeunesse, joie, amour. Il se prodigue en allégories aimables. Cette **nymphe** prête à se baigner et qui se mire dans l'eau, l'amour qui l'accompagne, le bois où ils sont isolés n'ont rien d'artificiel, d'archéologique; c'est, avec un sens classique subtil, le frémissement de la vie. Dessin sur papier teinté, au fusain avec rehauts de craie, méthode réprouvée par David qui, sur papier blanc, réclamait les indications précises du crayon. Les formes sont suggérées par masses baignées de lumière : les contours non arrêtés : unité, mouvement, couleur.

L'Impératrice Joséphine à la Malmaison, 1805. L'inquiétude, la solitude, la mélancolie modernes. Grâce abandonnée de cette attitude rare. Intensité

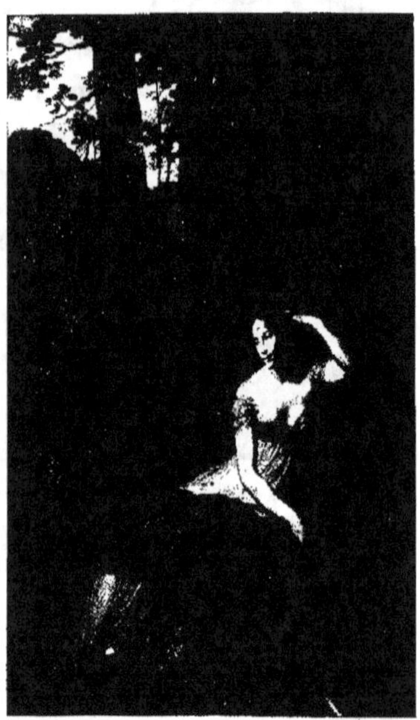

CI. Bulloz.

PRUDHON. — *L'impératrice Joséphine à la Malmaison*.
Musée du Louvre.

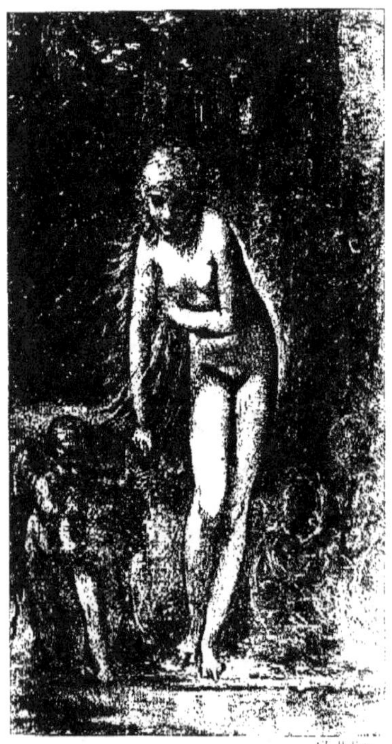

PRUDHON. *Nymphe et amours.*

d'expression de cette femme non belle mais séduisante, intelligente, à l'extraordinaire destinée. Le paysage aux grands arbres, aux verdures profondes, associé intimement, comme orchestration à la rêverie. Dessin souple, grands partis; peinture grasse sur préparation en camaïeu. Joie sensuelle de peintre étrangère au jansénisme davidien.

GROS (1771-1835) a voulu être le plus respectueux disciple de David, mais la force de son tempérament et les circonstances ont fait de lui le plus efficace précurseur de la peinture moderne. Attaché à la fortune de Bonaparte, il le peint visitant les **Pestiférés de Jaffa**, 1804. C'est la réalité, comme pour David, mais singulièrement colorée et dont le génie fougueux de l'artiste s'empare avec une allégresse picturale. Scène vivante, dramatique : les morts, les mourants, le sang-froid de Bonaparte; pittoresque : les uniformes, les costumes, les types de races orientales, l'architecture musulmane et, surtout, le soleil ardent, la lumière de l'Orient. Dessin d'une ampleur un peu lâche, exécution enlevée avec une verve colorée, un peu grosse, non sans souvenirs de Rubens.

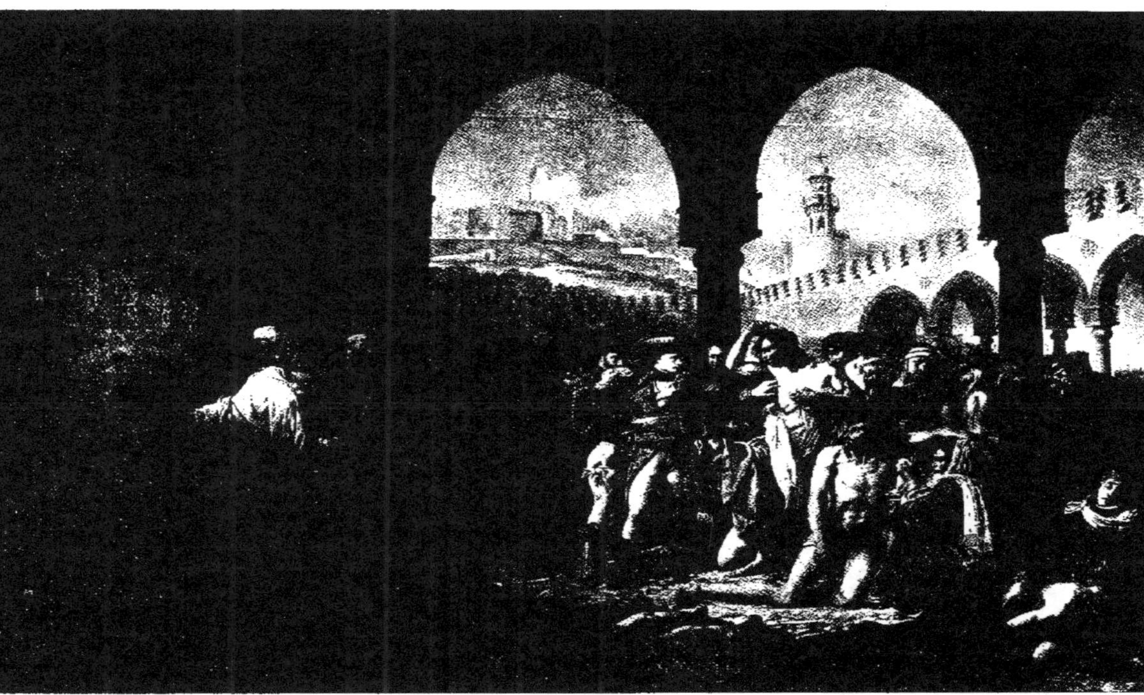

Cl. Lévy-Neurdein.

GROS. — *Les Pestiférés de Jaffa.* — Musée du Louvre.

A l'aube du 19e siècle, des artistes précurseurs ont donné l'exemple des audaces et annoncé les sentiments de l'époque contemporaine. Parmi eux Goya, Turner et, avec un génie plus tempéré, Constable.

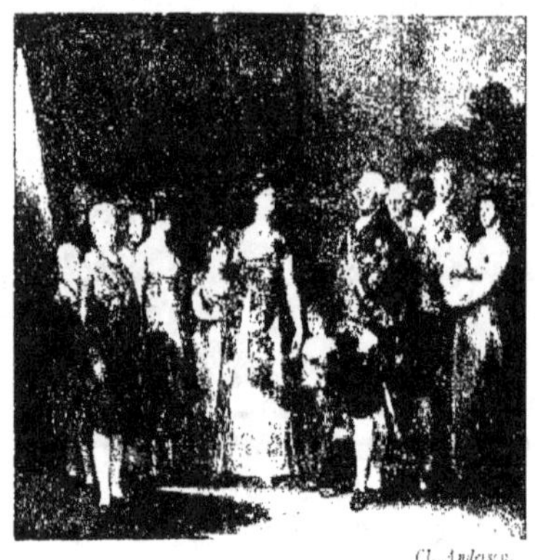

Goya. — La Famille de Charles IV.   Musée du Prado, Madrid.

Goya (1746-1828), dans l'Espagne assoupie, a manifesté un génie ardent et complexe : imagination exaltée, étrange parfois et mystérieuse, mais aussi vision directe des scènes populaires, de la réalité colorée; traduction spontanée, fougueuse, incorrecte, brutale tour à tour et très nuancée. **La Famille de Charles IV**, campée librement, portraits intenses de personnages solennels et médiocres, figure terrible de la reine, on dirait d'un réquisitoire involontaire. Tradition nationale de vérité, souvenir de Velasquez admiré; mais ni netteté, ni sûreté apparente par besoin de dire trop de choses.

Turner, anglais (1775-1851), magicien de la lumière, émule de Claude Lorrain qu'il admirait. Étranger à la mesure, à l'esprit classique français, entraîné, sans partage, par un lyrisme poussé, à la fin, jusqu'à la frénésie. Toutes choses dissoutes dans l'atmosphère lumineuse : ni contours, ni volumes accusés; des taches orchestrées avec désir de rendre l'impalpable, de suggérer l'inexprimable : vent, fumée, bruit, chaleur, mouvement. Parfois Turner nous livre des sensations pures, parfois des évocations d'histoire, d'art traduites en féeries magnifiques : ainsi **Ulysse qui raille Polyphème** auquel il vient d'échapper devient le sujet d'une toile où est célébrée la gloire du soleil couchant sur la mer. Drame sensible de lumières et d'ombres, masses réelles et fantastiques : rochers, navires, le Cyclope,

irradiés, diaprés comme des gemmes, mirage de l'eau incandescente, éblouissement du soleil qui darde, à travers le ciel immense, ses rayons triomphants. Ce n'est plus la traduction d'un spectacle observé, mais un effort pour communiquer par des équivalences, des transpositions, des hyperboles, des déformations, les impressions géniales d'une vision exaspérée. Comparer ces hyperboles romantiques avec les compositions graves et sereines de Claude Lorrain; l'évocation de la Fable par Turner avec l'interprétation de l'antiquité par Delacroix.

Constable (1776-1837), anglais lui aussi, est un artiste réfléchi, scrupuleux, proche des Hollandais dont il a la modestie, la probité, le souci de perfection. Comme eux, il célèbre la terre natale, satisfait d'une chaumière, d'**un champ de blé**; comme eux, il accepte les données naturelles, sans leur imposer une ordonnance arbitraire. Mais sa vision est beaucoup plus complexe, ni calme, ni simple : il veut fixer les aspects fugitifs du ciel, le frémissement des feuillages, faire deviner, dans le tapis d'une prairie, dans l'ondulation d'un champ de blé, la part de chaque herbe, de chaque tige. De là, des notations complexes, pressées, savoureuses, des taches par équivalence que l'œil doit interpréter.

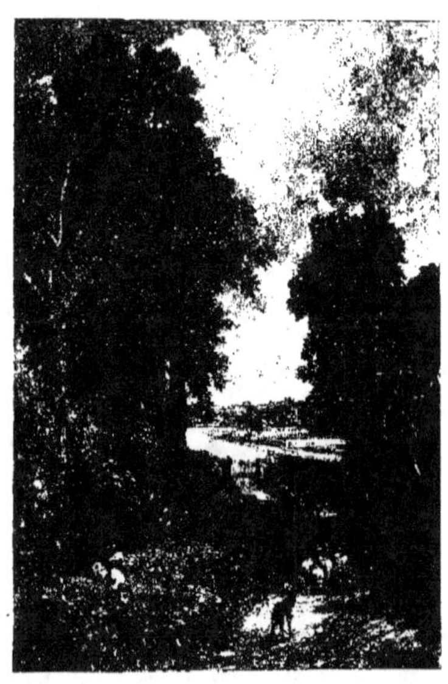

Cl. Hautsaenge.

Constable. — Le Champ de Blé. — National Gallery, Londres.

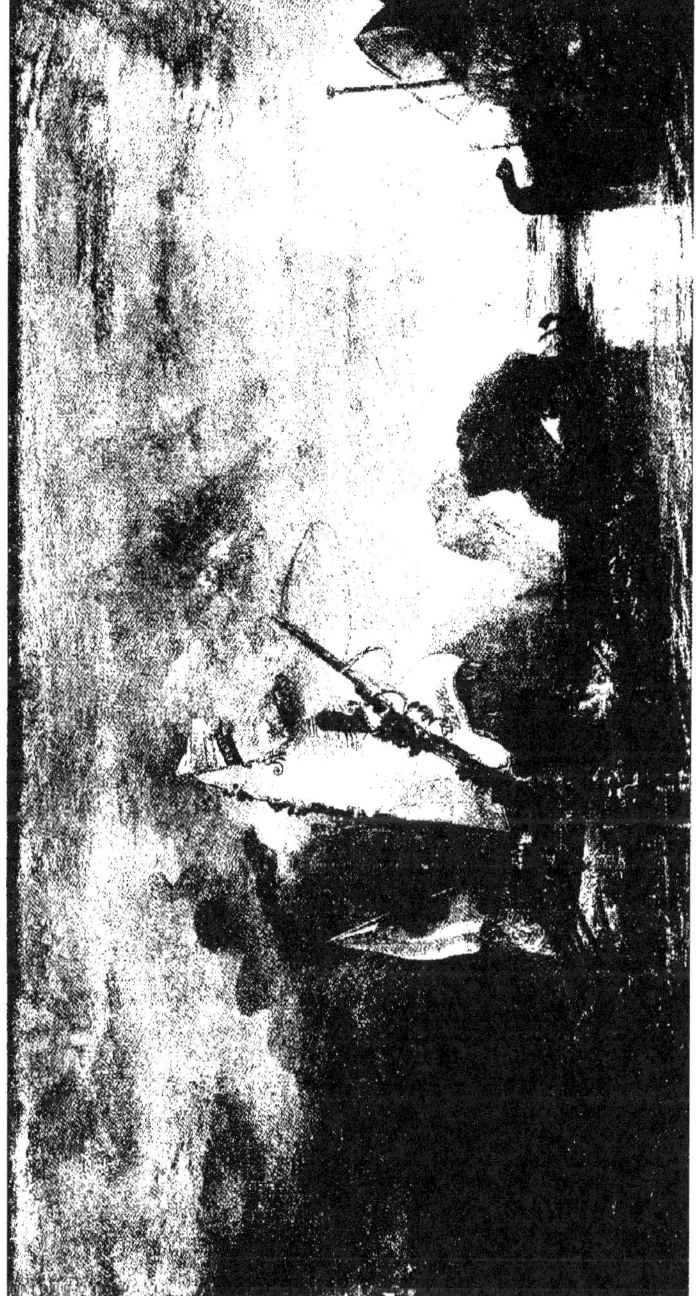

TURNER. — *Ulysse se moque de Polyphème.* — National Gallery, Londres.

Dès les premières années du 19e siècle une révolution artistique se prépare. Lassitude progressive de l'esthétique anticisante; la vie contemporaine suggère réalisme (David), couleur, mouvement (Gros). Le Louvre, ouvert en 1793, enrichi par les conquêtes, révèle les multiples aspects de la beauté; la renaissance de l'esprit religieux, la découverte du moyen âge entraînent la réhabilitation de l'art gothique. La chute de l'Empire, la restauration politique et religieuse, le mal du siècle, l'influence des pays germaniques provoquent une effervescence générale : le Romantisme, réaction véhémente de la sensibilité, de l'individualisme contre les disciplines. Géricault, formé sous l'Empire même, est le premier champion de la libération, avec des tendances personnelles à un réalisme épique.

Génie clair, puissant, épris de la réalité qu'il magnifie et de plastique, indépendant, passionné, GÉRICAULT (1791-1824), normand, provoque enthousiasme et scandale, en 1819, avec **le Radeau de la Méduse**. Un accident dramatique, prétexte à querelles politiques, dépouillé de caractère anecdotique et généralisé, se prête au développement de grands thèmes éternels : le désespoir paternel, l'angoisse, l'espoir, et est, ainsi, égalé aux drames classiques. Les traditions baroques, retrouvées au Louvre, sont renouées : composition pyramidale, combinaison des formes amplifiées, exaltation des volumes; pinceau fougueux; morceaux d'exécution magnifique; couleur chaude aujourd'hui assombrie

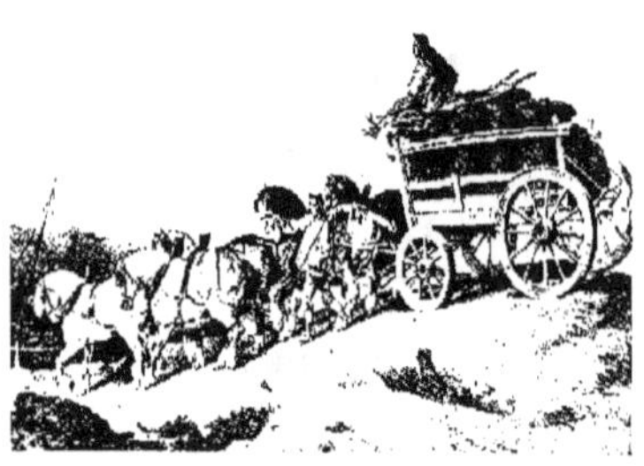

GÉRICAULT. — La Charrette.

(mauvaise technique et mauvaises couleurs du 19e s.), clair-obscur. Étude scientifique et passionnée de la faim, la maladie, la mort. Scrupules d'exactitude : le radeau reconstitué d'après les indications du charpentier de l'équipage, portraits des survivants. Une vigueur inouïe anime cette grande machine toute galvanisée par une pensée ardente servie par une vision intense, véhémente, grandiose.

Cette peinture éloquente et émouvante déchaîna la colère des classiques qui trouvaient le sujet mesquin, mélodramatique, l'exécution vicieuse, incorrecte, spécieuse, hostile au culte du beau. Elle passionna la jeunesse qui, étrangère depuis la Restauration, à la tension héroïque de la Révolution et de l'Empire ne voyait plus qu'un formalisme glacial dans les règles de l'École. Avec elle s'ouvrent les grandes batailles artistiques du 19e siècle.

La Folle fait partie d'une série peinte pour un médecin aliéniste. C'est une étude précise, clinique, d'un type de folie : la haine envieuse, décrite avec une intention scientifique, sans dessein philosophique, pittoresque, ni dramatique. Aucune mise en scène. Analyse aiguë, impitoyable des tares : rides, bouche baveuse, yeux chassieux, regard sournois, torve, sourire hideux. Horreur de ce diagnostic plus émouvant qu'une déclamation; magnifique exécution en pleine pâte, joie de peindre. Curiosité neuve, besoin de savoir qui caractérisera le 19e siècle.

La lithographie, inventée par Senefelder (Bavière 1796), multiplie les épreuves d'un dessin tracé librement sur pierre. Géricault, le premier, à partir de 1817, en montre les magnifiques ressources. Passionné pour les animaux, surtout pour les chevaux, purs sang et bêtes de somme, de toute robe, de toute race, cavalier fougueux, Géricault confère ampleur et style à un simple **attelage de charretier**. Beauté des lignes et des volumes animés par les ressorts de la machine vivante, sobriété et relief des indications décisives.

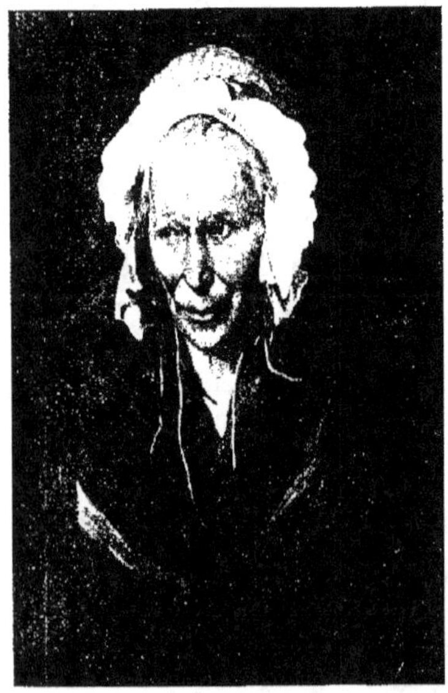

Cl. Lemare.

GÉRICAULT. — Une Folle. — Musée de Lyon.

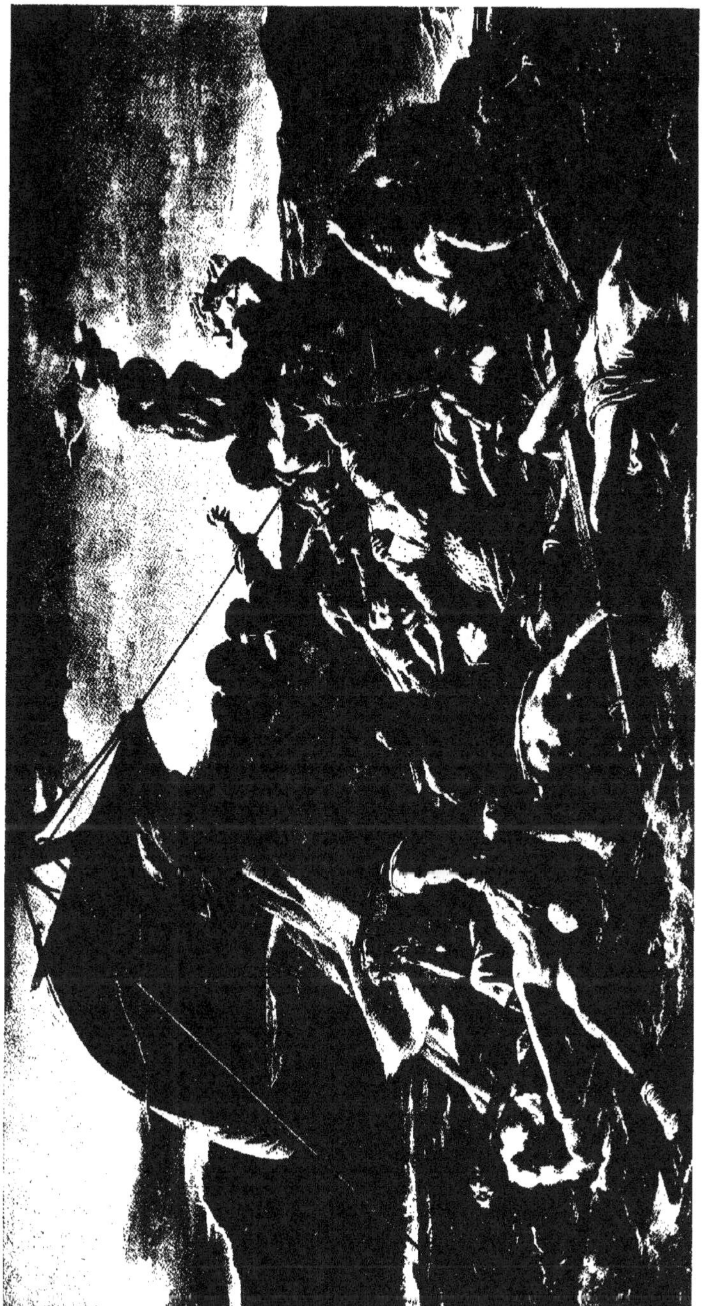

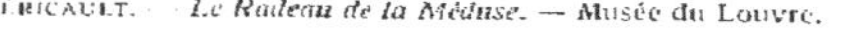

GÉRICAULT. — Le Radeau de la Méduse. — Musée du Louvre.

Cl. Lévy Neurdein.

XLVII. — DELACROIX

Jeunes, enthousiastes, épris d'art, les Romantiques étaient d'accord pour rejeter les règles et revendiquer la liberté ; ils n'avaient pas de doctrine commune, chacun obéissant à son tempérament, mais ils avaient un air de famille parce qu'ils subissaient les influences de leur temps. Delacroix les domine et incarne le Romantisme dans ses aspects essentiels et durables.

Eugène Delacroix (1798-1863), une des plus belles intelligences du siècle, esprit ouvert, cœur généreux, est profondément peintre. Il essaye de tout dire par la peinture, avec une ardeur inassouvie. Coloriste génial, il ne peint pas pour la joie des yeux, il veut parler à l'âme. Tourmenté d'abord par une inquiétude fiévreuse (mal du siècle) qui s'est peu à peu apaisée, il représente le drame et la vie : la vie totale, comme Michelet, l'être physiologique aussi bien que moral, les costumes, les paysages. Il s'éloigne, sauf exceptions rares, de la réalité présente jugée médiocre et puise l'inspiration chez les poètes, Dante, les écrivains germaniques, Gœthe, Shakespeare, Walter Scott, Byron, dans l'histoire, en Orient. Soucieux de caractère, non de beauté, il dessine moins par les contours que par les masses, surprend le mouvement. Il colore selon la signification de l'œuvre : harmonies éclatantes, sourdes, tragiques, toujours puissantes, chaudes, avec des hardiesses neuves de pinceau, décomposition des tons, juxtapositions de taches.

Les Massacres de Scio, 1824, la première œuvre où DELACROIX se soit totalement affirmé. Épisode de la guerre d'indépendance hellénique qui passion-

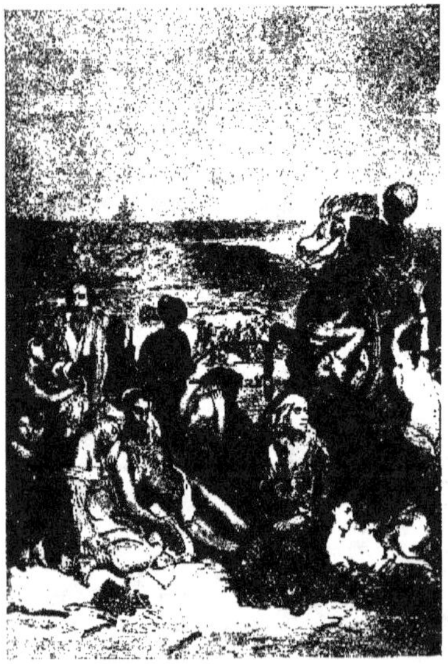

rait l'Europe (Victor Hugo, *Les Orientales*). Réquisitoire véhément contre le barbare qui n'a respecté ni vieillards, ni femmes, ni enfants ; la désolation, la mort ; types ethniques, magnifiques morceaux : le torse de femme à droite, la femme morte et son bébé...,

influence de Gros ; le paysage largement suggéré, peut-être sous l'action de Constable. Composition complexe, baroque. Antithèse entre la lumière éclatante, les splendeurs colorées des costumes, et la terreur turque.

L'Entrée des Croisés à Constantinople en 1204, peinte en 1841. Intensité d'impression : la scène

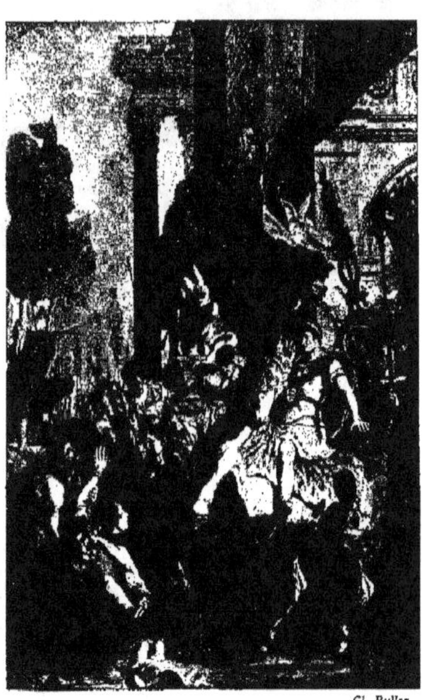

Cl. Bulloz.

EUGÈNE DELACROIX. — *La Justice de Trajan.* — Musée de Rouen.

paraît présente : la composition très sûre (par masses, par taches) dissimulée pour suggérer le bouleversement inouï. Les Barbares d'Occident aux costumes étranges, groupe sombre enlevé sur le panorama céruléen de la ville et de la Corne d'or. Pillage, carnage, supplications. Pittoresque accentué sans précision mesquine.

La Justice de Trajan (qui, partant pour combattre les Daces, promet à une mère de punir l'assassin de son enfant) transporte dans l'antiquité classique la même puissance évocatrice et la même splendeur colorée. Opposer à la conception abstraite de David, à toutes les intentions que nous avons analysées dans *les Sabines* (p. 89), le désordre pittoresque, tumultueux, de ce cortège sous le soleil, dans la poussière, cet éclat, ce tapage, ces types véridiques, cette composition complexe, cette orchestration véhémente

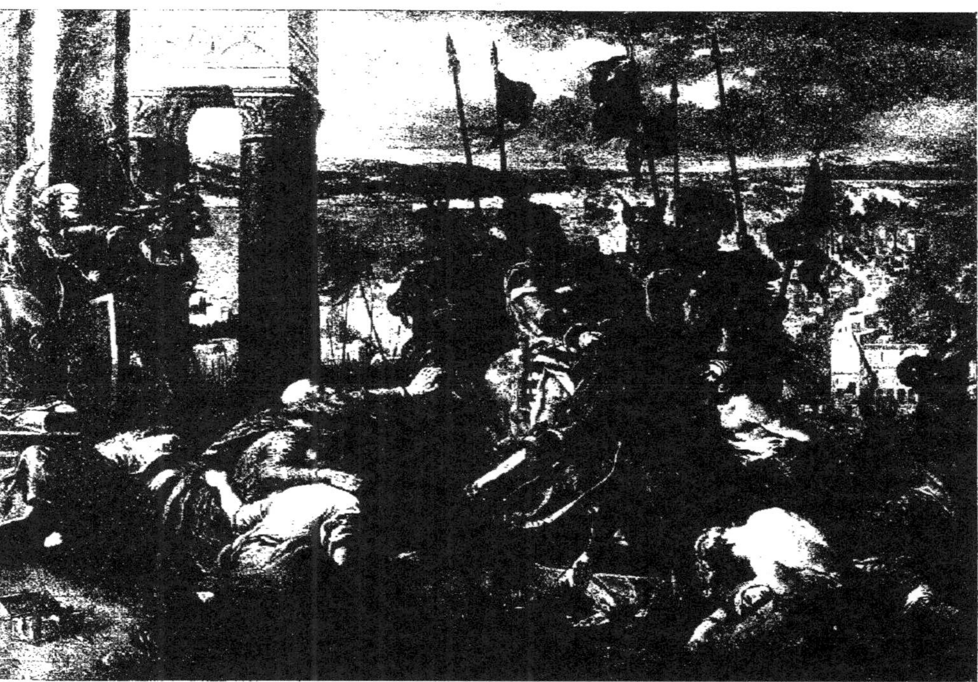

Cl. Bulloz.

EUGÈNE DELACROIX. — *Entrée des Croisés à Constantinople.* — Musée du Louvre.

Élève révolté de David, tenu pour hérétique jusqu'au jour où l'Institut, 1825, requit son autorité pour ramener la jeunesse aux saines doctrines, INGRES (1780-1868) est le classique d'une époque romantique, personnalité tranchée, intransigeante, violent, nerveux. Passionné pour la beauté d'une façon presque sensuelle, il la

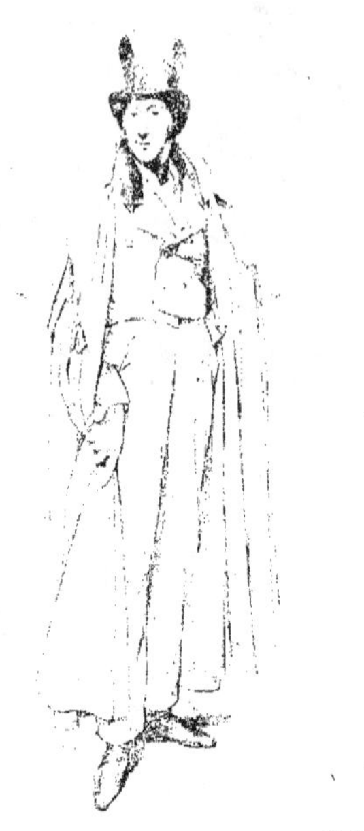

INGRES. — *Monsieur Leblanc*. — Musée Bonnat, Bayonne.

cherche, à l'aide des Grecs (peinture des vases), de Raphaël et même des Italiens du 15e siècle, dans la réalité; il a son type préféré qui n'est pas antique. Il proclame la suprématie du dessin (la probité de l'art) et définit les formes par le trait d'une main souple qui obéit à un œil subtil et raffiné. Versatile pour la couleur, il va du pire au neutre, et à l'exquis.

L'Apothéose d'Homère, 1827. Ingres a associé à l'hommage rendu au père de toute poésie, Dante, le Tasse et Shakespeare, placés à côté de Virgile, Raphaël, Apelle, Euripide, Eschyle, Hérodote qui jette de l'encens, Poussin, Corneille... (à gauche) et Pindare, Platon, Socrate, Phidias, Cicéron, Alexandre, Racine, Molière, Boileau, Fénelon (à droite). L'ordonnance est solennelle, d'une symétrie presque complète, très étudiée. Exposée aujourd'hui, à une place d'honneur, l'*Apothéose* avait été peinte pour un plafond du Louvre. De là, dans la coloration, un parti pris de légèreté, tout tenu dans les tons très clairs, sans contraste d'ombres (effet dénaturé dans

la photographie) : évocation sereine, lointaine, épurée, d'accord avec la signification de l'œuvre et sa destination première.

Au Salon de 1827, *L'Apothéose* frappa par sa nouveauté. D'esprit classique, elle ne gardait rien des conventions davidiennes : au relief roide, à la tension héroïque, elle opposait un dessin sincère, un modelé souple, atténué, des gestes librement choisis. La gloire aux grandes ailes blanches, l'Iliade, symbole d'énergie, avec son épée, l'Odyssée songeuse, drapée d'un manteau vert comme la mer, une rame auprès d'elle, offraient des types purs mais étrangers au canon classique : formes un peu molles, visages aux yeux presque bridés. Le temple ionique polychrome avec ses acrotères, restitué d'après des hypothèses récentes alors et discutées. Cf. pour l'intention, la composition, le dessin, l'*École d'Athènes* (p. 37) ; pour l'expression des formes, rapprocher de Poussin (p. 52).

Portraitiste admirable, Ingres fixe la physionomie du modèle et définit aussi la classe sociale et l'époque. Il a peint de célèbres portraits à l'huile et dessiné une galerie unique de portraits au crayon, chefs-d'œuvre cursifs et achevés. Sûreté et individualité de l'attitude de **Monsieur Leblanc**, sens moderne du costume. Observation directe spontanée.

L'Odalisque à l'Esclave, 1842. Sujet romantique traité selon l'esprit romantique : évocation d'Orient, opulence du décor, charme de ce corps abandonné présenté comme un joyau serti richement, types ethniques, mystère, repos, silence; couleur prenante. Influence des miniatures persanes. Mais exécution très surveillée, tout défini, dessin qui n'admet ni flou, ni imprécision. Modelé très léger du corps, presque sans ombres, raccourcis audacieux du visage,

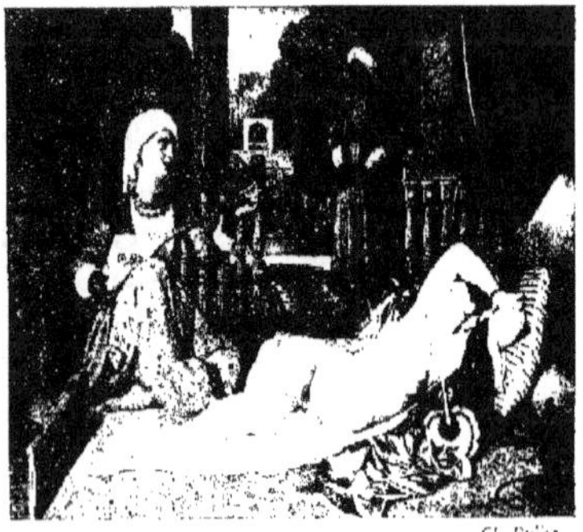

INGRES. — *L'Odalisque à l'Esclave*.

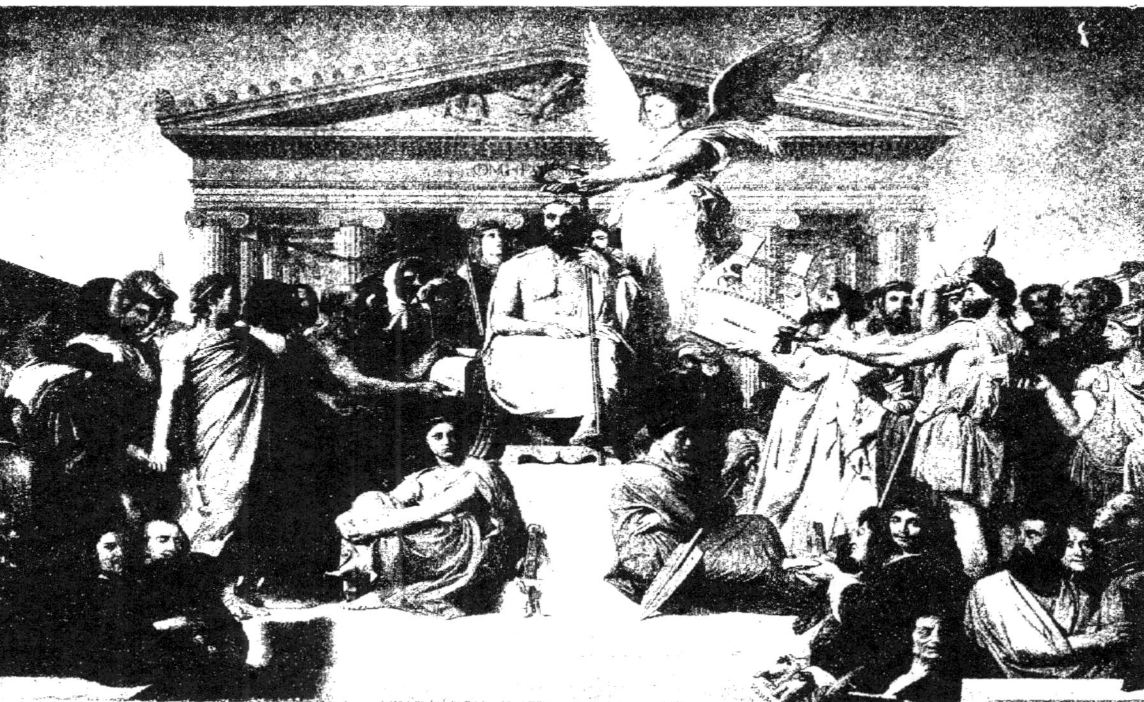

INGRES. — L'Apothéose d'Homère. — Musée du Louvre.

Cl. Bulloz.

Les Romantiques ont ressuscité le paysage réduit sous l'Empire à un décor et traité avec une froide et méticuleuse calligraphie. Ils ont aimé et animé la nature et y ont partout trouvé la vie dont ils étaient épris. Elle leur est apparue apaisante, conso-

TH. ROUSSEAU. — *Un Marais dans les Landes.* — Musée du Louvre.

latrice, non comme, parfois, aux poètes, à Hugo, à Lamartine, indifférente ou hostile.

L'Italie compromise, pour eux, par l'admiration des siècles classiques se prêtait peu, avec ses lignes et ses plans arrêtés, son ciel d'un bleu implacable à leur rêverie, à leur goût du mystère. Ils ont trouvé l'inspiration sur notre sol, mais ils n'avaient pas de sympathie pour la vie rustique et se persuadaient que l'intervention de l'homme abîme les paysages. Atteints par le mal du siècle, ils ont chéri la solitude, les aspects sauvages, les côtes battues par la mer, les montagnes, les forêts, Fontainebleau qui, aux portes de Paris, les transportait, en imagination, dans la nature vierge. Ils nous ont ainsi amenés à goûter des spectacles grandioses, impressionnants dont le caractère répugnait à l'esprit moins ardent des contemporains de Poussin. Étrangers aux ordonnances classiques, guidés par les Flamands, les Hollandais, Constable, ils ont, avec une inquiétude avide, essayé de rendre les spectacles changeants, les feux du crépuscule, l'orage, la vie multiple, le mouvement, d'exprimer la fraîcheur, le bruissement du vent, le silence. Pour y réussir, ils ont subordonné l'architecture des choses, exalté les taches, les jeux de lumière et d'ombre, la couleur.

Influencés, d'une façon inconsciente, par l'aspect des toiles vieillies dans les musées, hantés comme les autres peintres, leurs amis, par la poursuite des effets chauds et profonds, partageant des préjugés généraux contre les tons clairs et les verts crus, ils ont donné à leurs œuvres, même aux études peintes sincèrement en plein air, l'aspect renfermé de toiles d'atelier. C'est le point par lequel ils ont vieilli. Mais, s'ils sont trop sombres à notre gré (gâtés, d'ailleurs, trop souvent, par la mauvaise qualité des couleurs employées) les paysages romantiques sont de magnifiques effusions lyriques, riches d'observations passionnées et d'émotion, des états d'âme, selon le mot d'Amiel, qui s'applique, ici, avec une singulière justesse.

Cette passion devait, peu à peu, conduire au réalisme. Tout le mouvement moderne en est sorti.

THÉODORE ROUSSEAU, dans la **Sortie de forêt à Fontainebleau** (1812-1867), célèbre, comme Claude

Lorrain, le soleil couchant, mais avec un esprit tout différent. Pas de grandes lignes directrices; l'artiste, loin d'imposer à la nature une discipline logique, essaye de la surprendre, complexe, infiniment multiple. Trouée parmi l'ombre des frondaisons spontanées, choisie, non créée, avec un rare bonheur, pour faire valoir l'horizon empourpré dont une mare reflète les feux. Arbres tortus, enchevêtrés, tourmentés, végétation touffue, mare aux contours indécis, troupeau confondu parmi les choses. Vibration universelle. Peu ou point de contours définis, des masses, des taches, notes vibrantes évocatrices, par équivalence. Comparer cette ampleur fiévreuse avec la simplicité limpide des Hollandais.

L'inquiétude de Rousseau s'est peu à peu calmée; sa sincérité l'entraîne à une étude moins passionnée, plus objective, réaliste. **Un Marais dans les Landes**, 1853, pas de recherche de site rare, pittoresque : un panorama, indifférent en lui-même, où l'artiste sait voir beauté et grandeur. Mise en page comme les hollandais : horizon bas, rôle du ciel. Le premier plan sombre pour contraste : impression d'espace, d'air léger, de végétation gracile : les arbres, l'eau et la terre sans limites précises, le troupeau non étudié pour la beauté ou le caractère des bêtes, mais pour leur participation à la vie générale. Couleur plus claire.

Sensibilité et pensée moins riches, plus uniquement peintre, DAUBIGNY (1817-1878), accentue l'évolution

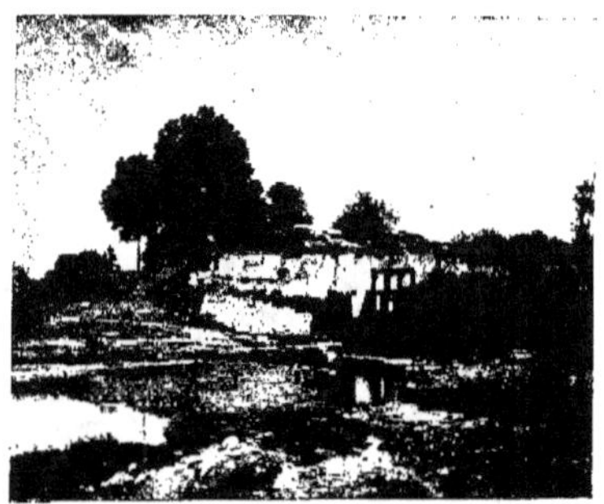

DAUBIGNY. — *L'Étang d'Optevoz.* — Musée du Louvre.

vers un paysage moins lyrique; aux sites sauvages se substituent champs cultivés, prairies, villages, bords paisibles des rivières. **L'Étang d'Optevoz** est d'inspiration réaliste. Le vert clair, évité traditionnellement par les peintres, revendique ses droits.

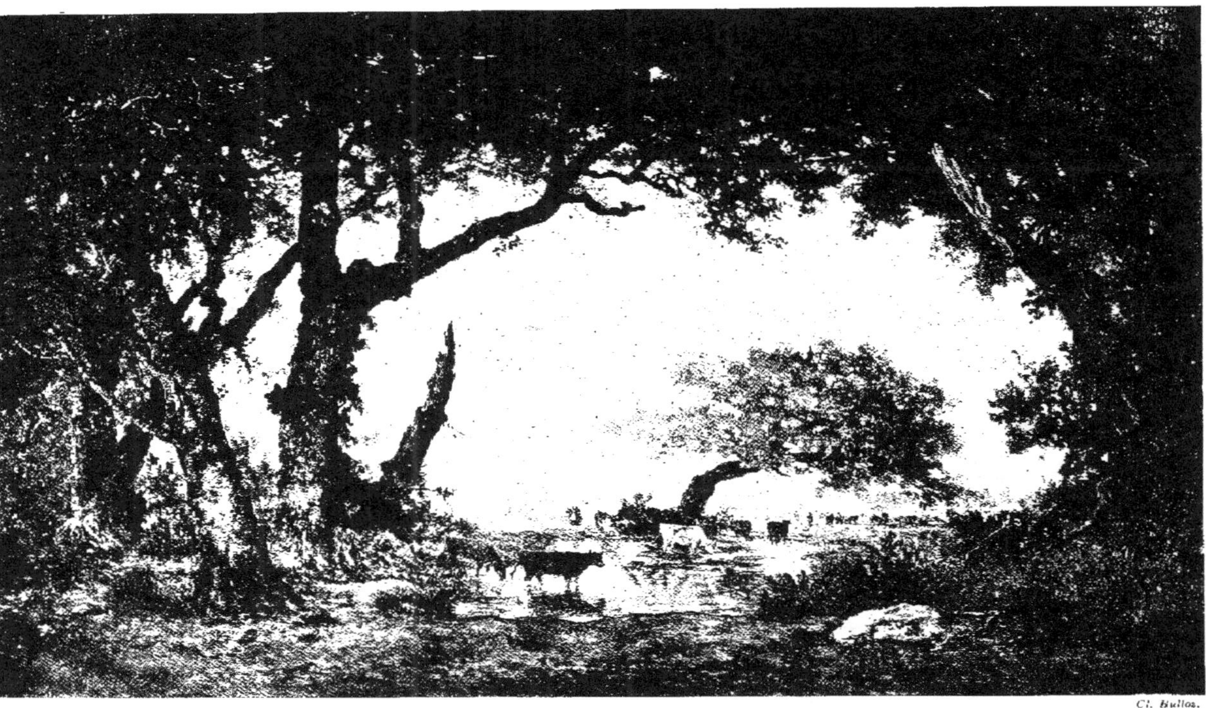

Cl. Bulloz.

THÉODORE ROUSSEAU. — *Sortie de forêt. Soleil couchant.* — Musée du Louvre.

Corot (1796-1875), a été un auteur ingénu de la nature, une imagination fraîche de poète et un génie profondément classique. Étranger au mi° du siècle, il s'est formé en Italie et n'a cessé de la visiter, mais il a, surtout, dit la terre de France. Indépendant

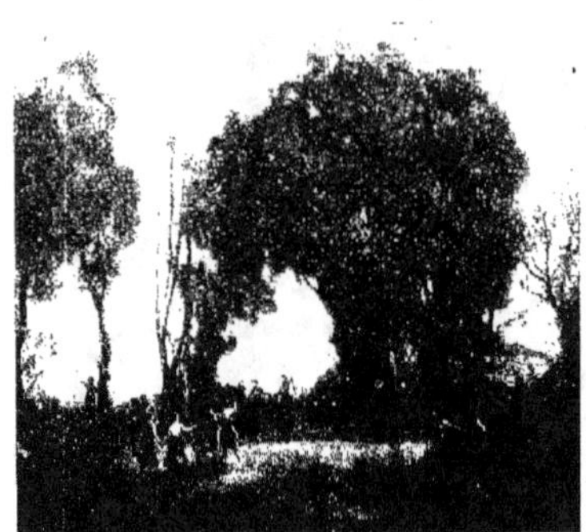

Corot. — *Une Matinée.* — Musée du Louvre.

de toute convention, il choisit d'instinct les aspects calmes, équilibrés, il évite les forts contrastes aimés des Romantiques, chérit la lumière fine et les gris nuancés du matin. Il note, avec une justesse exquise, des valeurs subtiles, sans virtuosité de pinceau, par indications larges, grasses, mates.

Une Matinée, 1850. Enveloppés dans une brume argentine, de grands arbres droits à l'écorce lisse, d'un beau jet architectural, que Corot préfère aux chênes tourmentés des Romantiques; une clairière, des buissons, des fleurs. Paysage d'allégresse créé pour les ébats de jeunes filles, et ces jeunes filles, par la grâce d'un esprit virgilien, se transforment en nymphes lutinant un Satyre, sans cesser d'être vivantes, spontanées, près de nous. Exemple rare d'accord entre le site et les figures. Charme vaporeux qui a d'abord rendu Corot célèbre.

Nous l'aimons aujourd'hui davantage et il nous paraît plus grand lorsque, sans s'abandonner au rêve, il nous dit simplement les campagnes, les routes, un aspect de ville et donne un prix infini au coin le plus indifférent, le plus humble, où il nous révèle d'insoupçonnées séductions.

Le **Pont de Mantes** : un vieux pont sur un fleuve paisible, quelques maisons simples, une berge sur laquelle quelques arbres émergent au hasard, la barque amarrée d'un pêcheur: spectacle limité, la place du ciel même mesurée et la ligne d'horizon placée très haut pour donner au miroir de l'eau le premier rôle; rien de saillant, ni d'exceptionnel. Sans modifier ces données, par le bonheur du point de, de la mise en page : rôle imprévu des arbres, verticales sombres qui coupent la tache blanche horizontale du pont, par le choix de l'heure, de la

lumière, Corot dégage le rythme, introduit le style, la grandeur, organise une symphonie limpide. Notation par larges accords, mais très solide; sensation d'espace, de volumes. Émotion respectueuse et profonde, délectation spirituelle, sereine. Impression de fraîcheur et de repos. Vision et prédilections opposées au tourment des Romantiques. Avec eux, par sa sincérité, sa pénétration, par ses harmonies claires, Corot a préparé le paysage contemporain.

Il a été aussi un grand peintre de figures. **L'Atelier**, la vie, la vérité, le style; le désordre de l'atelier, les objets hétéroclites au mur, acceptés tels quels, paraissent nécessaires à leur place par une sorte de miracle de l'art; le tuyau du poêle coudé prend de la grandeur. Rien, au reste, de mesquin, aucune intention anecdotique : facture libre, une sensation d'espace, d'atmosphère créée sans secours de contours rigides ou de modelé apparent, par le seul jeu des valeurs justes. Unité par la lumière, recueillement, silence. Rapprocher de Vermeer.

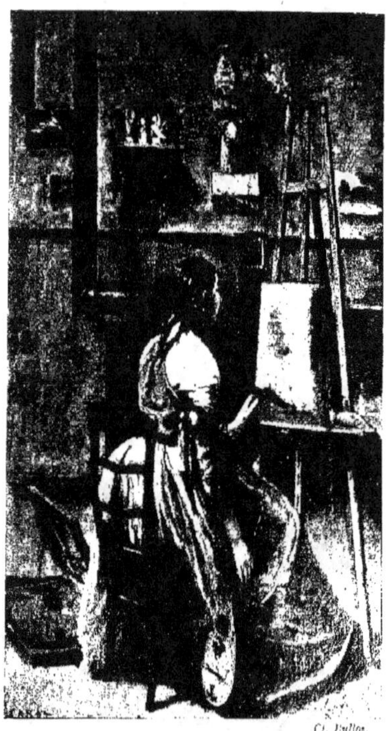

Corot. — *L'Atelier.* — Musée du Louvre.

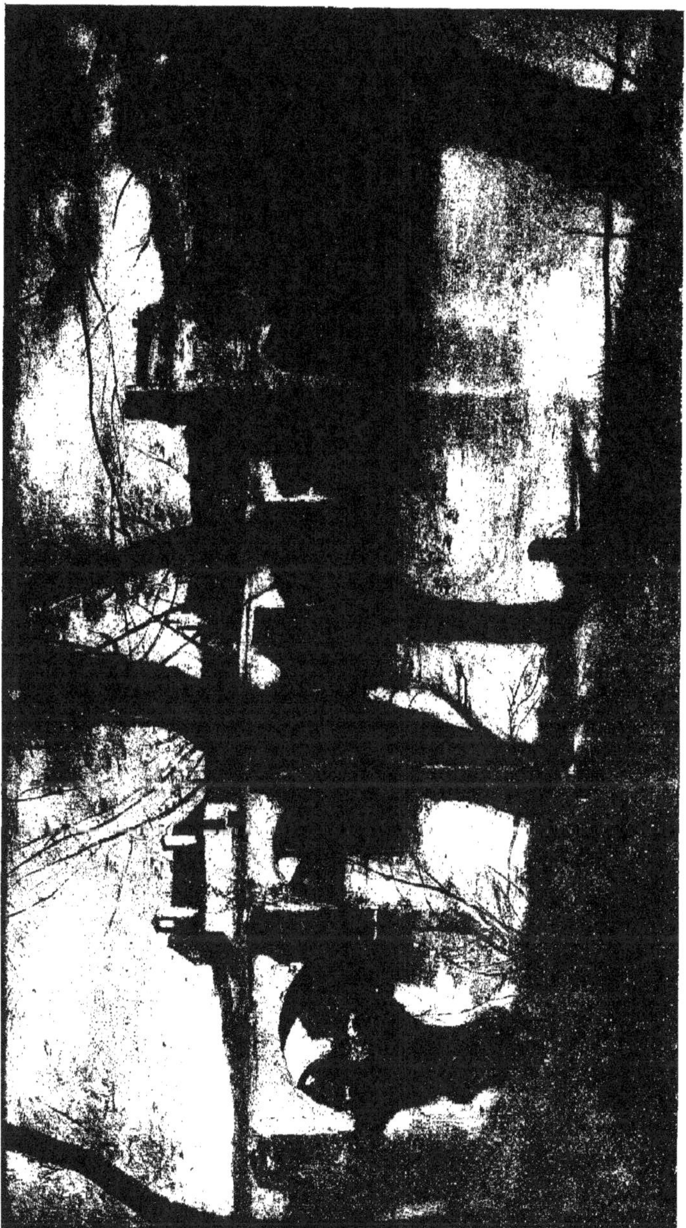

COROT. — *Le Pont de Mantes.* — Musée des Arts décoratifs.

Malgré l'éclat de ses premières manifestations et le génie d'Eugène Delacroix, le Romantisme n'a pas conquis le public. Sa véhémence, son lyrisme coloré ne répondent pas aux instincts dominants de clarté, d'ordre apparent, de logique. A partir de 1840, dans le temps de l'échec des *Burgraves*, une réaction se dessine; elle s'accentue peu à peu; les grands Romantiques restent isolés. Le prestige d'Ingres est alors énorme, mais sa doctrine, trop sévère pour devenir populaire, ne rallie qu'une poignée de disciples. Les élèves attardés de David, les peintres sortis de l'École des Beaux-

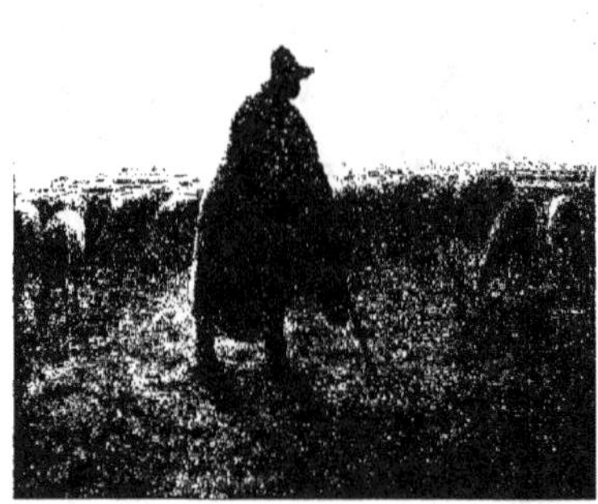

Cl. Bulloz.

MILLET. — *Le Berger.*

Arts reçoivent des commandes officielles et couvrent, au milieu de l'indifférence générale, les églises de compositions honnêtes et médiocres. Cependant des peintres habiles ont, dès la Restauration, exploité le goût public pour l'anecdote historique ou les récits militaires : Horace Vernet, Paul Delaroche jouissent d'une célébrité éphémère. Après 1840 de jeunes peintres courtisent le succès avec des pages faciles et édulcorées; Th. Couture se fait un nom avec une scène tapageuse : *Les Romains de la Décadence.*

A ce moment les luttes politiques, les idées sociales, les aspirations humanitaires ramènent vers le Réalisme. Géricault l'avait annoncé (p. 96); depuis sa mort, il s'était manifesté dans la lithographie : satires politiques et sociales de Daumier (p. 110), observation spirituelle des mœurs par Gavarni, évocation des guerres de la Révolution et de l'Empire par Charlet et Raffet. Le développement du paysage (p. 102 et 104) sert ce mouvement, marqué, dans les lettres, par les romans de Balzac et de George Sand. La Révolution de 1848 en amène l'épanouissement. Millet et Courbet en sont les protagonistes.

Le réalisme se consacre à la vie contemporaine, surtout des humbles. Pour y réussir une sincérité forte et rude est nécessaire. La Hollande du 17e siècle, les maîtres espagnols offrent leurs exemples. Millet se constitue un art qui, par ses sujets et, au moins autant, par sa forme, surprend et scandalise le public et même les amateurs habitués à la noblesse classique ou aux féeries romantiques.

J.-F. MILLET (1814-1875) sent profondément la grandeur de la vie rustique. Dans les occupations journalières il dégage la vérité actuelle et éternelle; il lui confère du style non sans emphase. Il dessine, de

mémoire. Par là il obtient simplification des formes, accentuation des volumes et élimination du détail. Sa couleur est sans accent et ajoute peu à son dessin.

A l'heure où, gerbes et meules faites, les hommes ont cessé le travail, trois pauvresses ramassent, sous le soleil, les rares épis échappés aux moissonneurs. Sans physionomie distincte, anonymes dans une région indéterminée, ce sont « **les Glaneuses** ». On devine à peine leur visage fruste et rude. Dans ce champ tout uni, où des meules, une charrette forment seuls accidents sur l'horizon monotone, leur groupe prend une importance inattendue; geste lent et fatigué, vêtements usés, sabots, tout a ampleur, rythme et noblesse. L'œuvre revêt une solennité épique.

Le Berger loqueteux se profile, superbe et farouche, sur le ciel. Tout disparaît derrière sa majesté native. Aucune particularité individuelle ne diminue son caractère typique. Le troupeau forme masse, vie collective. La plaine est nue, rien n'en rompt la solitude.

Parfois Millet accentue sur le visage du paysan l'impression de misère et d'épuisement et traduit « le cri de la terre ». Le plus souvent il célèbre la noblesse du travail. Parfois il s'attendrit, c'est l'idylle, sans joli factice, sans aimable mensonge.

La Becquée; des marmots notés avec une sympathie intense; sens parfait des formes, des allures enfantines; beau geste de la mère, unité recueillie de la composition. La maison rustique définie en quelques

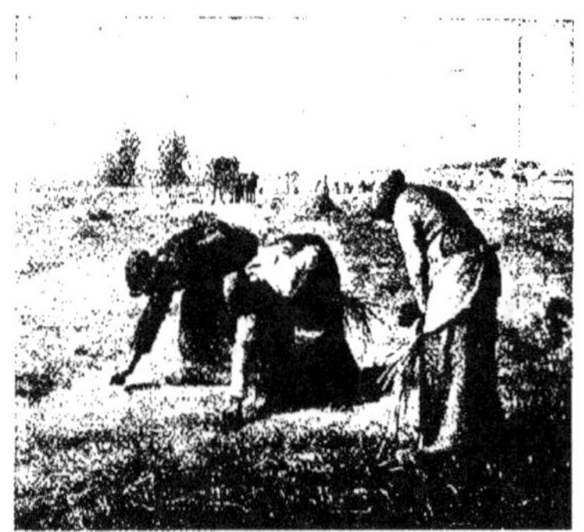

Cl. Lévy-Neurdein.

MILLET. — *Les Glaneuses.* — Musée du Louvre.

traits avec ses moellons grossiers dorés par le soleil et la vieille vigne au cep noueux qui abrite et égaye le seuil. La poule et ses poussins pour souligner la signification universelle de cette glorification de l'amour maternel. Au fond, le père travaille.

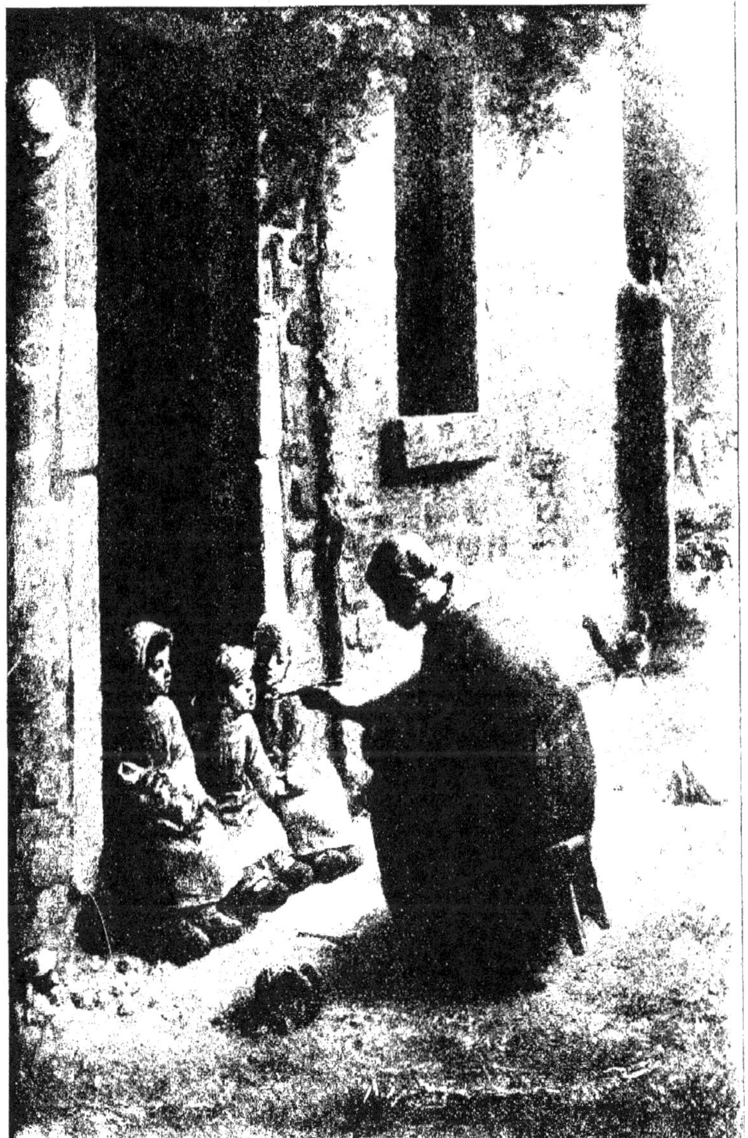

Millet. — *La Becquée*. — Musée de Lille.

LII. — COURBET

Millet n'est ni théoricien ni polémiste. Courbet (1819-1877), a aimé le bruit et le scandale. Ami de Proudhon, qui l'a représenté comme le peintre du socialisme, il n'y a, en réalité, pas de déclamation sociale dans son œuvre. Réaliste de tempérament, il a tort de condamner l'imagination, mais il a raison de proclamer l'intérêt pictural de son temps. Il a, à un haut degré, le sentiment de la vie physiologique, de la nature, s'exprime avec puissance et, malgré des vulgarités, avec souplesse; formé au Louvre, au contact des maîtres, c'est un magnifique exécutant.

L'Enterrement à Ornans, 1849. Un enterrement de village : mort anonyme, scène banale. Mais ce village est celui de l'artiste et c'est avec amour qu'il le célèbre. Le site est sévère : sous le ciel funèbre, l'horizon fermé par des falaises d'une grande allure ; cadre en harmonie avec le sujet. L'ordonnance a été imposée par les usages, protocole villageois dont l'artiste sait tirer parti. A droite les femmes vêtues de noir. Coiffes et mouchoirs et le chien, au premier plan, diversifient cette grande tache sombre. Au centre, deux vieux qui ont gardé le costume du siècle dernier et, par contraste, les notables en redingote, très dignes. Derrière le fossoyeur agenouillé, en manches de chemises, notes blanches mises en valeur, deux bedeaux aux trognes rougeaudes. Le curé, ses acolytes. Enfin le groupe des porteurs aux larges chapeaux. Le drap mortuaire, les enfants de chœur et les sacristains forment masse claire répondant au frac d'un des vieux et

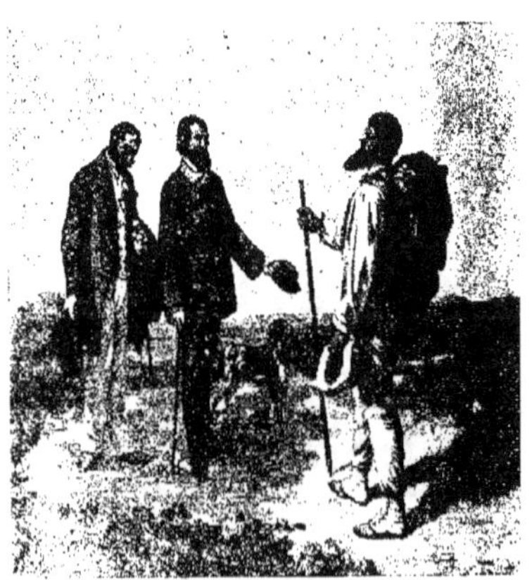

Courbet. — *La Rencontre.* — Musée de Montpellier.

au chien. Tous les acteurs de la scène sont des portraits. Il en est de gracieux. La plupart sont rudes, vigoureux, accentués. Intensité de vision, puissance de la traduction, convenance. Rien d'anec-

dotique ni de mesquin. Composition pleine, dense; unité. Cf., pour l'inspiration et l'exécution, Franz Hals, pour l'ordonnance, Velasquez.

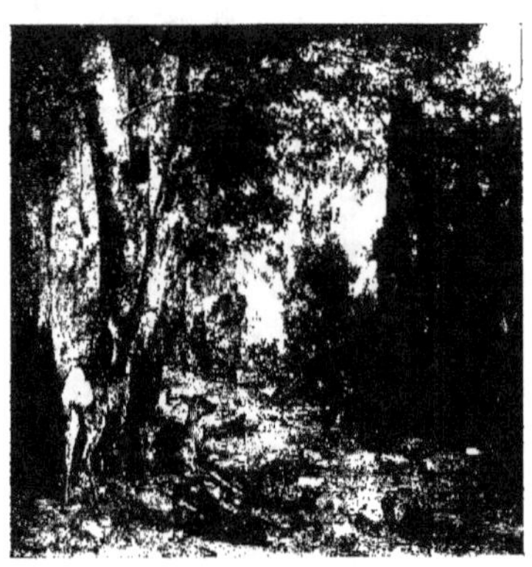

Courbet. — *La Remise des Chevreuils.* — Musée du Louvre.

Les contemporains furent choqués par cette véracité sans ménagement, odieuse aux classiques et à laquelle les mirages romantiques n'avaient pas préparé. Nous reprochons, à présent, à l'*Enterrement* sa tonalité sombre, l'absence de sentiment de plein air.

Courbet a cherché à réaliser le plein air. **La Rencontre**, 1854, surnommée, par plaisanterie « Bonjour, monsieur Courbet », est un effort en ce sens; réussite incomplète. Les silhouettes, restent modelées selon l'optique de l'atelier : étrangères à l'ambiance, définies par un dessin trop arrêté. Les ombres portées sur le sol sont trop dures. Ce n'en est pas moins une solide peinture. Sujet dont nul ne se choquerait plus aujourd'hui. Courbet, son attirail de paysagiste sur le dos, s'est donné une allure conquérante, avec une complaisance que l'on a raillée. Il semble accueillir, non sans condescendance, les hommages de son mécène, Bruyas. L'attitude de respect quasi religieux du domestique a aussi prêté à rire.

A côté des œuvres qui choquaient les susceptibilités du Second Empire, Courbet peignait des pages qui ne prêtaient à aucune controverse : paysages, marines, d'un sentiment sincère et profond.

La Remise des Chevreuils, 1866 : impression de fraîcheur, de solitude. Allures gracieuses des bêtes, beauté de leur robe. Peinture claire, plus juste de tons que les paysages romantiques. Pinceau d'une souplesse extraordinaire auquel Courbet a substitué, pour les rochers et pour certaines indications de masses, l'usage systématique du couteau à palette.

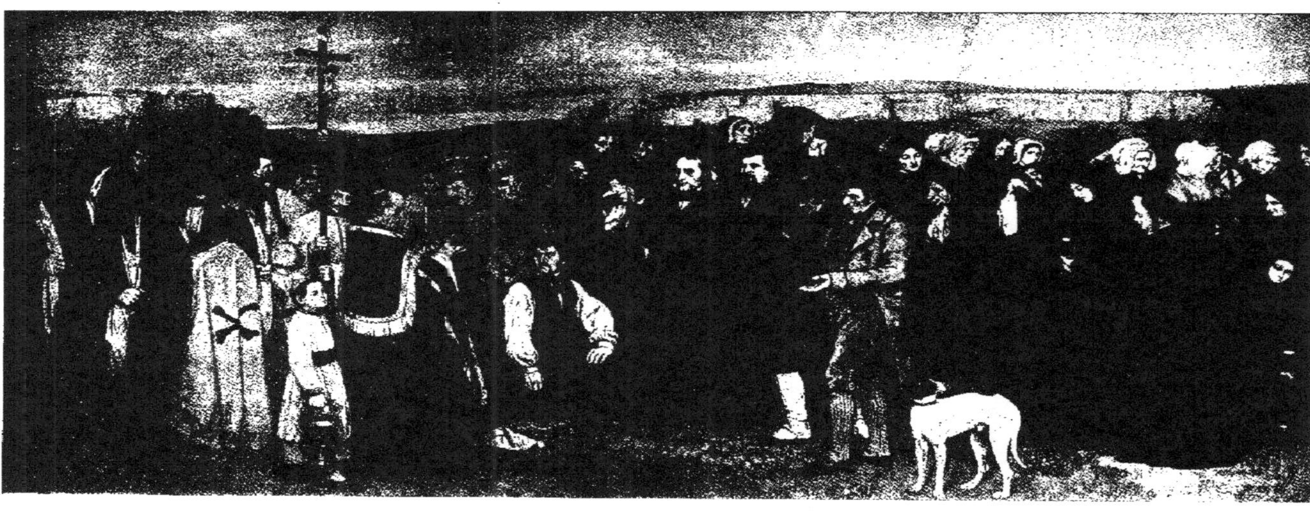

COURBET. — *L'Enterrement à Ornans.* — Musée du Louvre.

A partir de 1830 et pendant plus de quarante ans Honoré Daumier (1808-1879) a, dans une production incessante, manié la satire politique et sociale. Ses lithographies, où il combattait tour à tour la monarchie de Juillet, la réaction de 1850 ou les réactionnaires de 1871 et où il flétrissait spéculateurs et escrocs incarnés par Robert Macaire ont amusé, passionné ou scandalisé ses contemporains. Très peu d'entre eux ont reconnu, dans ce caricaturiste, un dessinateur original et novateur et l'on a ignoré son œuvre de peintre qui le classe parmi les maîtres les plus puissants.

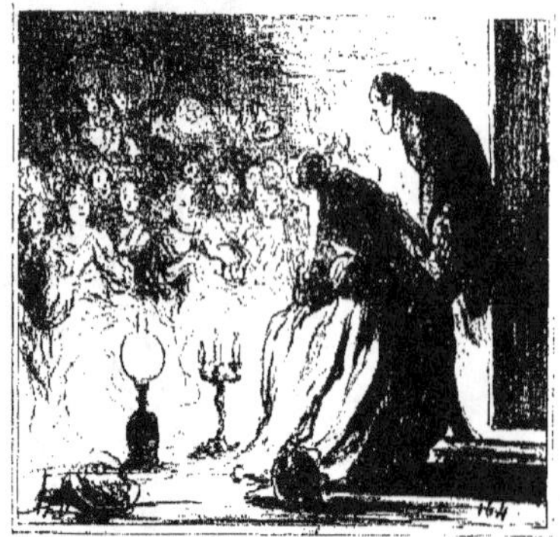

Cl. Lemars.

DAUMIER. — *Rappelés avec enthousiasme.* — Lithographie.

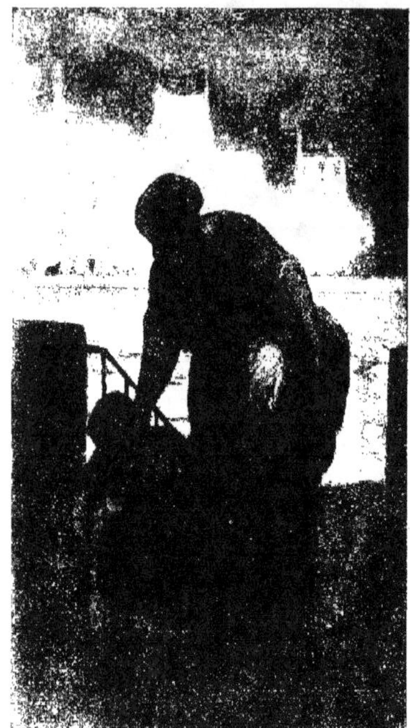

Cl. Bullos.

DAUMIER. — *La Blanchisseuse.* — Musée du Louvre

Rue Transnonain. En avril 1834, au cours d'une émeute, des soldats envahirent une maison et massacrèrent les habitants. Pour évoquer ce drame, Daumier nous montre des cadavres. Une femme dans l'ombre, un vieillard, un enfant, un homme en chemise, au pied de son lit défait : les victimes surprises dans leur sommeil étaient inoffensives et nul n'a été épargné. La lumière concentre l'intérêt sur un seul personnage central ; dessin synthétique, très sûr, savants raccourcis, tête puissamment caractérisée, cf. Géricault. Usage merveilleux de la lithographie qui se prête aux indications grasses et aux fortes oppositions. La page, dégagée de toute anec-

dote, prend une signification universelle. Dans un langage sobre et sublime, elle proteste contre les guerres civiles.

Rappelés avec enthousiasme, 1858. La comédie jouée dans un salon. Le dessin s'est assoupli ; rapide, nerveux, il surprend le mouvement et résume les foules. Curieuse observation d'un effet d'éclairage insolite. Recherches reprises à la fin du 19e siècle.

La Blanchisseuse. Art synthétique, sympathie pour les humbles, le geste quotidien magnifié, sans emphase, avec un sens profond du rythme. Originalité de l'éclairage, les personnages en silhouette. Unité et ampleur. Peinture grasse qui crée de grands partis et nourrit les volumes.

Daumier avait des instincts de sculpteur. **Ratapoil,** vers 1850, campé avec une autorité admirable, un sordide et insolent agent bonapartiste. Sens fougueux plastique, improvisation définitive, modèle de petite statuaire.

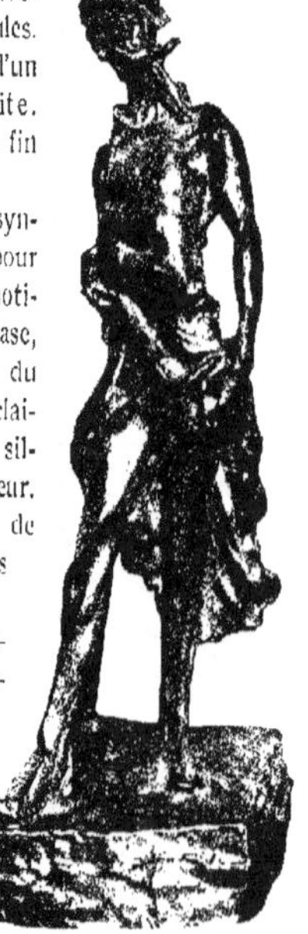

Cl. Les arts.

DAUMIER. — *Ratapoil.*

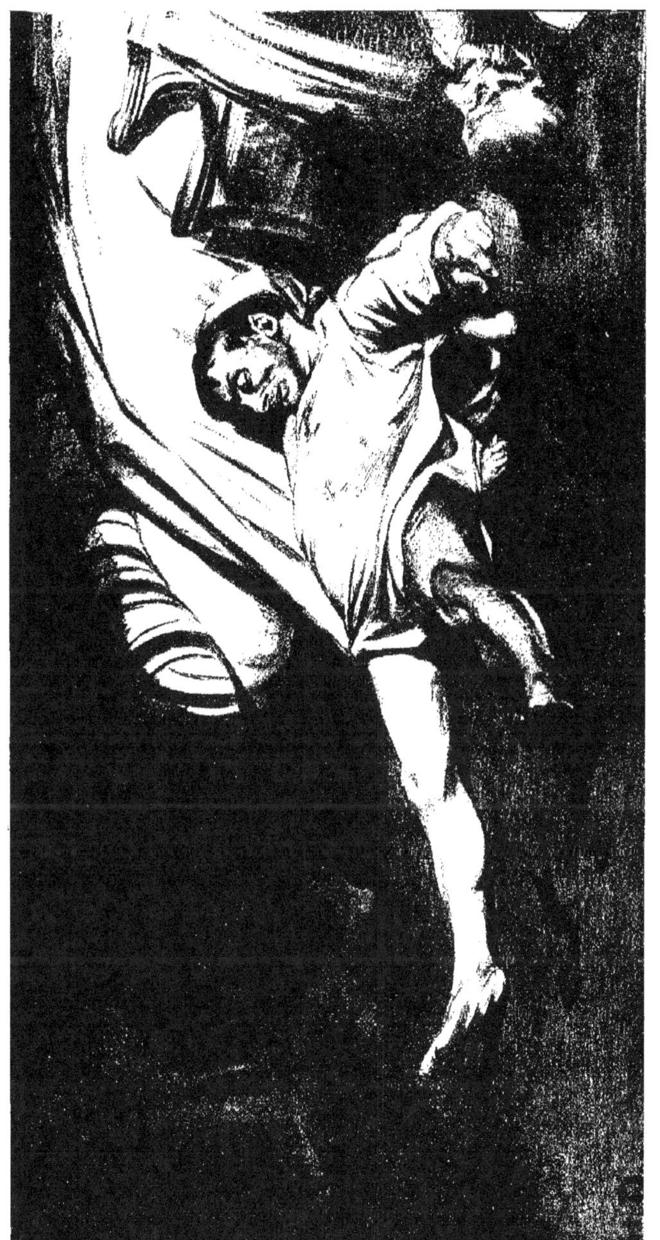

DAUMIER — *Rue Transnonain.* — Lithographie.

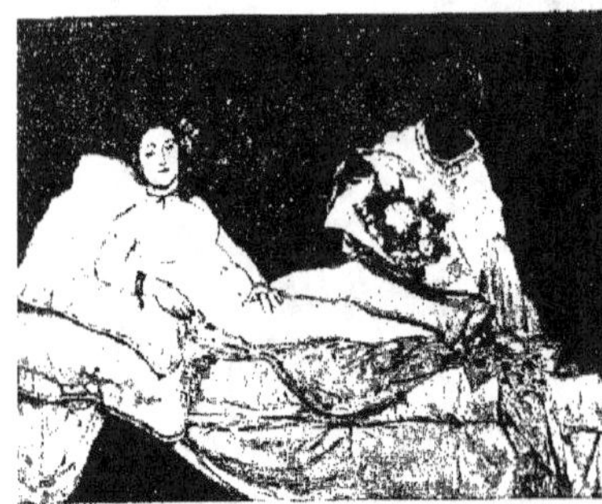

MANET. — *Olympia*. — Musée du Louvre.

Cl. Bulloz.

froids et stériles. Le Romantisme ne répondait plus à leurs préoccupations. Ils étaient frappés par la vigueur et la sincérité de Courbet, mais l'atmosphère du Second Empire les laissait étrangers aux aspirations qui avaient déterminé le Réalisme. Différents de tempérament et de tendance, ils s'accordaient pour attribuer moins d'importance aux sujets qu'à la façon de les traduire. Ils cherchèrent, avant tout des moyens d'expression nouveaux et libres. Le Salon des Refusés de 1863 montra l'ampleur du mouvement. La bataille était engagée. Déjà Manet s'était fait connaître. MANET (1832-1883) ne s'intéresse ni aux idées, ni aux sentiments; pur artiste, il peint ce qui s'offre à ses regards et se propose de traduire les spectacles non tels qu'ils peuvent être réellement, mais tels qu'ils lui apparaissent, déformés, imprécis, sans souci de correction, de science anatomique ou perspective, avec le seul désir de sincérité. Indépendant des traditions, il a des affinités avec les maîtres espagnols. Comme eux, il emploie, au lieu des tons ambrés empruntés aux Bolonais ou à Rembrandt, des gris cendré et des noirs charbonneux. Son pinceau, parfois brutal, est parfois d'une subtilité très raffinée. Les contemporains ont été scandalisés par cet art qui les déroutait.

Olympia, 1865. Non une Vénus (Giorgione), ou une Odalisque (Ingres), mais un vulgaire modèle parisien; non un type de parfaite beauté, mais un corps jeune, une tête inexpressive. Scène sans signification. Arrangement de peintre : orchestration de chairs sur des notes claires : châles, drap, oreillers, papier, fleurs, costume de la négresse et, en contraste violent, un chat noir, la tête de la négresse à peine distincts du fond. Expression des matières : chairs, étoffes, papier…, modelé du corps par valeurs très délicates, sans ombres conventionnelles. Morceau de maîtrise, innocent du scandale qu'il a suscité.

Au Balcon, 1869. Un instantané sans composition apparente. Pas de sujet : un groupe indifférent, surpris en une minute banale. L'intérêt vient de l'acuité de la vision, la mise en page imprévue, le caractère de ces airs de tête, ces coiffures, ces costumes, ces gestes où s'exprime la vie moderne, celle qui se transforme sans cesse, qu'on n'a pas encore vue, qui sera modifiée demain. Contraste entre la pleine lumière sur le balcon et l'intérieur de la pièce où l'œil ébloui devine, à peine, un jeune domestique, une assiette accrochée et une toile. Notation sommaire, franche, suggestive : elle réclame la sympathie et la collaboration du spectateur. Des morceaux nuancés : la robe blanche, les hortensias. Une figure d'une intensité admirable : la jeune femme noire, Berthe Morisot, peintre elle-même de grand talent.

Manet a repris le problème du plein air et, surtout après 1870, guidé par les estampes japonaises, appuyé par les recherches parallèles de Claude Monet, il a tenté, par la suppression de tout modelé, la disparition des tons neutres et des ombres noires, en « débarbouillant sa palette », en juxtaposant des taches véhémentes, vibrantes, claires, de donner l'illusion de la vive lumière.

Le Linge, 1876. La photographie ne rend pas l'aspect du tableau; elle exagère encore le caractère sommaire de la notation. Il faut imaginer les fleurs,

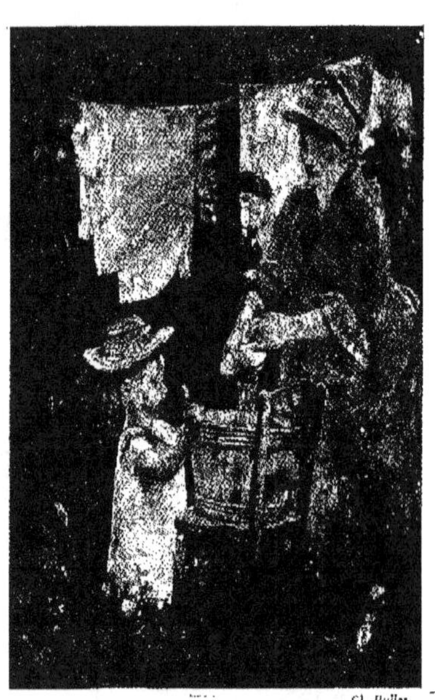

Cl. Bulloz.

MANET. — *Le Linge*.

roses, œillets, géraniums, les arbres verts, le linge éclatant, la mère à contre-jour dans une pénombre lumineuse, le bébé, silhouette claire un peu roide.

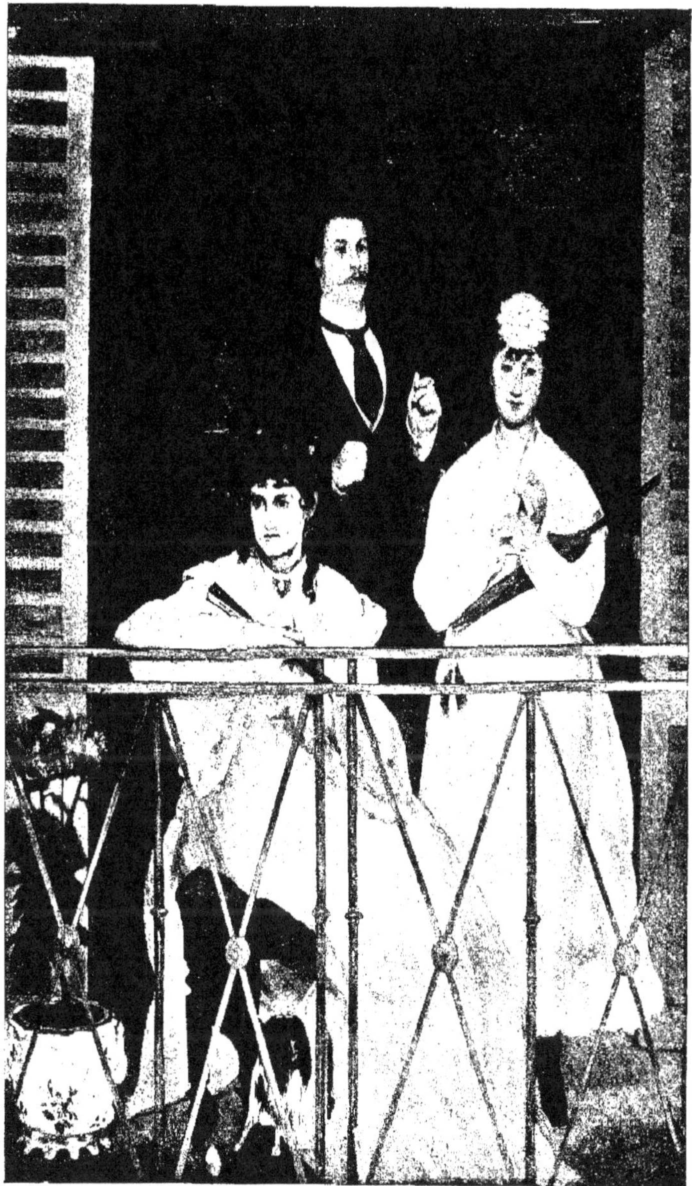

MANET. — *Au Balcon.* — Musée du Luxembourg.

LV. — CLAUDE MONET ET LES IMPRESSIONNISTES : CÉZANNE

Peu après les débuts de Manet, de jeunes artistes, presque tous influencés d'abord par Courbet et Corot, renoncèrent à peindre dans l'atelier et usèrent de méthodes de plus en plus audacieuses pour traduire l'impression directe et les effets du plein air. On les

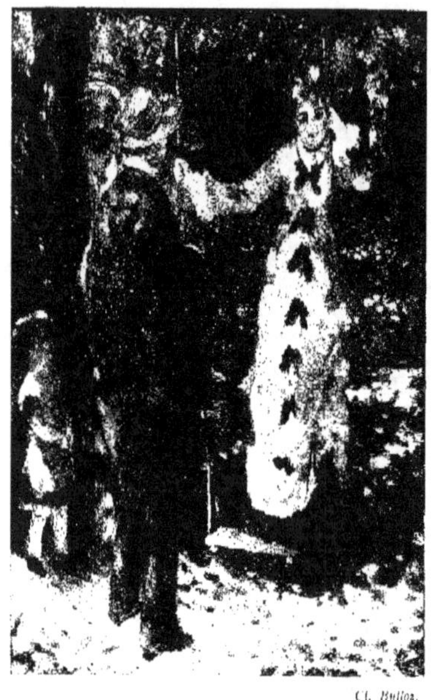

RENOIR. — *La Balançoire.* — Musée du Luxembourg.

appela, en 1874, les Impressionnistes. Ils ne formèrent pas une école, mais un groupe aux tendances analogues. D'une façon générale, ils s'interdisaient toute composition, puisaient dans la réalité, cherchaient la mise en page imprévue, renonçaient au clair-obscur, surpprimaient les contours, ne donnaient pas aux choses leur couleur permanente (ton local), mais saisissaient leurs aspects changeant par l'éclairage, les reflets. Ils profitaient des travaux de Chevreul sur l'optique des couleurs, réclamaient la collaboration du spectateur ; mélanges optiques (jaune et bleu juxtaposés suggèrent vert), couleurs complémentaires (une tache jaune crée un cerne violet). Ils bannissaient le noir de leur palette. Longtemps inintelligibles pour le public, raillés, persécutés, ils dominent la fin du 19ᵉ siècle. Le plus représentatif fut Claude Monet.

CLAUDE MONET (1840-1926) avait une exceptionnelle sensibilité visuelle, une grande rapidité d'exécution. Il fixait des impressions fugitives par une technique audacieuse perpétuellement renouvelée pour chaque œuvre. Il a pu, d'après quelques meules, la façade de la cathédrale de Rouen, les ponts de Londres, peindre dix, vingt tableaux, notés chacun à une heure, sous un éclairage différent. **Vétheuil**, un village sous la neige, près de la Seine, vu de l'autre rive. L'œil devine, sans les définir, dans l'air opaque, l'église, les toits, les arbres dépouillés, la haie le long de la berge, le fleuve qui charrie. Aucune architecture, pas de ligne directrice, aucun contour, des taches juxtaposées dont la photographie ne peut rendre la variété, les rapports, l'harmonie. Art d'équivalences, de suggestions, musical.

RENOIR (1841-1919), coloriste raffiné, séduisant. **La Balançoire**, l'impressionnisme appliqué à la figure humaine : les personnages mêlés à l'ambiance par des influences réciproques : taches de soleil, reflets de verdure, sur les têtes, les costumes ; impression d'été, de chaleur et, aussi, de vie élégante, de joyeux repos. Aucun sujet précis : intérêt de la vie présente, des mœurs, des modes.

On confondit longtemps avec les Impressionnistes des novateurs qui ne leur ressemblaient que par l'indépendance : Degas, dessinateur aigu, curieux de notation rare des allures et des gestes, et Cézanne.

Cézanne (1839-1906), loin de chercher les sensations fugitives, subtiles et la féerie impressionniste, veut rendre l'espace, les volumes, les aspects permanents, l'architecture des choses. Cet objet classique, il renonce à l'atteindre par des procédés traditionnels, supprime les ombres et met en place par des taches colorées d'une valeur juste. **L'Estaque**, la côte de Provence où il a vécu : une mer calme, des lignes simples, grandeur et sérénité. Cézanne a exercé une influence essentielle sur les générations qui ont réagi contre l'emprise de l'impressionnisme. Les peintres actuels tendent, à travers des fièvres (cubisme), à créer un art à la fois libre et néoclassique.

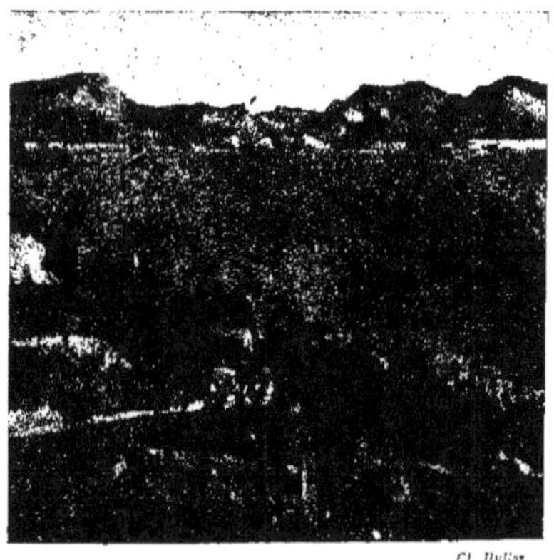

CÉZANNE. — *L'Estaque.* — Musée du Luxembourg.

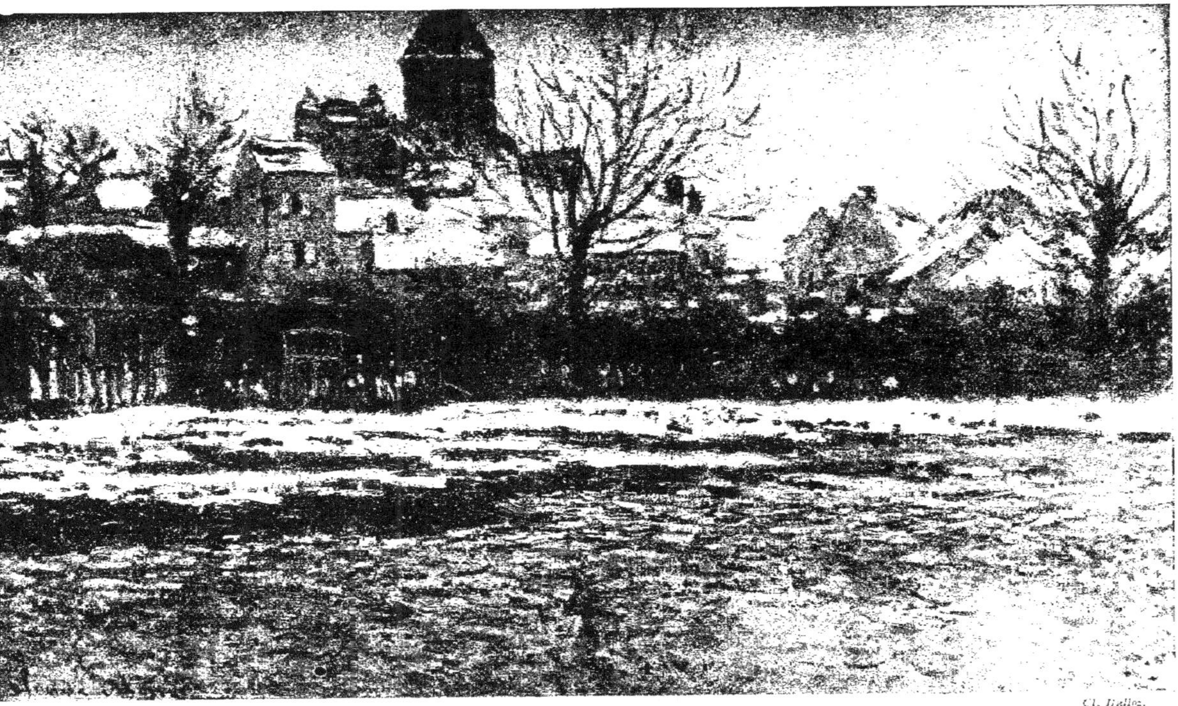

CLAUDE MONET. — *Vétheuil.* — Musée du Luxembourg.

LVI. — LA SCULPTURE AU XIXᵉ SIÈCLE : RUDE ET BARYE

De la Restauration, des sculpteurs tentèrent, comme les peintres romantiques, de se libérer de l'héroïque tension de l'art impérial.

RUDE (1784-1855), armé de la science la plus solide, ne veut exprimer que les formes vivantes. **Le Pêcheur napolitain** n'est pas un Dieu enfant, mais un bambin grêle, à la figure vive encadrée de cheveux ébouriffés. Innovation en 1833; il demeure admirable par la vivacité et le bonheur d'une observation fraîche, harmonieuse, sans convention, ni contrainte.

Rude partage les grandes émotions de son temps;

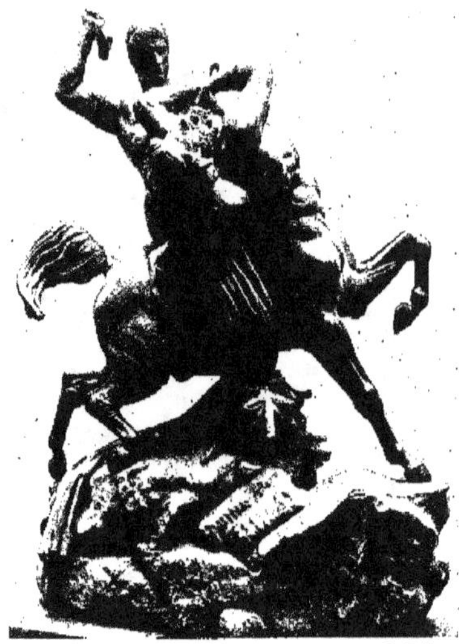

BARYE — *Centaure et Lapithe* — Musée du Puy.

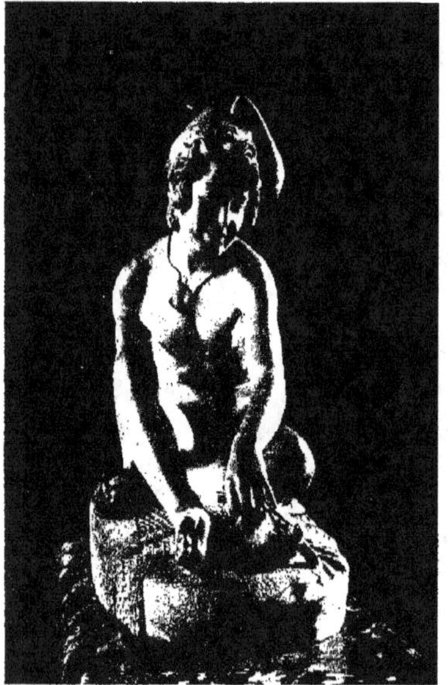

RUDE. — *Pêcheur napolitain.* — Musée du Louvre.

les ressorts cachés. De là, sa prédilection pour les fauves. Le **Jaguar dévorant un Lièvre**, 1850 : une bête de proie crispée dans un effort qui gonfle tous ses muscles; machine féroce toute en action. Beaux jeux de la lumière sur le bronze.

Le **Combat du Centaure et du Lapithe**, 1850 : même parti. Puissance physiologique, véhémence et, aussi, noblesse, équilibre, belles masses, heureuse silhouette : vivant et classique.

de là la puissance et l'élan patriotique du célèbre **Départ de l'Arc de Triomphe de l'Étoile**. La **Jeanne d'Arc**, 1852, n'est pas une amazone héroïque, telle qu'on la figurait avant lui; c'est une paysanne, sans élégance; visage aux traits fermes, costume rustique. La main levée près de l'oreille par un geste expressif, elle est sous l'empire de ses voix; moins mystique, d'ailleurs, que prête à agir.

Avant tout animalier, BARYE (1795-1875), étudie dans les êtres vivants les forces internes qui les font agir : art dynamique : volumes et surfaces expriment

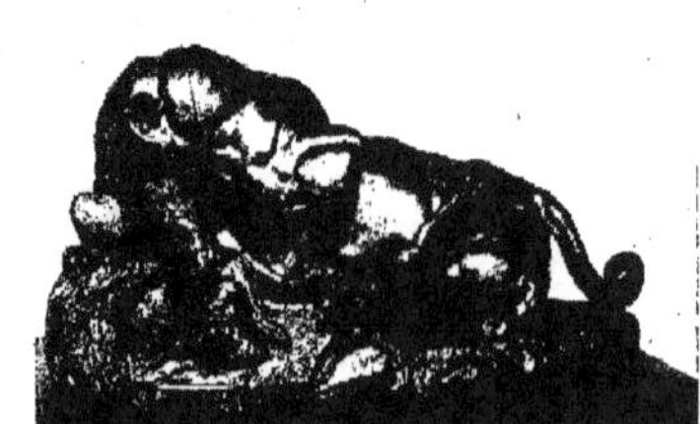

BARYE. — *Jaguar dévorant un Lièvre.* — Musée du Louvre.

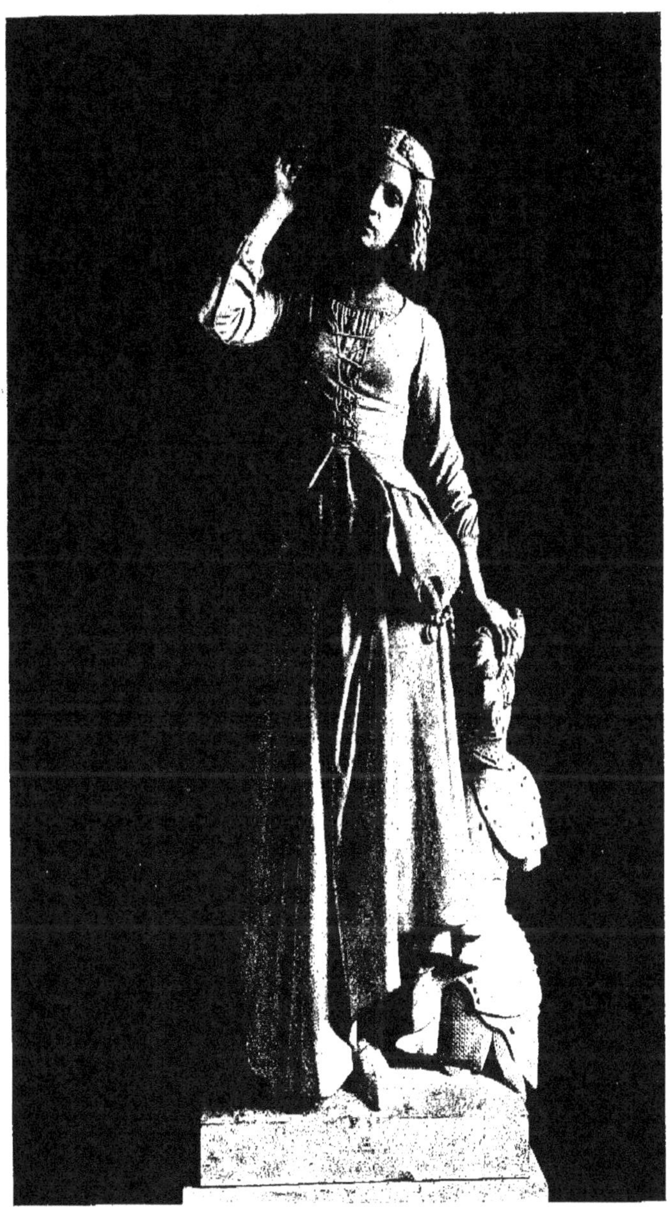

RUDE. — *Jeanne d'Arc*. — Musée du Louvre.

LVII. — LA SCULPTURE AU XIXe SIÈCLE : CARPEAUX ET RODIN

Carpeaux (1827-1875) porte au paroxysme l'expression du mouvement ; la grâce du 18e siècle reparaît avec une fièvre où se reflète la vie de plaisir du Second Empire. Génial pétrisseur de glaise, l'artiste communique à la matière un frémissement sensuel. Placée à la façade de l'Opéra, **la Danse**, 1869, provoqua d'abord un violent scandale. De modernes bacchantes, à la joie déchaînée, sont entraînées dans une ronde frénétique par un adolescent gracile, qui, échevelé, rythme leur sarabande de son tambourin. Le tourbillon est suggéré par les lignes sinueuses, contrariées, la notation d'équilibres instables, la division des volumes, avec des jeux véhéments de lumière et d'ombre, sans masse qui marque un repos. Merveilleuse et trépidante exécution plastique : sculpture pittoresque, aucun sens architectural.

Achevé en 1872, au lendemain de la guerre, le groupe, **les Quatre Parties du Monde**, vivant et en mouvement, a une allure plus mesurée ; le modelé est plus ample, plus simple ; moins d'accidents, recherches de grands partis : lignes d'une noble venue. Conception grave : Carpeaux exprime en langage de statuaire, l'égalité des races et leur collaboration à la marche

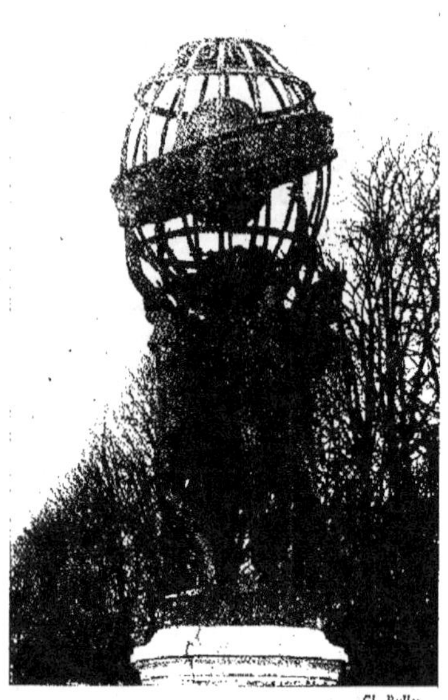

Cl. Bullos.

CARPEAUX. — *Les Quatre Parties du Monde.*
Fontaine de l'Observatoire, Paris.

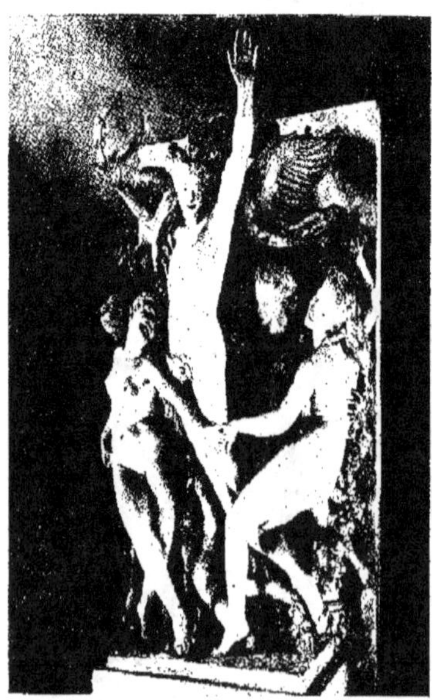

Cl. Bullos.

CARPEAUX. — *La Danse.*
Académie Nationale de Musique et de Danse.

du monde : les types ethnographiques sont fixés avec une rare intelligence. Parenté avec les conceptions plastiques du 17e siècle. Caractère grandiose, silhouette monumentale mise en valeur parfaite.

Cette statuaire vivante, passionnée, dramatique, a reçu sa suprême expression de Rodin (1840-1917), une des plus magnifiques organisations de sculpteur qui aient jamais existé : envergure de pensée, originalité de vision, science plastique, liberté de traduction. Capable de serrer la forme exacte, il aime à la plier, l'hypertrophier, lui imprime sa personnalité, l'asservit à son génie, crée, comme Michel-Ange, des géants ; incomparable portraitiste.

Les Bourgeois de Calais, 1895, qui se dévouent pour leur ville. Six statues librement juxtaposées, qu'animent mieux que tout arrangement convenu, une pensée, un rythme, une idée plastique uniques. Résolution d'Eustache de Saint-Pierre, qui tient la clef, résignation, désespoir, regrets, force d'âme communicative. La grandeur du sacrifice, l'héroïsme exprimés par l'intensité expressive, l'ampleur des volumes, les formes magnifiées en dehors de tout canon, au mépris des rythmes reçus.

En réaction contre ce lyrisme, les sculpteurs actuels recherchent un art calme, synthétique, architectural, de plein air.

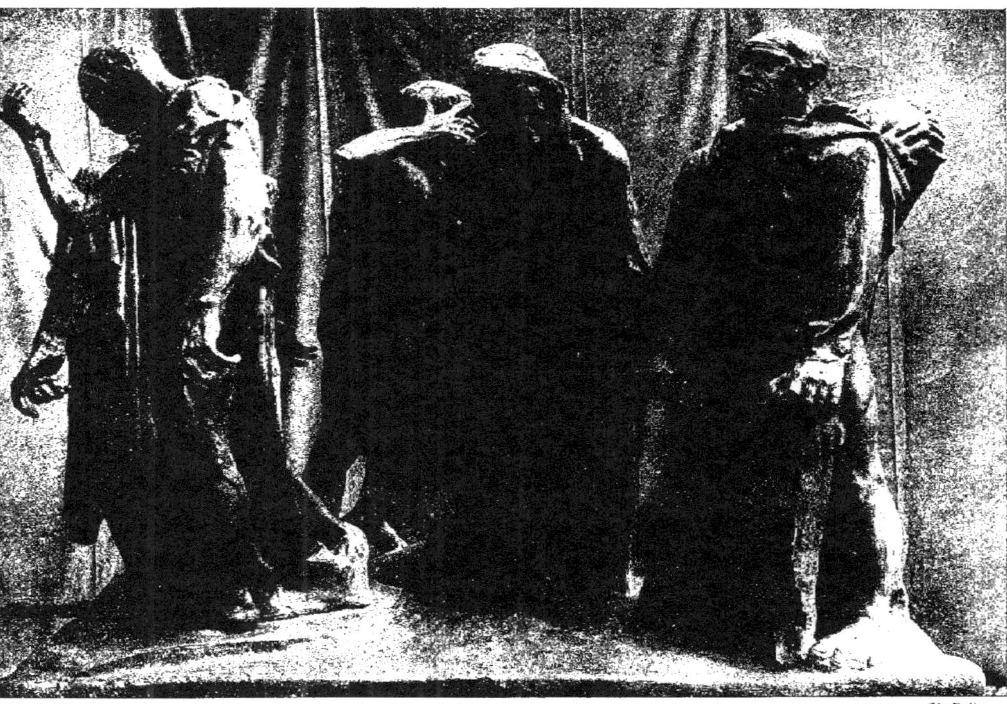

RODIN.   *Les Bourgeois de Calais.* — Calais.

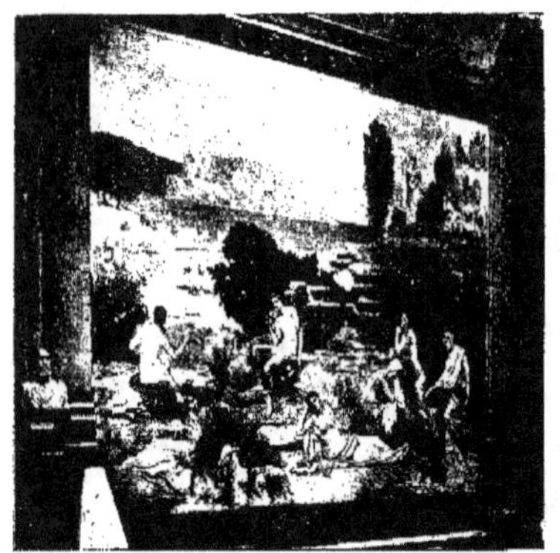

Cl. Sylvestre.

PUVIS DE CHAVANNES. - *Vision antique.* — Musée de Lyon.

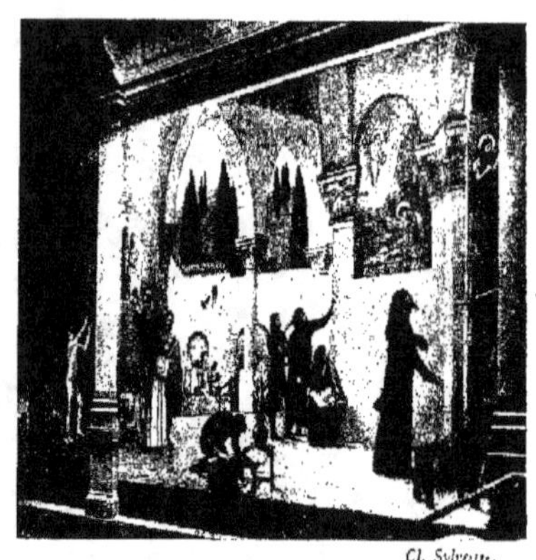

Cl. Sylvestre.

PUVIS DE CHAVANNES. — *Inspiration chrétienne.* — Musée de Lyon.

PUVIS DE CHAVANNES (1824-1898) a surtout consacré son art à la peinture monumentale. Delacroix avait (à la Chambre des Députés, au Sénat, à Saint-Sulpice), couvert les murailles de visions colorées. Reprenant les recherches d'Ingres (*Apothéose d'Homère*, p. 101), d'Hippolyte Flandrin, élève chrétien d'Ingres, (Saint-Germain des Prés) et surtout de Chassériau (décoration détruite de l'ancienne Cour des Comptes), Puvis de Chavannes a adopté, pour ses compositions peintes sur toile et collées (marouflées) sur les murs, les tonalités amorties de la fresque. Ses œuvres donnent une impression de grandeur et de sérénité; elles appellent le recueillement et la méditation. Il développe de grands lieux communs : la Paix, la Guerre (à Amiens), l'Été, l'Hiver à Paris, évoque la vie de Sainte-Geneviève (au Panthéon), glorifie tour à tour Marseille, Rouen. Avant tout, il célèbre les nobles vertus, le patriotisme (à Amiens) et les joies supérieures que donnent la pureté morale et la culture des hautes facultés de l'esprit (à la Sorbonne, à Boston). Il s'exprime d'une façon synthétique : dessin abrégé et fortement caractérisé, gestes sobres, paysages ou architectures évoqués par des traits essentiels. La composition, très étudiée sous une apparence de liberté, est ample et claire. Le modelé est atténué, la couleur, dont l'esprit varie selon les convenances de chaque édifice, est subordonnée. L'exécution matérielle s'efface le plus possible. Cette réserve hautaine dissimule une sensibilité délicate. Cet art héroïque, aux aspirations sublimes, demeure profondément humain.

La décoration exécutée de 1884 à 1886 pour l'escalier du Palais des Arts à Lyon forme un ensemble caractéristique à la fois et du génie de Puvis de Chavannes et de la pensée idéaliste qui a animé, en réaction contre le réalisme, les écrivains et les artistes parnassiens, symbolistes, ses contemporains.

Le Bois sacré cher aux Arts et aux Muses. — Défendu contre les bruits du monde, par de grands bois, un parc où le ciel se reflète dans un lac d'or. Près d'un petit édicule ionique évocateur du génie grec, les Muses, aux attributs à peine visibles, toutes unies dans une même délectation, goûtent le charme du site noble et entendent l'appel des messagères célestes. Un même rythme unit les corps jeunes, les colonnes, les arbres au jet droit et le site apaisé. La lyre semble y ajouter une musique ineffable.

Deux voies conduisent à cet asile d'élection, l'intelligence du réel, la divination de l'au-delà. Chacune d'elles a sa noblesse que Puvis de Chavannes nous propose avec une largeur souveraine de compréhension.

Vision antique. — Près de la Méditerranée céruléenne, le sol rocheux où poussent le laurier, l'olivier, les pins et les figuiers. Tout rayonne dans la pleine lumière; tout convie à la joie. Les beaux corps se déploient en attitudes harmonieuses et nobles dans ce cadre préparé pour eux. Une jeune femme étendue est la nymphe des sources, une autre qui médite est une muse; un chevrier joue de la flûte; devant un berger se révèle une déesse, âme de cette terre inspiratrice; sur la plage, des cavaliers caracolent comme aux Panathénées. Un monde d'images, de sensations, de pensées empruntées aux écrivains classiques surgit spontanément et aide l'artiste dans cette communion avec la nature où semble circuler le divin.

Inspiration chrétienne. — Dans un austère couvent italien, au delà duquel la terre, vouée à la tentation et au péché, se devine plantée de cyprès funèbres, des moines et des artistes consacrent leurs pensées et leur art à la religion. Une Vierge sculptée, portant l'enfant une fresque « Le Christ au jardin des Olives » traduisent leurs aspirations. Leurs attitudes, leur être tout entier, expriment le renoncement au monde, l'exaltation de la vie spirituelle et le sentiment d'une mission grave. Composition rythmée dans l'espace; harmonie froide qui souligne la pensée. Silhouettes synthétiques où l'observation directe se revêt de style.

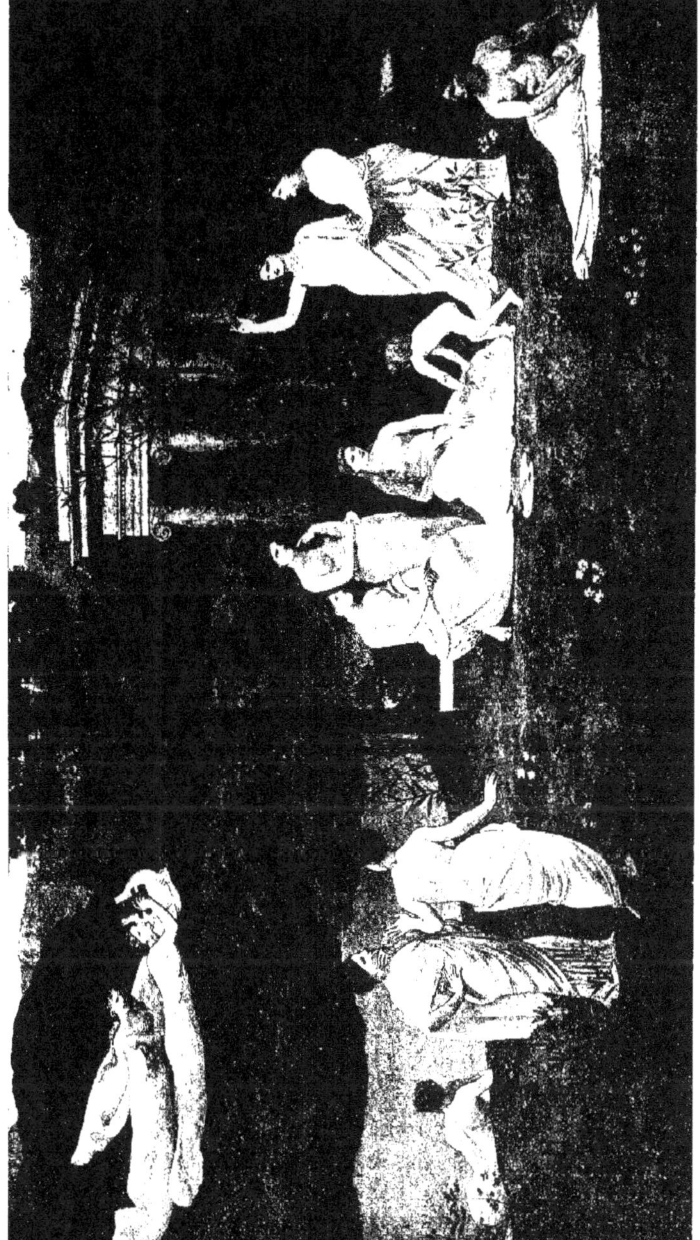

PUVIS DE CHAVANNES. — *Le Bois sacré cher aux Arts et aux Muses.* — Musée de Lyon.

L'art français a dominé le 19e siècle. Hors de France, la vie artistique a été intense, des foyers d'art affaiblis ou éteints se sont rallumés (Hollande, Flandres (Belgique), Allemagne, Espagne...), d'autres se sont manifestés (Russie, États-Unis...). Quelques artistes, certains monuments ont eu une influence mondiale. En voici trois exemples.

Les préraphaélites anglais ont, à partir de 1849, prétendu régénérer l'art en renonçant aux conventions pratiquées depuis Raphaël pour retrouver l'ingénuité du 15e siècle. Ils ont voulu concilier l'exac-

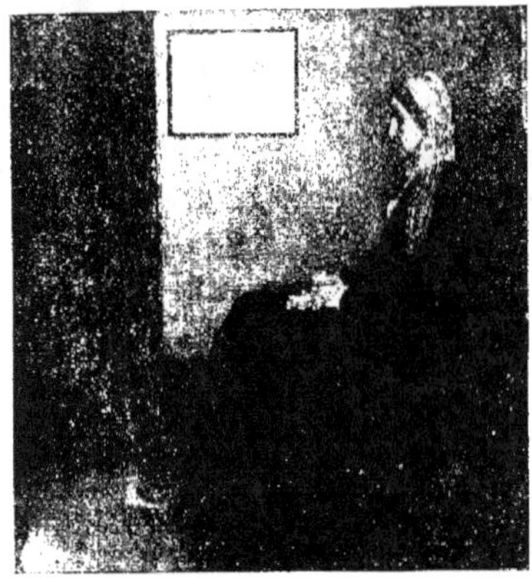

WHISTLER. — *Portrait de sa mère.* — Musée du Louvre.

titude minutieuse et les préoccupations idéalistes ou religieuses. D.-G. Rossetti (1828-1882), poète et peintre raffiné, est un des chefs de cette réforme. **Beata Beatrix**, 1863, peint en mémoire de sa jeune femme bien aimée. Trop pure pour le monde, Béatrice, l'amie mystique de Dante, va retourner au ciel. Son heure est marquée sur le cadran solaire. Une colombe céleste, nimbée, lui apporte la fleur symbolique du pavot : le drame silencieux et ineffable s'accomplit. Comme en un rêve, on aperçoit Dante dans une angoisse tragique, et, baigné de lumière, l'Amour qui tient dans la main un cœur brûlant d'une flamme inextinguible. Peinture aux intentions complexes, invention précieuse.

L'américain Whistler (1834-1902), ami des impressionnistes français, doué de la sensibilité la plus subtile, a cherché les sensations rares et conçu ses peintures comme des symphonies sur un ou deux tons orchestrés en nuances. Le **portrait** de la mère de l'artiste, 1883, est un « arrangement en gris et noir », aux douceurs mélancoliques, aux indications synthé-

tiques en accord intime avec l'aspect de douceur, de mélancolie, de lassitude et de résignation du modèle. Cette « écriture artiste » a exercé une grande influence sur les peintres anglo-saxons.

Millet avait exalté les paysans. Le sculpteur belge Constantin Meunier (1831-1905) a révélé la grandeur de la vie ouvrière. **Le Marteleur**, 1886, est conçu avec une majesté, une simplicité épique. Aucune particularité mesquine, costume vrai et typique, tête énergique, osseuse, vivante, mais non individualisée; un corps puissant, large poitrine, développé par le travail; pas de fausse élégance, ni d'inutile brutalité : attitude noble naturellement, vraie. Un homme libre, déterminé, qui accomplit sans en être accablé, avec une force réfléchie, un travail dur, dont il sait la valeur. Réalisation par larges plans, beaux volumes sur lesquels joue la lumière. Sentiment neuf, parti plastique qui a agi sur les sculpteurs contemporains.

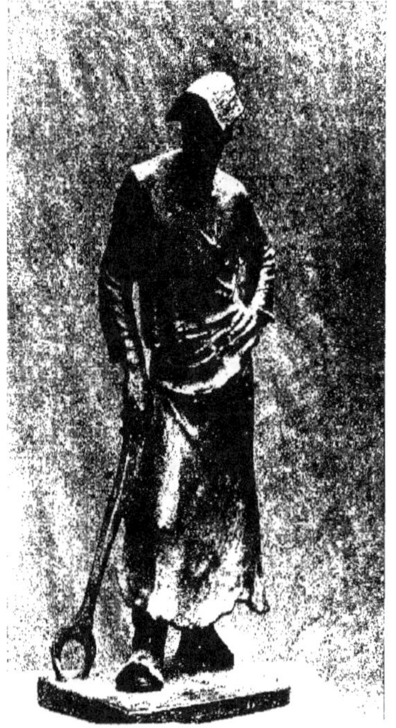

CONSTANTIN MEUNIER. — *Le Marteleur.*

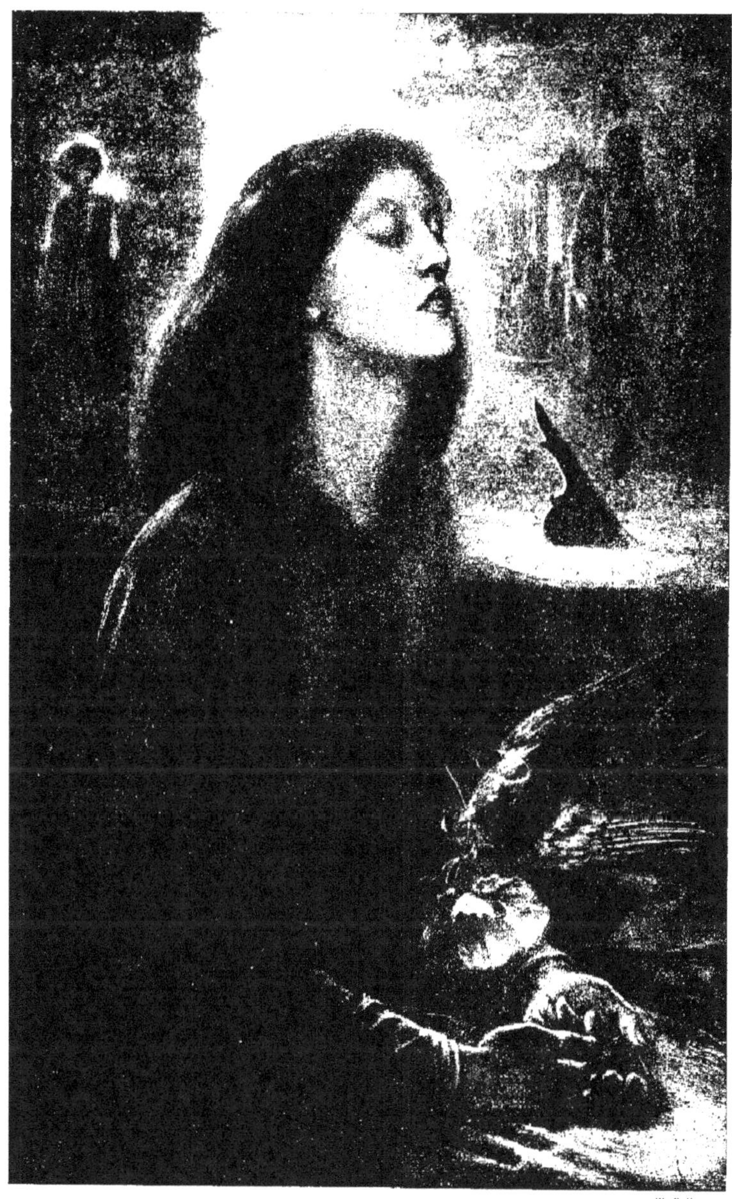

D. G. Rossetti. — *Beata Beatrix*. — National Gallery, Londres.

LX. — ARCHITECTURE DES VILLES MODERNES

Les architectes du 19e siècle, après s'être inspirés de l'antiquité gréco-romaine, ont successivement pastiché tous les styles. Les édifices religieux ont été des temples romains, au début du siècle; des basiliques sous la Restauration, des églises gothiques depuis Louis Philippe. Plus près de nous on s'est inspiré, avec un peu plus de liberté, du roman ou du byzantin. Les bâtiments civils ont observé, plus ou moins, les ordonnances classiques ou les exemples de la Renaissance. On y a constamment sacrifié la distribution intérieure à la beauté et à la symétrie des façades. Cependant quelques esprits vigoureux sentaient la nécessité d'une inspiration originale. La civilisation contemporaine propose des programmes nouveaux ou renouvelés. Gares, hôtels, salles de réunion, parlements, écoles, musées, salles de spectacles, hôpitaux, stades, si l'aspect n'en est pas négligeable, valent par leur commodité. Ils imposent une architecture rationnelle. D'autre part il est nécessaire, dans la plupart des cas, de couvrir des surfaces considérables. Les matériaux traditionnels peuvent malaisément y suffire. La science et l'industrie donnent à la construction des possibilités inédites, offrent des matériaux nouveaux: fer, ciment armé. De là, malgré de vives résistances, une rénovation qui s'accomplit sous nos yeux.

LABROUSTE (1801-1875), dès 1868, dans la **Salle de Travail de la Bibliothèque nationale**, par l'utilisation de la fonte et du fer, crée un abri adapté aux besoins matériels des lecteurs : clarté, facilités de circulation, de consultation des catalogues, de magasinage et de distribution des livres, dangers moindres d'incendie; moraux (cadre spacieux, harmonieux). Piliers très minces qui ne rompent pas l'unité, coupoles légères qu'on a pu élever très haut; galeries à jour pour accéder aux rayons. Beauté qui vient : du goût de l'artiste, courbes heureuses, noblesse de l'hémicycle de la porte monumentale pratiquée entre la salle de lecture et les magasins, sobriété du décor; de l'affirmation du programme : les livres qui garnissent les murs ont un rôle décoratif; — et aussi de la franchise du parti : la fonte et les fermes de

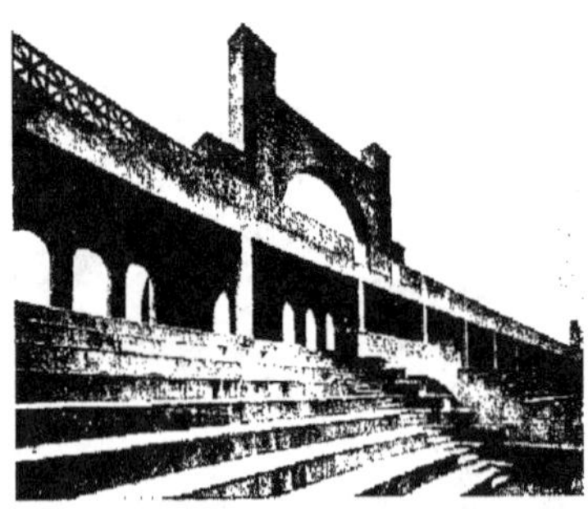

fer accusées. Beauté moderne, sans rupture violente avec les traditions conservées pour la décoration : médaillons, caryatides.

Le Stade élevé à Lyon par M. TONY GARNIER, répond à un besoin disparu depuis l'époque romaine : réunir en plein air des foules immenses autour d'une piste organisée pour les courses, sports, évolutions rythmiques exécutées parfois par des milliers de gymnastes. Construit en béton et ciment armé, les gradins revêtus de pierre, il n'emprunte rien aux formes traditionnelles (ordres), n'offre aucune décoration ni peinte, ni sculptée. Cadre nu, dans lequel les spectateurs apportent diversité, mouvement, couleurs, admirablement adapté à sa

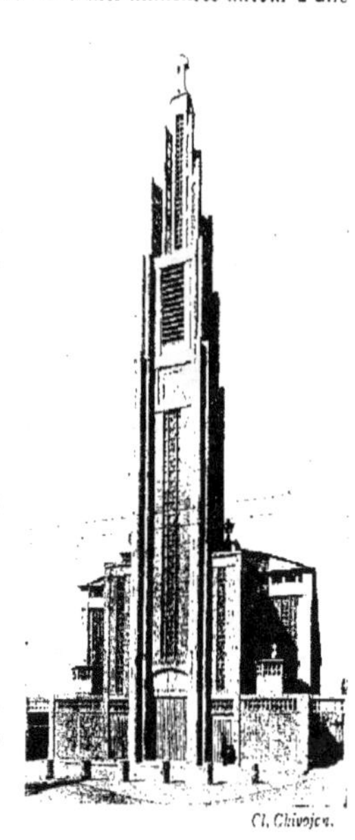

LES FRÈRES PERRET.
Notre-Dame. — Le Raincy.

destination : les foules y circulent, s'y installent, l'évacuent avec rapidité. Des salles voûtées sous les gradins peuvent accueillir une armée d'athlètes. Quand il sera achevé, il sera entouré de dépendances multiples : piscines, hôtels, garages, pistes d'entraînement, terrains de tennis, au milieu desquels il se dressera, enveloppé de talus gazonnés et plantés d'arbres, majestueux avec ses arcs triomphaux qui se dressent vers le ciel. Art novateur dans ses formes et classique dans son esprit, d'une grandeur, à la fois, moderne et romaine.

L'église du Raincy par les frères PERRET : l'application du ciment armé et des formules neuves à un programme traditionnel. Selon l'exemple du Moyen âge, expression sensible de l'élan des âmes, jet des lignes verticales, avec une hardiesse que la pierre ne pouvait obtenir; les grandes baies obturées avec un système ingénieux et très simple de treillage : simplicité imposante, sobriété des moulurations, jeu calculé des pleins et des vides.

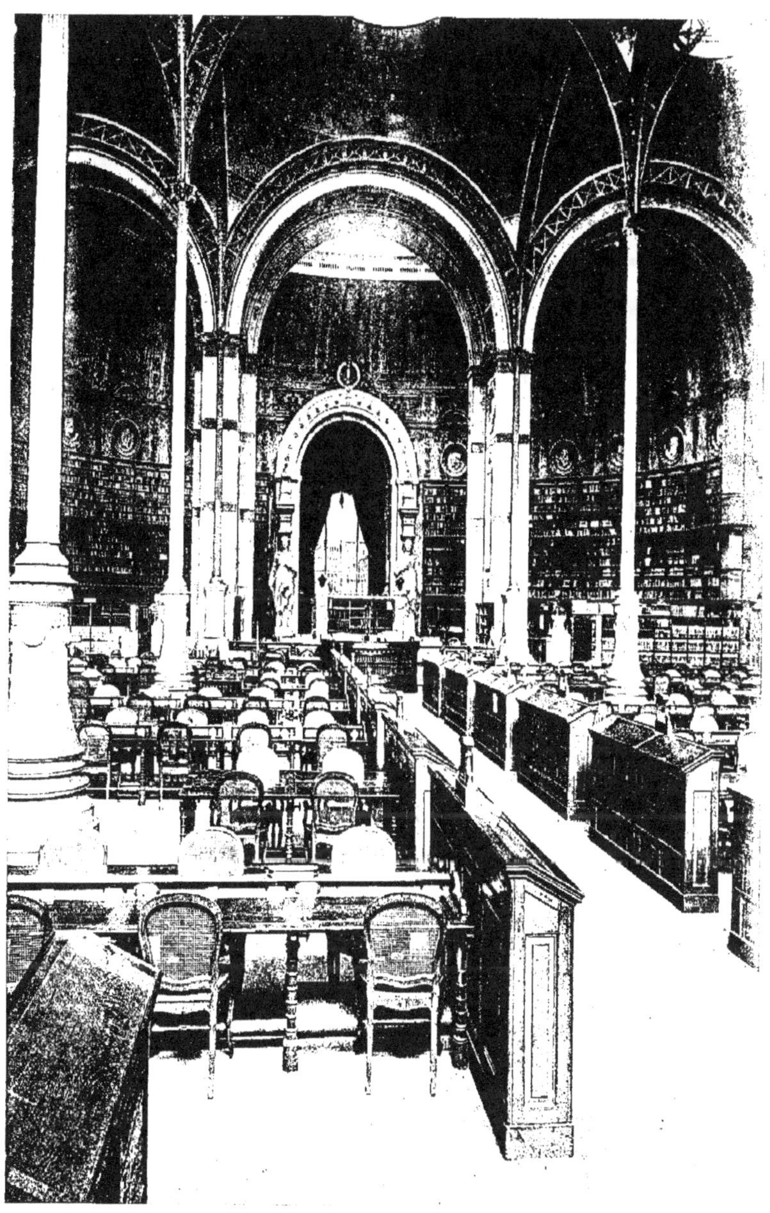

LABROUSTE. — *La Salle de Travail du département des Imprimés à la Bibliothèque Nationale.*

LXI. — ART DÉCORATIF CONTEMPORAIN

Les arts appliqués à la vie ont été, plus encore que l'architecture, obsédés, au 19e siècle, par l'imitation du passé. A la fin du siècle, des efforts d'affranchissement (art nouveau, modern style), malgré beaucoup de talent, n'avaient pas abouti. Le mouvement a repris dans les premières années du 20e siècle. L'exposition internationale de 1925 en a marqué la vitalité et l'ampleur. Les artistes s'appliquent à se conformer aux programmes pratiques, à mettre en valeur les matières, à constituer des ensembles en accord avec l'architecture des intérieurs. Tendance générale au confort et à la sobriété, réaction contre le fouillis, les bibelots. Meubles aux formes simples, massives, en bois des colonies (les bois de France, chêne, noyer, devenus très rares), pas de sculptures, peu de moulurations, usage des incrustations, des placages. Les sièges sont souvent bas, très rembourrés (influence de l'automobile); les meubles peu élevés, à hauteur d'appui. Grande ingéniosité pour les tissus, tentures, tapis. L'électricité permet des effets nouveaux et une grande variété dans le luminaire.

Une **chambre à coucher** par RUHLMANN. Distinction raffinée; le caractère obtenu par l'élimination de tout objet de pur décor, Nudité riche. Unité autour du lit puissant. Belles matières, beau travail. Meubles bas, aux lignes très étudiées: harmonie subtile des bois aux tons profonds et de l'ambiance grise (tapis, tentures). Luminaire très discret. Radiateurs

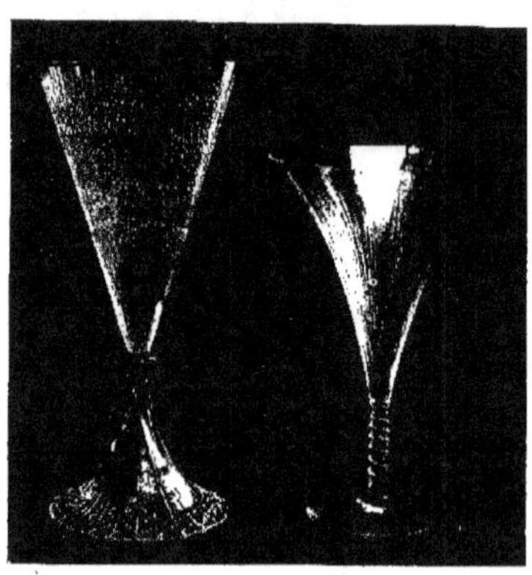

R. LALIQUE. — *Verres à boire.*

habillés. Ensemble calculé pour le repos et le silence. Une **salle à manger** par MAURICE DUFRÊNE. Moins de sévérité, plus de souplesse, gaîté des murs ordonnés par des pilastres et couverts de peintures décoratives vibrantes par D'Espagnat (élimination des cadres accrochés et de toute applique). Tapis moelleux aux couleurs claires, combinaisons décoratives (influence cubiste). Table puissante, très meublante avec son dessus de marbre, d'un ovale harmonieux, sièges aux courbes originales. Buffet à hauteur d'appui, glace sans cadre. Ensemble accueillant et de haute tenue.

D'excellents artistes fournissent des modèles nouveaux pour tous les objets pratiques : services de table, argenterie, luminaire, tissus d'habillement et d'ameublement. Le goût est reparu du fer forgé : **panneau de porte** d'un dessin très pur, souple et rigide, d'un heureux équilibre, par PONTREMOLI et PIGUET. La verrerie, surtout par l'ingéniosité de RENÉ LALIQUE, étend, chaque jour, ses applications. Ces deux verres à boire ont une élégance légère, à la fois classique et neuve.

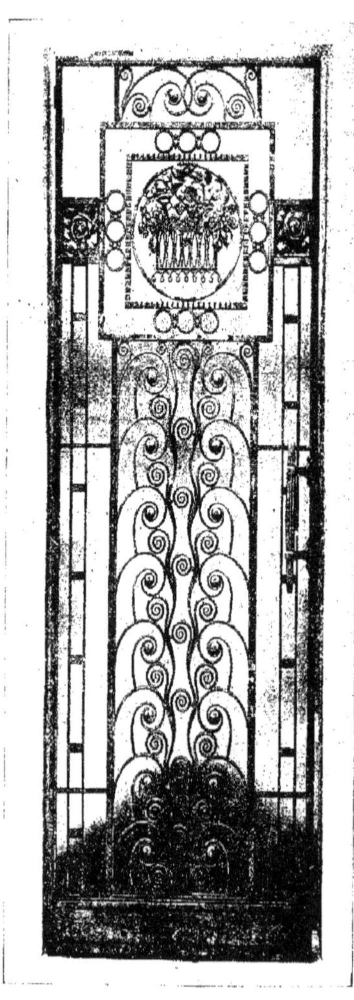

PONTREMOLI arch.; PIGUET, ferronnier. — *Porte en fer forgé.* Lyon.

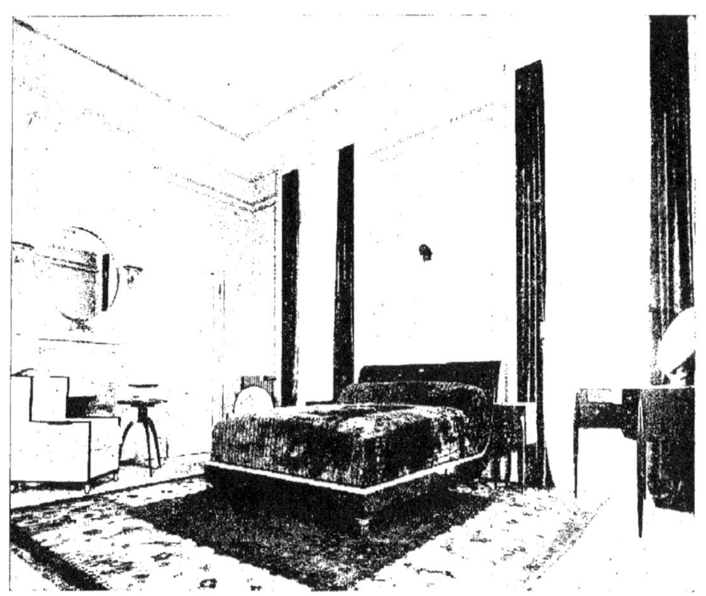

RUHLMANN. — *Chambre à coucher.*

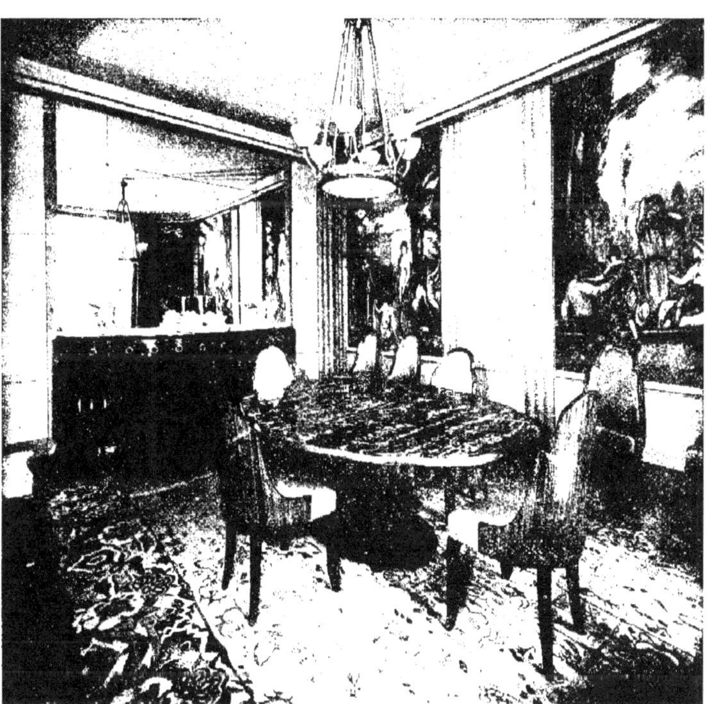

MAURICE DUFRÈNE. — *Une salle à manger.*

CONCLUSION

Les siècles passés ont eu, chacun, leurs prédilections. L'ère contemporaine élargit sans limites, sa sympathie. Nous voulons tout connaître, nous sommes

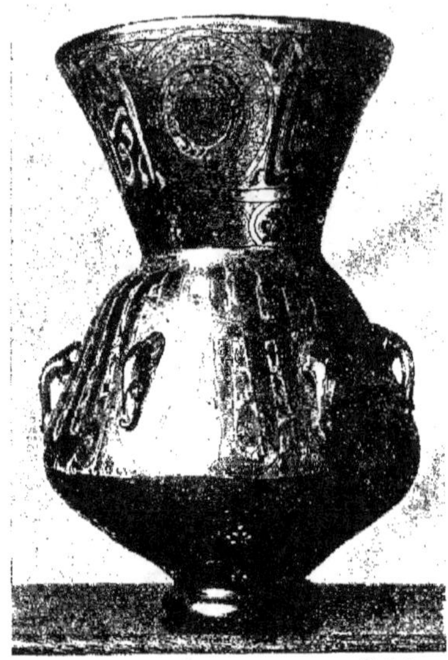

Lampe de Mosquée.

Cl. Bulloz.

prêts à tout admirer. Le 19e siècle a interrogé passionnément le passé. Les civilisations classiques ont été restituées; l'Égypte, l'Assyrie, la Babylonie, l'Iran nous ont révélé leurs trésors.

L'Orient musulman, l'Extrême-Orient avaient, avant le 19e siècle, inspiré une superficielle curiosité. Nous en pénétrons le caractère et la grandeur.

Nous connaissions surtout, de la Chine, ses porcelaines modernes aux décors séduisants. Nous l'avons explorée depuis ses origines lointaines et avons découvert un art grave, puissant. Ce vase en pierre dure, jade, s'impose par le charme de la matière, son décor sobre, ses formes robustes.

L'Inde a révélé ses trésors : nous avons discerné un lien entre l'art grec et le Bouddhisme

Séduits par le problème des origines et par la saveur des œuvres primitives, nous avons essayé de surprendre l'éveil même de l'humanité : archéologie préhistorique. Nous étudions les peuples demeurés ingénus et nous initions à l'art nègre.

L'art présent puise dans le trésor total du passé; les progrès de la science et de l'industrie lui fournissent des possibilités et suggèrent des formes imprévues de beauté. Nulle époque antérieure ne fut plus favorable à l'art. La démocratie enseigne que l'art est un droit pour tous; il ne réside pas uniquement dans des chefs-d'œuvre exceptionnels, il doit pénétrer le décor total de la vie; l'instruction généralisée, la justice sociale préparent tous les hommes à jouir du beau. Le développement de la vie collective offre aux artistes de neufs et magnifiques programmes. Tous les arts doivent concourir à parfaire la cité organisée (Urbanisme).

La France, aujourd'hui, est le foyer de convergence des artistes du monde entier. Ce prestige, librement consenti, fait aimer notre nom, il soutient notre action pour le Droit, la Justice et la Paix. Il est un élément de richesse, puisque nos industries d'art fournissent la meilleure part de nos exportations. Aimer les arts ce n'est donc pas seulement tra-

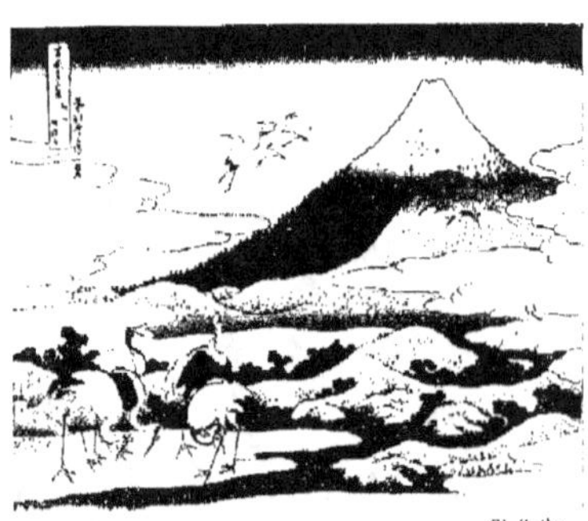

Cl. Bulloz.

HOKOUSAÏ.   Vue du Fousi-Yama. — Bois en couleurs

vailler à notre perfectionnement personnel, c'est, selon un devoir plus large, collaborer à la splendeur de notre pays et à son œuvre de fraternité humaine.

TABLE

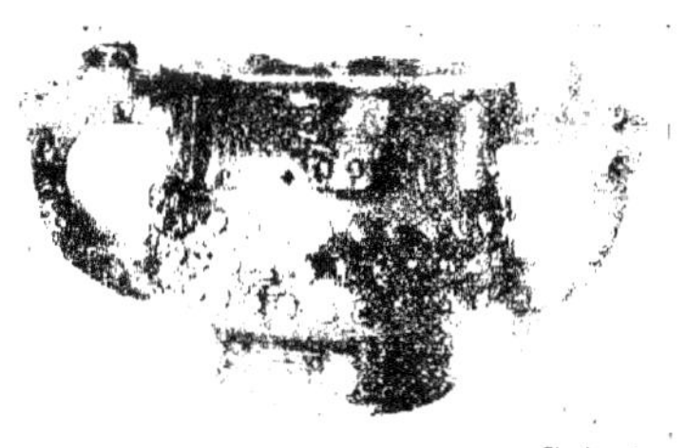

Cl. Giraudon

Vase étrusque, rouge. — Musée du Louvre.